创业型大学的
治理模式研究

陈 娴 著

The Governance Mode of
Entrepreneurial University

ZHEJIANG UNIVERSITY PRESS
浙江大学出版社
·杭州·

图书在版编目(CIP)数据

创业型大学的治理模式研究 / 陈娴著. —杭州：
浙江大学出版社，2022.8
ISBN 978-7-308-22408-6

Ⅰ.①创… Ⅱ.①陈… Ⅲ.①高校管理－管理模式－
研究 Ⅳ.①G647

中国版本图书馆 CIP 数据核字(2022)第 040554 号

创业型大学的治理模式研究
CHUANGYEXING DAXUE DE ZHILI MOSHI YANJIU
陈　娴　著

责任编辑	徐凯凯	
责任校对	蔡　帆	
封面设计	云水文化	
出版发行	浙江大学出版社	
	（杭州市天目山路 148 号　邮政编码 310007）	
	（网址：http://www.zjupress.com）	
排　　版	浙江时代出版服务有限公司	
印　　刷	杭州高腾印务有限公司	
开　　本	710mm×1000mm　1/16	
印　　张	17	
字　　数	296 千	
版 印 次	2022 年 8 月第 1 版　2022 年 8 月第 1 次印刷	
书　　号	ISBN 978-7-308-22408-6	
定　　价	68.00 元	

目　录

第一章 绪 论

在创业型大学出现之初,其所体现出来的创业创新精神还不足以成为大家关注的焦点,其创业活动也只被认为是反学术传统意识的一种表现形式,但是随着创业型大学数量的日益增加、规模的日益扩大,其影响力也越来越大,尤其是其倡导的学术创业精神逐渐成为新流行的学术术语。同时,随着大学治理理念的盛行,创业型大学的治理研究便也成了时下的一个关注点。

第一节 选题缘由与意义

创业型大学作为不同于研究型大学的一种新的生存和发展模式日益得到大众的关注,其成功崛起背后的创业精神和创业文化对研究型大学的内部组织变革产生了深刻的影响,其与政府、企业的新型合作关系对研究型大学的外部组织变革也产生了一定程度的冲击。

一、选题缘由

新时代背景下,大学服务社会经济发展的职能得以进一步延伸,创业趋势日益显著,由此大学、企业、政府三者间的权力模式也呈现出新的特征。正如德里克·博克(Derek Bok)所说:"有一张庞大而复杂的关系网把大学和社会其他主要机构连接起来。"①由此大学不得不走出象牙塔，日益融入社会，这就预示着大学要经历一次新的变革，预示着创业型大学的兴起。

第一，第二次学术革命昭示了创业型大学的诞生。纵观高等教育的历史，其主要经历了两次至关重要的学术革命：19世纪，洪堡（Humboldt）提出了把研究融入大学的教学中，即教学与科研相统一的原则，由此宣示了研究型大学的出现，也预示着第一次学术革命的诞生。随之，"第二次学术革命使大学在科学实验室获得的科研成果转化为市场产品，大学开始以创业者的身份出现"②。由此，在欧美、亚洲等国家的一些高水平、高层次的研究型大学开始有效利用自身的科学研究优势来进行科研成果的商业化、市场化，通过建立高技术企业或公司、科学园、孵化器等平台，使创业职能成为大学除教学、研究和社会服务之外的第四项职能，昭示着创业型大学的诞生。

第二，学术资本主义推动了创业型大学的组织变革。在知识经济时代背景下，研究型大学作为知识生产、传播、应用的组织机构，正日益成为经济社会发展的核心，并在区域社会经济发展中起着关键作用。在此背景下，"高等教育日益被视为一种可以像任何其他商品一样买卖的商业性产品，高等教育商业化目前已经进入全球市场"③。同时，随着高等教育大众化进程的加快，政府资金投入不足日益成为世界性的突出问题，而发达国家可行的做法便是通过市场化来吸引部分资金、学术资本，即"院校及其教师为确保外部资金的市场活动或具有市场特点的活动"④。由此，学术资本主义作为一种内在驱动力间接促成了创业型大学的崛起，通过创业行为或其他创业方式获得新的资金来源便成了研究型大学解决教育经费不足问题的重要途径。一方面，要利用自身的科研优势走出具有自身特色的科研创业之路；另

---

① ［美］德里克·博克著，徐小洲、陈军译：《走出象牙塔：现代大学的社会责任》，杭州：浙江教育出版社，2001年，第7页。

② Henry Etzkowitz. "The Second Academic Revolution and the Rise of Entrepreneurial Science." *IEEE Technology and Society*, no. 2(2001):21.

③ ［美］菲利普·G. 阿特巴赫：《全球化驱动下的高等教育与WTO》，《比较教育研究》，2002年第11期，第1页。

④ ［美］希拉·斯劳特·拉里·莱斯利著，梁骁、黎丽译：《学术资本主义：政治、政策和创业型大学》，北京：北京大学出版社，2008年，第8页。

一方面,未来的企业格局时刻面临着重大变化,研究型大学需要主动适应环境的变化,制定科学有效的战略规划,改变大学理念,实现大学模式的变革,从而成功转型为"站起来的"、"自主的"创业型大学。

第三,创业型大学的崛起预示着研究型大学发展的新方向。在高等教育大众化的背景下,高等教育机构数量的日益增加,政府对各高等教育机构的拨款力度随之有不同程度的降低,而作为办学历史悠久、对政府资金来源需求比较大及社会影响力比较广的研究型大学来说,无可避免地要面临这些严峻的挑战。由此,一些研究型大学通过一系列创新创业方式,积极寻求第三渠道资金来源,成功变革为创业型大学。更有一些大学如英国《泰晤士高等教育增刊》全球最具潜力大学排行榜里的所评对象都是建校时间仅有50年左右的、有着卓越成就的大学。它们通过有力践行创新创业理念,积极主动进行组织变革,在短时间内得以成功崛起,无疑是创业型大学的典范。作为一种新的办学模式,创业型大学主动与企业、政府建立新型战略合作关系,在创新创业理念的指引下实现知识的商业化、市场化,开拓多元资金来源并不断促进社会经济发展,预示着研究型大学转型发展的新方向。

第四,大学治理模式的转变与创业型大学的发展。从治理角度研究大学问题始于西方,罗伯特·伯恩鲍姆(Robert Birnbaum)提出"大学治理是平衡两种不同的但都具有合法性的组织控制力和影响力的结构和过程,一种是董事会和行政机构拥有的基于法定的权力,另一种是教师拥有的权利,它以专业权利为基础"[1]。而作为一种新的办学模式,创业型大学在外部治理模式方面必然也面临着新的挑战,大学、企业、政府间的关系面临着新的组合。同时,在内部治理模式方面,创业型大学的治理主体呈现出多元化,涉及不同的利益相关者并出现了学术文化、行政文化、创业文化间相互联系、相互作用的和谐氛围。在此背景下,创建科学有效的创业型大学治理模式便成了必要之举。

第五,创业型大学治理模式对我国现代大学制度建设具有借鉴意义。

---

[1] Robert Birnbaum. "The End of Shared Governance: Looking Ahead or Looking Back." *New Direction for Higher Education*, no. 127(2004):1.

国务院颁布的《国家中长期科学和技术发展规划纲要(2010—2020 年)》明确提出,"要实现创新型国家这一宏伟目标,亟须创建世界一流大学,提升自主创新能力,实现从高等教育大国向高等教育强国的跨越"①,而创业型大学正是出于对国际、国内形势的判断,出于应对内外部环境变化的需要,践行独立自主的创业战略,其具有自适应性的治理模式是实现其自身迅速且可持续发展的关键,由此借鉴他国创业型大学的治理模式对我国创建世界一流大学和世界一流大学学科建设有着重要的启迪意义。

二、问题的提出

本书以创业型大学为研究对象,试图对下列问题给出初步的答案。

第一,作为一种全新的大学运营模式,创业型大学异军突起的背后是怎样的历史背景和制度安排?

第二,作为一种全新的大学运营模式,创业型大学处于现代大学制度不断演变、新旧交替的十字路口,那么创业型大学与研究型大学存在着哪些异同之处? 创业型大学的内外部治理模式呈现出哪些特征呢?

第三,创业型大学的内外部治理模式又能为我国创建有中国特色的世界一流大学的治理体系提供哪些借鉴呢?

三、研究的意义

本书将围绕创业型大学的治理模式与办学实践,通过建构分析框架和具体案例分析,对其治理结构、治理过程、治理文化等方面进行系统的研究。开展此项研究,具有理论和实践的双重价值。

就理论价值而言,现今有关研究型大学向创业型大学成功转型的案例日趋增多,当然也不乏对这些大学的崛起因素进行全面分析。本书拟选取大学治理作为研究的视角,分析大学治理模式在创业型大学成功崛起中所发挥的重要作用,关注其背后的体制性因素,在基于有关高等教育学基本理

---

① 国家中长期科学和技术发展规划纲要(2010—2020 年)[EB/OL],http://www.gov.cn/jrzg/2010—07/29/content_1667143.htm. 2010-7-29。

论的基础上，尝试构建创业型大学的大学治理模式以形成对大学治理理论的新认识。

　　就实践价值而言，知识经济时代背景下，政府财政紧缩问题与大学资金需求渐涨间的矛盾日益凸显，同时在政府政策的推动下和大学内部改革的需求下，创业型大学不失为一种有效的组织变革途径。对于正努力建设世界一流大学和世界一流学科的中国大学来说，对创业型大学的治理模式研究，可以在很大程度上为我国教育实践提供借鉴，具有科学有效的应用价值。此外，对创业型大学的治理模式研究还具有重要的实践指导价值，不仅体现在完善大学服务社会的重要职能上，更体现在提升大学核心竞争力和创新创业能力上，以突破传统的象牙塔走向自力更生的创业道路。

第二节　研究现状

　　目前对创业型大学的研究文献在数量上还是比较丰富的，其内容包含创业型大学的概念、产生的背景和原因、转型途径等方面，并且在未来一段时间内，对创业型大学的研究也将日益受到重视。然而，着重于对创业型大学的治理模式方面的研究还是比较有限的，现综述如下。

一、创业型大学的相关研究

　　任何事物的出现都有其特定的背景和原因，创业型大学的出现也是如此。首先，随着第二次学术革命的兴起，一些研究型大学开始注重科学研究成果的转化、高新技术公司和科技园的创建，以拓展多元化资金渠道和进一步促进社会经济的发展，使创业成为大学未来可能的新职能。正如亨利·埃茨科威滋（Henry Etzkowitz）等所说，"创业型大学将会成为全球性现象，这将是未来大学的统一发展途径"[1]。其次，在新的高等教育大环境下，大学

---

[1]　Henry Etzkowitz, Andrew Webster, Christiane Gebhardt, Branca Regina Cantisano Terra. "The Future of the University and the University of the Future: Evolution of Ivory Tower to Entrepreneurial Paradigm." *Research Policy*, no. 29(2000): 313.

的使命和职能也发生了一系列的变化。索林·扎卡赖亚(Sorin Zaharia)和欧内斯特·吉伯特(Ernest Gibert)认为学术界和企业由于共同的志趣而相互吸引、相互协调以进一步发挥大学的三个基本职能。① 在此背景下,大学作为知识生产、传播和应用的重要场所,日益向社会中心靠近。再次,创业型大学的崛起是适应内外部环境变化的必然结果,无可避免地要受到一系列内外部因素的影响。萨兰扎德(Salamzadeh)等人则把创业型大学看作是一个投入、过程、产出和结果的动态系统。②

同时,创业型大学的出现并不是理所当然的,而是在高等教育环境的内外部因素的共同作用下的必然结果。首先,在第二次学术革命的推动下,大学不再局限于发现知识,而更为注重知识的应用,大学与企业间的合作关系空前紧密,知识成果的转化和商业化成为可能,预示着创业型大学的形成。其次,政府财政拨款下降成为大学面临的重大挑战之一,而通过各创业活动和创业行为方式拓展多元渠道资金,有望解决这一难题。陈伟则指出,正是政府的财政紧缩政策使大学面临着财政危机,此举强化了大学的市场化和实用主义倾向,由此向创业型大学的转变成为可能选择。③ 再次,从外因上来说,大学进行组织变革是为适应内外部环境变化的需求,但是更重要的内因在于大学自身内在变革的迫切需求,由此进一步推动着创业型大学的形成。

就特征而言,研究型大学和创业型大学存在着较大差异。弗兰克·罗德斯(Frank Rhodes)认为,研究型大学所具有的特征包括:"相当大的规模、卓有成效的研究、相当大的研究生规模、成功吸引外部资助特别是联邦政府

---

① Sorin. E. Zaharia, Ernest Gibert. "The Entrepreneurial University in the Knowledge Society." *Higher Education in Europe*, no. 1(2005):31.

② Aidin Salamzadeh, Yashar Salamzadeh, Mohammad Reza Daraei. "Toward a Systematic Framework for an Entrepreneurial University: A Study in Iranian Context with an IPOO Model." *Global Business and Management Research: An International Journal*, no. 3(2011):30-37.

③ 陈伟、韩孟秋:《欧洲创业型大学的组织转型及其启示》,《理工高教研究》,2003 年第 2 期,第 5 页。

的资助。"①而亨利·埃茨科威滋(Henry Etzkowitz)认为美国创业型大学的特征包括:"知识资本化、相互依存、相互独立和自我反应。"②然而,二者都注重科学研究的重要作用。此外,卡比(Kirby)从组织科层机构、组织文化等方面来论述创业型大学的发展因素;③迈克尔·夏托克(Michael Shattock)则从财政管理模式、管理体制、大学文化传统等方面分析了创业型大学的发展因素。④

二、大学治理的相关研究

有关大学治理研究的专著与论文与日俱增,由此要作出一个详尽的、全面的综述,难度是非常大的。但值得一提的是,这种综述在整体上还是有助于我们了解它所阐释的能动系统的特定方面,能够为大学治理研究的不同视角提供一定的便利,由此往往为研究者所重视。本书主要从两个方面:外部治理模式和内部治理模式来进行综述。

第一,就大学的外部治理模式而言,主要从大学与政府、市场关系的视角来进行分析。有学者提出了四种高等教育治理模式即"政府模式、自由模式、社会主义模式和市场模式"⑤。当然,随着内外部环境的变化和时间的推移,不同国家、不同高等教育机构的治理模式可能呈现趋同性,也可能呈现多元性。而另有学者认为大学的治理模式主要分为三种,即"共享模式、寡

---

① [美]弗兰克·H. T. 罗德斯著,王晓阳、蓝劲松等译:《创造未来:美国大学的作用》,北京:清华大学出版社,2007年,第26页。

② [美]亨利·埃兹科威茨、[荷]劳埃特·雷德斯多夫编,夏道源等译,胡新和等校:《大学与全球知识经济》,南昌:江西教育出版社,1999年,第1页。

③ Kirby, D. A. "Creating Entrepreneurial Universities in the UK: Applying Entrepreneurship Theory to Practice." *The Journal of Technology Transfer*, no. 5 (2006):599-603.

④ [英]迈克尔·夏托克著,范怡红主译:《成功大学的管理之道》,北京:北京大学出版社,2006年,第163-174页。

⑤ Marianne Bauer, Berit Askling, *Transforming University: Changing Patterns of Governance*, *Structure and Learning in Swedish Higher Education*(Jessica Kingsley Publishers,1999),74.

头—科层模式、市场模式"①。此外,还有学者归纳出了四种高等教育治理模式:"共享模式、科层模式、法人模式和创业模式。"②(见图1.1)无论是哪种划分方法,其划分依据都源于大学、企业、政府的权力间的此消彼长,三者权力大小的不同决定着其在治理模式中所发挥作用的程度不同,也正是这三股力量间的相互作用才造就了不同的治理模式。

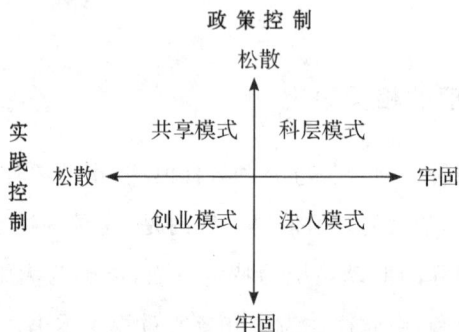

政 策 控 制

松散

实　　　　　共享模式　　科层模式
践
控　　松散 ←————————→ 牢固
制
　　　　　创业模式　　法人模式

牢固

图1.1　教育机构中的控制和文化

注:政策控制指政府对大学的调控程度,实践控制代表大学内部决策的权力分配模式。

来源:Ian McNay. "Changing Cultures in UK Higher Education: The State as Corporate Market Bureaucracy and the Emergent Academic Enterprise",Braun, D. & Merrien, F., *Towards to a New Model of Governance for University* (London:Falmer Press,2000),35-36.

　　国内学者张维迎从大学与政府的关系调整、大学治理结构的完善以及大学文化的建设等方面来提出改善我国大学治理的措施。③龙献忠则以治理理论为视角,侧重阐述了政府与大学的关系,并构建大学、企业、政府的参与

---

① Dietmar Braun. "New Managerialism and the Governance of Universities in a Comparative Perspective," Braun,D. & Merrien, F. , *Towards to a New Model of Governance for University* (London:Falmer Press, 2000),253.

② Ian McNay. "Changing Cultures in UK Higher Education: The State as Corporate Market Bureaucracy and the Emergent Academic Enterprise," Braun,D. & Merrien, F. , *Towards to a New Model of Governance for University* (London:Falmer Press, 2000),35-36.

③ 张维迎:《大学的逻辑》,北京:北京大学出版社,2005年,第3页。

协商机制,推行多中心治理模式。①由此可见,大学外部治理模式的关键在于切实转变政府职能、保障大学的法人地位、注重市场力量的有效监督,其构建重点在于政府、大学与社会间的关系的科学调节,三者间的战略合作关系的建立成为必要之举。

第二,就大学的内部治理模式而言,在内部权力模式层面上,约翰·科森(John Corson)指出:"大学内部的权力结构包括传统的科层结构和学术权力范围内的决策结构。"②而罗伯特·伯恩鲍姆认为大学治理可分为五种模式:"学会组织模式、官僚控制模式、政党组织模式、无政府模式和控制组织模式。"③而威廉·蒂尔尼(William Tierney)则提出了大学治理的文化模式,强调治理的符号化和解释过程。④由此可见,不同的治理模式体现着不同利益相关者的利益实现最大化的程度,构建有效治理模式的最终目标就在于使不同利益相关者的权责明确,实现不同权力间的有效制衡,并维持在相对平衡的状态。

而校长作为大学系统中的关键人物,其权利、权力和影响力不尽相同,主要有四种模式:"行政权威与个人责任结合的科层模式;同事协商模式;多中心和政治联盟模式;有组织的无政府模式。"⑤同时,不同的大学拥有不同的治理主体,其涉及的利益相关者也存在着不同,由此大学治理可归纳为四

---

① 龙献忠:《从统治到治理:治理理论视野中的政府与大学关系研究》,华中科技大学博士学位论文,2005 年,第 50-55 页。

② John Corson. "Changing Cultures in UK Higher Education: The State as Corporate Market Bureaucracy and the Emergent Academic Enterprise," Braun, D. & Merrien, F., *Towards to a New Model of Governance for University* (London: Falmer Press, 2000), 35-36.

③ Robert Birmbaum. *How Colleges Work: The Cybernetics of Academic Organization and Leadership* (San Francisco: Jossy-Bass, 1988), 83-84.

④ William Tierney. "A Cultural Analysis of Shared Governance: The Challenges Ahead." *Higher Education: Handbook of Theory and Research*, no. 19(2004): 85-132.

⑤ Clark Kerr, Marian L. Gade, *The Many Lives of Academic Presidents: Time, Place and Character* (Washington, DC: Association of Governing Boards of Universities and Colleges, 2003), 123.

种模式："一院制治理模式、两院制治理模式、三院制治理模式、混合治理模式"①校长、董事会、评议会、学术委员会等作为大学的重要内部利益相关者,他们都倾向于在治理模式中实现自身利益的最大化,由此不可避免地存在着不同权力间的冲突,而如何有效地化解这种冲突就成了提升大学治理有效性的关键。

就此而言,不同国家有不同的做法,其治理模式也呈现出不同的特征,如"欧洲模式、英国模式、美国模式和日本模式"②。由此可见,因各个国家的国情不同、高等教育环境的不同造就了不同的治理模式,各模式间的学术权力、行政权力、决策权力所占有的比重亦不尽相同。

就治理结构而言,不同学者的观点也存在着较大差异。卡尔·维克(Karl Weick)就指出多元利益相关者共同参与治理所带来的创新性和民主性,也指出由此会造成治理结构的松散和治理过程的迟缓、低效。③马修·哈特利(Matthew Hartley)则关注的是治理结构的合法性及其在实现大学善治中所发挥的作用。④而有学者指出:"高等教育的绩效可能与结构安排之外的其他因素有更为重要的关联。"⑤芭芭拉·李(Barbara Lee)则通过对学术评议会的影响因素比较分析后发现治理结构对大学治理效果的影响最小。⑥

而谈到治理模式,目前对共同治理模式的研究日益增多。蒂尔尼

① Eileen Hogan, Background on Governance Models in Higher Education[EB/OL], http://lash3612094. blog. 163. com/blog/static/5113453920118304264282 3/. 2011-09-30.

② [美]伯顿·克拉克:《学术权力:概念、模式和观点》,[加]约翰·范德格拉夫等编著,王承绪等译:《学术权力:七国高等教育管理体制比较》,杭州:浙江教育出版社,1989年,第198-207页。

③ Karl E. Weick. "Educational Organizations as Loosely Coupled Systems." *Administrative Science Quarterly*, no. 1(1976):1-19.

④ Matthew Hartley. "The Promise and Peril of Parallel Governance Structures." *American Behavioral Scientist*, no. 7(2003):923-945.

⑤ Gabriel E. , Kaplan. "Do Governance Structures Matter?" *New Directions for Higher Education*, no. 127(2004):23-34.

⑥ Barbara Lee. "Campus Leaders and Campus Senates." *New Directions for Higher Education*, no. 75(1991):41-61.

(Tierney)和詹姆士·麦那(James Minor)指出了共同治理的四种理解模式："立法模式、符号模式、咨询模式、沟通模式。"①而德尔·法维罗(Del Favero)②和迈伦·普伯(Myron Pope)③都分析了教师和行政人员间的信任、合作关系在大学共同治理中的重要作用。当然,共同治理的理念也存在着一定的争议和误解,如彼特·埃克尔(Peter Eckel)从职责和权限范畴方面指出大学共同治理在内涵上所存在的模糊性。④同时,共同治理模式也存在着不足,并不总是能达到理想效果。共同治理模式固然能实现大学各利益相关者参与的民主性和广泛性,但与此同时,其决策的效率却无法得到保证,而这恰好是提升大学治理的有效性的关键所在。

三、创业型大学治理的相关研究

就创业型大学的治理而言,有学者从中国建设创业型大学的视角,从创业教育的开展、科研评价体系的改变、专门创业机构的设立以及创业文化研究的开展等四个方面提出了政策建议。⑤而在发达国家和地区,大学的创业行为、方式、所采取的措施以及侧重点各不相同。詹姆斯·埃科诺穆(James Economou)具体阐述了加州大学的相关创业行为和措施。⑥更有 MIT 提出

---

①　William G. Tierney, James T. Minor. "A Cultural Perspective on Communication and Governance." *New Directions for Higher Education*, no. 127(2004):85-94.

②　Del Favero. M. "Faculty-administrator Relationships as Integral to High Performing Governance Systems: New Frameworks for Study." *American Behavioral Scientist*." no. 6(2003):901-922.

③　Myron L. Pope. "A Conceptual Framework of Faculty Trust and Participation in Governance." *New Direction for Adult and Continuing Education*, no. 127(2004): 75-84.

④　Peter D. Eckel. "The Role of Shared Governance in Institutional Hard Decisions: Enabler or Antagonist?" *The Review of Higher Education*, no. 1(2000):15-39.

⑤　陈汉聪、邹晓东:《发展中的创业型大学:国际视野与实施策略》,《比较教育研究》,2011 年第 9 期,第 32-36 页。

⑥　James Economou. "Remarks on Entrepreneurship at UCLA to the University of California Board of Regents." http://vcr. ucla. edu/documents/VCR Remarks to the UC Board of Regents Jan192012. pdf/view. 2012-1-19.

了著名的"五分之一原则"①,使学术人员参与创业活动得以合法化,从而进一步发挥其在学术创业进程方面的重要作用。而在澳大利亚,创业型大学则注重在行政能力和健康的财政一方与学术研究和教学能力一方之间做好协调工作。②莫家豪(Ka Ho Mok)则讨论了香港科技大学在向创业型大学转型过程中,中国香港特别行政区政府是如何通过改变治理策略来促进创业型大学战略的有效践行,同时这些治理策略的改变是如何与国际化理念保持一致的。③此外,大卫·迪尔(David Dill)和弗兰斯·范·富格特(Frans Van Vught)系统分析了澳大利亚、加拿大、日本、芬兰、德国、荷兰、英国、美国在学术研究企业化方面所采取的不同举措。④阿兰·法约勒(Alain Fayolle)和达纳·雷德福(Dana Redford)则注重从转变大学文化价值观、营造创业文化和创业价值氛围等方面来实现创业型大学的转型。⑤一项对瑞士、芬兰、西班牙、葡萄牙、爱尔兰和英国等 6 个国家大学学术创业活动的调查显示,"欧洲大学最频繁的创业活动是研究合同,接着分别是咨询、科学项目、外部培训、测试/实验、专利/许可、建立附属公司、研究行销"⑥。

　　此外,值得一提的是,英国《泰晤士高等教育增刊》2013 年全球最具潜力大学排行榜⑦中建校时间仅有 50 年左右、排名前十的韩国浦项科技大学、瑞士洛桑联邦理工学院、韩国高等科学技术学院、香港科技大学、美国加州大

---

① 　[美]亨利·埃兹科威茨著,王孙禹、袁本涛等译:《麻省理工学院与创业科学的兴起》,北京:清华大学出版社,2007 年,第 53 页。

② 　西蒙·马金森、马克·康西丹著,周心红译:《澳大利亚企业型大学的权力结构、管理模式与再创造方式》,杭州:浙江大学出版社,2007 年,第 3 页。

③ 　Ka Ho Mok. "Fostering Entrepreneurship:Changing Role of Government and Higher Education Governance in Hong Kong." *Research Policy*, no. 34(2005):537-554.

④ 　David D. Dill, Frans A. Van Vught,*National Innovation and the Academic Research Enterprise*(New York: Johns Hopkins University Press,2009),9.

⑤ 　Alain Fayolle, Dana T. Redford, *Handbook on the Entrepreneurial University* (Massachusetts:Edward Elgar Publishing,2014), 7.

⑥ 　Cooke P., University Research and Regional Development. A Report to EC—DG Research. [EB/OL], http://europa. eu. int/comm/research/conferences/2004/univ/pdf/univ_regional%20 dimension_en. pdf. 2016-6-13.

⑦ 　全球最具潜力大学排行榜公布[EB/OL],http://www. chinanews. com/edu/2013/06—20/4947695. shtml. 2013-06-20.

学尔湾分校、荷兰马斯垂克大学、英国约克大学、新加坡南洋理工大学、巴黎第六大学、巴黎第十一大学等创业型大学的成功办学经验特别是其治理模式值得研究和借鉴。

总之,创业型大学的相关研究文献日益增多,学者们的研究侧重点也不尽相同,主要包含创业行为、创业方式、学术资本转化、创业领导、发展模式等方面。而本书的研究重点则放在创业型大学的内外部治理模式上。

四、简要评价

总的来说:(1)从研究视角来看,注重于通过创业型大学的相关个案来分析其成功转型的可能性,并总结分析了导致成功转型的种种因素,如一流的师资、充足的资金等,而从治理这个视角来分析其对创业型大学成功转型的研究还比较有限。(2)就研究的重点而言,大部分学者注重研究创业型大学出现的背景、原因、转型方式、特征等,而对创业型大学具体治理模式的关注还不多。(3)从研究的趋势来看,研究者开始从宏观和微观两方面入手探究创业型大学的建设路径,已经有了较全面的认识。

创业型大学的研究主要有两种研究典范:伯顿·克拉克注重研究欧洲创业型大学的个案和亨利·埃茨科威滋注重研究美国创业型大学的个案。然而,目前对于创业型大学的概念界定并没有取得广泛的一致性,不同的学者都从自己的研究视角和研究对象出发对创业型大学进行研究。美国创业型大学的成功转型,加之其名牌效应,得到了其他大学的争相模仿。对这类大学的研究可谓是百花齐放,理论和实践研究都非常成熟和深入,是创业型大学研究的主流。相较之下,欧洲创业型大学的研究就显得黯然失色。由于欧洲创业型大学的创业效果和声誉远不如美国的研究型大学,对于这类大学探索的理论很不成熟,多集中在案例的介绍和陈述方面,分析还远远不够深入,大有被忽略的趋势。

针对上述问题,本研究拟尝试构建创业型大学的治理模式,具体从外部治理模式和内部治理模式两方面入手,以探索大学治理模式在创业型大学成功崛起过程中发挥的重要作用。

第三节　概念界定

研究创业型大学的治理模式,首先要明确的就是创业型大学和大学治理的概念,同时我们也有必要对创业型大学和研究型大学、大学治理和大学管理的概念作出比较,以更好地展开研究工作。

一、研究型大学与创业型大学

为了更好地进行研究,有必要对创业型大学和研究型大学作明确比较,以对其概念有更好的理解。

就研究型大学的概念而言,是美国学界最早提出的。在美国卡内基教学促进基金会 1971 年版的《高等教育机构分类》中将"所有能够授予博士学位的大学分为研究型大学和博士授予型大学"[①]。随着时间的推移,该基金会对研究型大学的分类标准也有着或多或少的差异,但都强调其研究生教育的开展、博士学位的授予、联邦经费的获得(从每年 1250 万美元到 4000 万美元不等),并依据联邦经费获得的不同额度分为不同类别的研究型大学。而在 2000 年版的《高等教育机构分类》中,"不再严格区分研究型大学和博士型大学,合并为博士/研究型大学"[②]。而 2015 年卡内基教学促进基金会把美国高等教育机构分为七大类:博士学位授予大学、硕士学位授予院校、学士授予院校、学士/副学士学位授予院校、副学士学位授予院校、专门高等教育机构、原住民院校。2015 年版《高等教育机构分类》中的分类情况如表 1.1 所示。

---

① Carnegie, *Foundation on Higher Education: New Students and New Places: Policies for the Future Growth and Development of American Higher Education* (New York: McGraw-Hill,1971), 122.

② Mc Cormick, Alexander C., ed., *The Carnegie Classification of Institutions of Higher Education*(2000 *Edition*) (Menlo Park,CA:The Carnegie Foundation for the Advancement of Teaching,2001),5.

表 1.1 2015 年版《高等教育机构分类》中的分类情况表

分类	机构数量	机构比例
博士学位授予大学:极高度研究型大学	115	2.47%
博士学位授予大学:高度研究型大学	107	2.29%
博士学位授予大学:适度研究型大学	112	2.40%
硕士学位授予院校:大型	399	8.55%
硕士学位授予院校:中型	216	4.63%
硕士授予院校:小型	143	3.07%
学士学位授予院校:文理类	250	5.36%
学士学位授予院校:多领域	325	6.97%
学士/副学士学位授予院校:混合型	255	5.46%
学士/副学士学位授予院校:以副学士为主	149	3.19%
副学术学位授予院校	1113	23.86%
两年制专门机构	444	9.52%
四年制专门机构	1002	21.48%
原住民院校	35	0.75%
合 计	4665	100.0%

来源:The Carnegie Classification of Institutions of Higher Education[EB/OL],http://carnegieclassifications. iu. edu/downloads. php. 2013-03-16

　　世界银行和联合国教科文组织特别工作组认为"研究型大学最重要的目标是在多个学科领域取得优秀研究成果,注重高层次人才的培养和提供高质量的教育"①。一般而言,研究型大学注重研究生特别是博士研究生的教育,在人才培养过程中凸显其学术性,以高深学问为逻辑起点,成为以卓越创新人才的培养、高水平研究成果的产出为目标的高水平、高层次的大学。其中,科学研究和人才培养是衡量研究型大学的重要尺度,同时,将教学(知识的传播)和研究(知识的创造)紧密结合且具有高水平教师力量、培

---

① 世界银行、联合国教科文组织高等教育与社会特别工作组编著,蒋凯主译,马万华校:《发展中国家的高等教育:危机与出路》,北京:教育科学出版社,2001 年,第 40 页。

养高素质人才是其关键特征。而且,相对于创业型大学而言,研究型大学往往有着悠久办学历史传统、良好的大学声誉,在很大程度上依赖政府资金资助并以此为主要筹资渠道。

就创业型大学的概念而言,每个学者根据不同的关注点如"注重开拓新的资金来源"①,"采取企业的运作方式"②,"训练企业家,培育创业精神"③,"追求创业和市场导向"④,"更直接参与研究成果商业化活动,更注重面向实际问题"⑤等给出了不同的定义。伯顿克拉克认为:"创业型大学是指凭它自己的力量,积极地探索在如何干好它的事业中创新,寻求在组织的特性上作出实质性的转变,寻求成为站得住脚的大学。"⑥由此可见,学者们在研究成果的商业化行为、开拓资金渠道、培育创新创业文化、加强与企业的合作关系、实现成功的内外部组织转型等方面达成了共识。

然而,创业型大学和研究型大学并不是完全对立的概念,同时二者也不是包含关系,而是存在着交叉关系,研究型大学的责任中心在于科研和教学;而创业型大学可以成为研究型大学未来发展的一种模式。

本书的研究对象特指创业研究型大学即创业型大学与研究型大学的交叉部分。因为与其他研究型大学相比,创业型大学的创业倾向更为突出,对其治理模式的研究更具研究意义;而与其他创业型大学相比,创业研究型大学的治理模式更具典型性和代表性。而为了与传统称呼保持一致,本书仍用创业型大学这一称呼,而不另称为创业研究型大学(如图 1.2 所示)。

---

① Etzkowitz, H. "Entrepreneurial Scientists and Entrepreneurial Universities in American Academic Science." *Minerva*, no. 2(1983):198-233.

② Slaughter, Leslie. "Expanding and Elaborating the Concept of Academic Capitalism." *Organization*, no. 2(2001): 154.

③ Schulte, P. "The Entrepreneurial University: A Strategy for Institutional Development." *Higher Education in Europe*, no. 2(2004):187-191.

④ Yokoyama, K. "Entrepreneurialism in Japanese and UK universities: Governance, Management, Leadership, and Funding." *Higher Education*, no. 3(2006):523-555.

⑤ 王雁:《创业型大学:美国研究型大学模式变革的研究》,上海:同济大学出版社,2011年,第53-54页。

⑥ [美]伯顿·克拉克著,王承绪译:《建立创业型大学:组织上转型的途径》,北京:人民教育出版社,2003年,第2页。

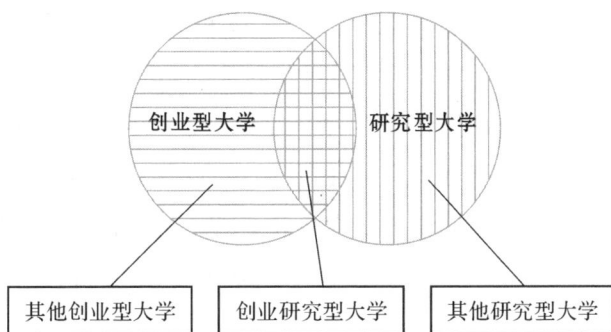

图 1.2 创业研究型大学图示

本书的创业型大学是指具有教学、研究、社会服务和创业四项职能，与政府、企业建立战略性合作的三螺旋关系，从治理结构、治理过程、治理文化等方面进行治理模式转型，以创业行为促进社会经济发展，主动积极应对动态环境变化并形成自适应性，而在短时间内成功崛起的高水平高层次的大学（如图 1.3 所示）。

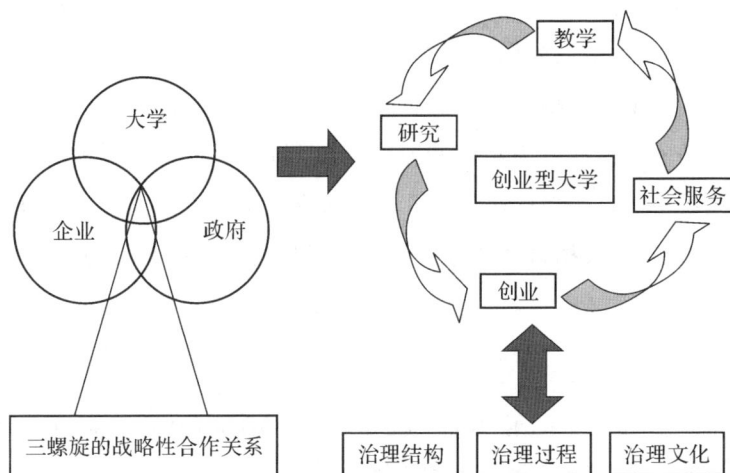

图 1.3 创业型大学的概念图

二、大学管理与大学治理

伴随治理概念的逐渐流行，大学也希望通过"治理"来解决问题。由此大学治理概念日益成为高等教育研究领域的新宠，而很多原本属于大学管理包括领导者、管理者的事情都冠上了"治理"的高帽,试图取代大学的管理职能。因此,我们有必要对大学治理和大学管理的概念作个比较。

首先,就大学管理的概念而言,格里昂论坛将大学管理定义为:"涉及对大学有效运行、实现其目标负有责任,其管理责任委托给行政部门,由其负责资源的有效使用,教学和研究的支持和绩效以及确保对管理任务的实施和绩效进行问责。"①同时,科特(Kotter)也认为"大学管理涉及内部决策机构和规管架构,计划、预算、协调和控制活动,财政、营销、任用人员、学生事务、不动产和建筑物、行政管理服务等支持正式机构的日常运转的相关活动"②。由此,大学管理的关键在于对各项资源的有效配置和调控,其最终目标在于保障大学各项活动的有效开展和大学运营目标的有效实现。

其次,就大学治理的概念而言,主要涉及对其决策权力关系的不同阐释。其一,大学治理主要关注决策的实施主体、结构和过程。有研究大学治理第一人之称的美国学者科森认为"大学治理指的是决策过程以及决策实施的监督与评估过程"③,同时,大学作为一个典型的利益相关者组织,大学治理也涉及"与大学内外利益相关者相关重要事务的权威性决策的结构与进程"④。总的说来,大学治理的目的是建立一套规则和机制,以实现大学治理机构与学术团体的权力制衡和兼顾各方利益。其二,大学治理是一种基于信任基础上的合作性行动。格里昂论坛将大学治理定义为:"为便于实现大学的学术目标,根据将不同行动者的权利和责任连接起来的法律、政策和

① Wernner Z. Hirsch, Luc E. Weber, *Governance in Higher Education: The University in a State of Flux* (London: Economica, 2001), 8.

② John P. Kotter, *What Leaders Really Do* (Boston: Harvard Business Press, 1999), 103-111.

③ John J. Corson, *The Governance of Colleges and Universities: Modernizing Structure and Process* (New York: McGraw Hill Book Co., 1975), 20.

④ Dennis John Gayle, Tewarie, Bhoendradatt, White A. Quinton, Jr., *Governance in the Twenty-first-century University: Approaches to Effective Leadership and Strategic Management* (San Francisco, California: Wiley Subscription Services, 2003), 1.

规则。"①迈克尔·夏托克(Michael Shattock)也认为"善治意味着在治理进程中能有效传达坚定的、灵活的并愿意在信任的基础上采用决策的大学组织文化"②。

　　总体上来说,大学治理主要涉及两个权力渠道:行政权力,往往由董事会或理事会委托给以校长为首的高级行政管理人员;学术权力,代表着教师及其他学术人员的专业权利,通过相关委员会组织使该权利得以有效表达。虽然大学治理、大学管理的概念存在着不同之处,并涉及一个典型的委托代理问题,即不同利益相关者主体的问题,但是在创业型大学发展过程中,这二者往往又是交织在一起的,其区别并不是绝对的,毕竟他们在一定程度上在理论和实践上总是存在重叠的部分。具体而言,董事会与校长的权限通常很难辨别,因为有时每一方都试图去压制另一方。大多数高校董事会主要由外行组成,其大部分成员并非学术界人士,其主要职业并非在高等教育内,因此,他们往往将许多决策权合理地委托于校长,这就必然导致其权力的让渡。组织研究者有时将这种权力的转移视作大学董事会保留治理权(即监督权),而将管理权(即采取行动的权利)授予管理者。但"董事会的治理权甚至也不是绝对的,因为对于治理权他们也必须做出让步,至少在实际意义上如此"③。

三、治理结构、治理过程、治理文化、治理模式

　　大学治理结构是"以大学法人财产为契约对象,以利益相关者为契约关系中的签约主体,以实现公共利益为目标的大学决策权制度安排"④。由此,大学治理结构涉及内外部各利益相关者通过特定的组织机构设置和特定的

①　Wernner Z. Hirsch, Luc E. Weber, *Governance in Higher Education: The University in a State of Flux* (London: Economica, 2001), 8.

②　Michael Shattock, *Managing Good Governance in Higher Education* (Maidenhead: Open University Press, 2006), 4.

③　罗纳德·G. 艾伦伯格主编,沈文钦、张婷姝、杨晓芳译:《美国的大学治理》,北京:北京大学出版社,2010 年,第 29 页。

④　龚怡祖:《现代大学治理结构:真实命题及中国语境》,《公共管理学报》,2008 年第 4 期,第 72 页。

权限划分制度,参与大学的重大事务决策,并在此过程中所形成的权力配置模式。当然,大学治理结构会因内外部环境条件的不同、大学类型的不同而被赋予不同的内涵。治理结构包含内部治理结构和外部治理结构。大学外部治理结构涉及大学与企业、政府以及其他外部利益相关者之间的关系,并通过科学有效的制约机制维持各外部利益相关者间的平衡,以保证整个系统的可持续发展。大学内部治理结构涉及管理者、学院内部人员的职责和权力的配置。而创业型大学的治理结构涉及创业型大学的各个内外部利益相关者在共同参与大学各项决策过程中的权力配置。

治理过程指的是内外部利益相关者的决策制订和博弈的动态过程,并总是受到人的因素、文化的因素、人际关系的因素等多方面的影响,具有复杂性、不稳定性、不可控性,但其最终目标是使不同内外部利益相关者的权责得以有效实现,提升决策水平、提高治理效率。

治理文化指的是"影响大学治理的一套价值观和行为方式"①,涉及内外部各利益相关者对大学精神、大学活动的态度和行为的认识,是区别于其他组织的各成员间共享价值观的重要因素。大学治理文化的核心内容包括对大学使命、目标、价值观的理性认识。

总而言之,治理结构、治理过程和治理文化有着紧密的内在联系,相互作用、相互促进。首先,治理结构涉及静态的制度安排,而治理过程则是动态的决策过程,只有二者有效融合,才能实现有效治理。其次,有效的治理结构是有效的治理过程的充分非必要条件。有效的治理结果并不意味着治理过程的有效实施,涉及具体的决策内容、决策主体、决策地点、决策时间等各方面因素。再次,治理文化是二者的有效保障,为二者提供必要的文化氛围。

大学治理模式指的是"在大学内外各个层面控制大学资源配置的一系列的政策、程序和决策机制"②。它是静态制度安排、动态过程及文化保障共

---

① 　Kotter J. P, Heskett J. L, *Corporate Culture and Performer* (New York: The Free Press,1992), 141.

② 　Benjamin R. ,Carroll S. et. al, The Design of Governance in Higher Education (Santa Monica, CA:Rand,1993), 23.

同作用结果下，经过长期形成的比较稳定的范式。随着人们对大学治理模式的认识的不断发展和深化，并不存在一种万能的、完美的、没有争议的大学治理模式，只能通过强调治理结构、治理过程和治理文化各方面的整体优化发展，以求在此基础上形成一种比较持续稳定的范式。

第四节　研究内容与方法

本书采用文献分析法、案例分析法和比较分析法，通过创业型大学治理模式的二维分析框架，即以外部治理和内部治理为纵向维度及以治理结构、治理过程、治理文化为横向维度来尝试构建创业型大学的治理模式。

一、研究思路与内容

就研究问题而言，本书主要有两大问题：（1）创业型大学的外部治理模式有哪些特征？（2）创业型大学的内部治理模式有哪些特征？

本书以利益相关者的共同治理理论为理论指导，原因在于创业型大学的各利益相关者主体日益呈现多元化，各种利益诉求都迫切要求有效实现。在此基础上，针对第一个问题，运用政府、大学、市场关系理论来具体分析创业型大学在外部治理模式方面的特色，原因在于大学外部治理模式的焦点在于大学、企业和政府间的关系，分别从外部治理结构、外部治理过程、外部治理文化等方面对其展开分析。针对第二个问题，运用委托代理理论来具体分析其在内部治理模式方面的特色，以及如何维持学术权力和行政权力间的平衡，分别从内部治理结构、内部治理过程、内部治理文化等方面对其展开分析，从而进一步指出研究型大学向创业型大学转变的过程中，内部治理各要素在其成功转型中所发挥的作用，从而为研究提供理论支持。

在此基础上，本书共确立了三部分、七章节。第一部分包含了第一、第二章；第二部分包含了第三、第四、第五、第六章，是本书的研究重点；第三部分也即第七章和第八章。各章主要内容为：

第一章简要介绍了本书选题的缘由、研究意义并提出所要研究的问题，同时对国内外专家学者对创业型大学、大学治理模式及其相关研究的现状进行了文献综述、对创业型大学、大学治理模式等相关概念进行界定,并说明研究的主要内容及方法。

第二章主要阐述了本研究的理论基础,并进一步明确研究思路和确定分析框架。

第三章主要通过阐述大学模式由研究型大学向创业型大学变革、大学职能的扩展即创业成为第四职能、大学管理向大学治理转变的基础上,进一步探索创业型大学崛起的背景。

第四章分别从外部治理结构、外部治理过程、外部治理文化三个方面来分析创业型大学的外部治理模式。

第五章分别从内部治理结构、内部治理过程和内部治理文化三个方面来分析创业型大学的内部治理模式。

第六章以英国约克大学、韩国浦项科技大学为研究对象来分析其内外部治理模式并进行比较分析。

第七章,对创业型大学与其他研究型大学、两种类型大学的治理模式进行比较,并通过揭示我国创业型大学的治理模式的现状来进一步提出我国创业型大学外部治理的建设重点和内部治理的完善策略,以期为我国世界一流大学和一流学科建设提供借鉴。

第八章,阐述本研究的主要结论并指出本研究的创新点、不足之处及未来展望。

本书研究思路如图1.4所示。

二、研究方法

本书试图将教育理论与管理理论相结合来对创业型大学的治理模式等进行研究,通过创业型大学治理模式的二维分析框架,即以外部治理和内部治理为纵向维度及以治理结构、治理过程、治理文化为横向维度来尝试构建创业型大学的治理模式,并分析其在创业型大学的成功崛起中所发挥的重要作用。

主要研究方法如下:

第一,文献分析法。对于任何研究而言,通过搜集文献、积累前人研究

```
┌─────────────────────────────────────────────────────────────┐
│  绪论：缘由、研究意义、研究现状、概念界定、研究内容与方法      │
└─────────────────────────────────────────────────────────────┘
                              │
┌─────────────────────────────────────────────────────────────┐
│                    理论基础与分析框架                         │
└─────────────────────────────────────────────────────────────┘
```

| 研究型大学 | 创业型大学 | 外部治理模式 | 1.治理结构 2.治理过程 3.治理文化 | 政府、大学、市场关系理论 | 利益相关者共同治理理论 |
| | | 内部治理模式 | 1.治理结构 2.治理过程 3.治理文化 | 委托代理理论 | |

```
┌─────────────────────────────────────────────────────────────┐
│                          结语                                 │
└─────────────────────────────────────────────────────────────┘
```

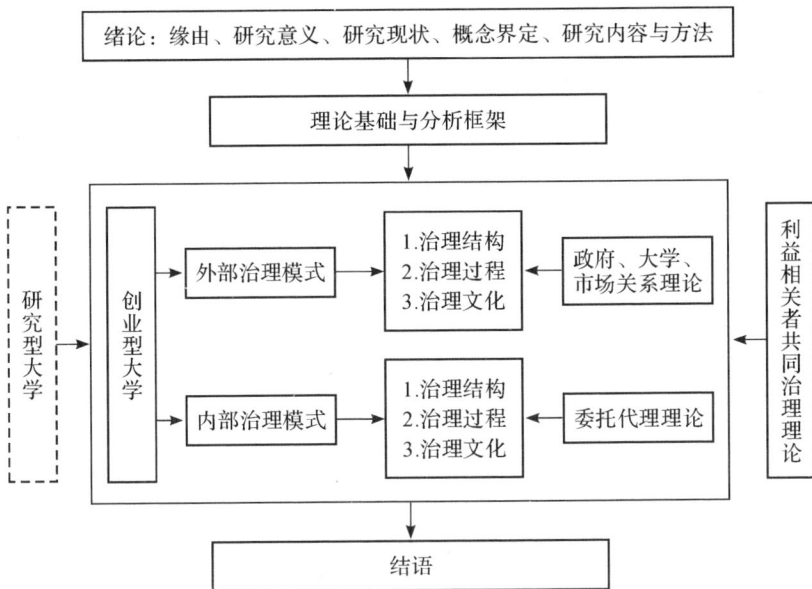

图 1.4　本书研究思路示意图

的经验是非常必要的。同样,文献分析法也适用于对教育学问题的研究。本书通过图书馆、网络等途径广泛搜索国内外专家学者关于创业型大学的相关研究资料,针对与题目相关的研究资料——中外文数据库、政府政策报告、学校及相关机构网站、各类期刊论文、学术著作、学位论文、会议论文、专题研究报告、报纸等资料进行归纳分析,从而界定研究主题,获得普遍的原理。

第二,案例研究法。为了更好地分析创业型大学的内外部治理模式,仅仅通过文献分析法还远远不够,还需要进行进一步的理论分析。而案例研究可以从具体中更好地理解抽象,即从某一具体例子中发掘整个系统的程序和内容,从而使对某一问题的抽象分析变得具体形象。由此,为了使理论分析更具说服力,本书选取特定的两所创业型大学作为典型案例,系统地考察了这两所大学的治理模式,对创业型大学成功崛起的关键因素、治理模式的变革进行系统性的探索,以期能够发掘出一些值得提供给国内大学作为参考的经验与心得。

第三,比较分析法。比较分析法是人文社会科学研究的基本研究方法之一,通过对教育现象和问题进行比较,以更好地揭示教育现象和问题的本质,从而对我国相关教育现象和问题的改进,提供一定程度上的借鉴。本书主要对大学治理与大学管理、创业型大学与研究型大学、不同创业型大学的治理模式进行比较分析。

第二章　理论基础与分析框架

进行研究的通常做法是在提出研究所依据的理论的基础上，引导连贯着整个研究过程中的问题。同样，本书主要采用亨利·埃茨科威滋的大学—企业—政府三螺旋理论和利益相关者理论作为理论支撑来引导全文。

第一节　理论基础

处于知识经济时代的今天，大学、企业、政府三者间的关系呈现出了新的变化趋势，大学内部利益相关者主体间的关系与作用也具有新的特点，而这些都是大学内外部治理模式的理论基础所关注的焦点。

一、利益相关者共同治理理论

利益相关者管理理论始于企业管理界，首现于弗里曼（Freeman）撰写的《战略管理：利益相关者方法》。利益相关者指的是"任何能够影响公司目标的实现或者受公司目标实现影响的团体或个人"[①]，各利益相关者都有参加企业决策的权利。利益相关者理论主张："企业是由多个利益相关者所构成

---

① ［美］弗里曼著，王彦华、梁豪译：《战略管理：利益相关者方法》，上海：译文出版社，2006年，第30页。

的契约联合体"①,"管理者负有服务于所有利益相关者利益的信托责任"②。由此,利益相关者之于企业来说是其可持续发展所不可或缺的,而不同的利益相关者在企业中所处的地位和发挥的作用不尽相同,其参与的领域或范围及参与程度也存在着不同。企业经营管理者的管理需要通过有效识别各利益相关者的价值取向和利益诉求来综合平衡各相关利益。

利益相关者理论最初为公司治理和经济学领域所应用。后来逐步在具有利益相关者的组织中得到推广研究和应用,从企业拓展、延伸到除政府和企业外的第三部门如大学。而利益相关者理论这一理论分析工具可以为大学治理的相关问题提供科学的解释和有效的指导。由此,利益相关者理论逐步为国内外众多学者在大学治理相关问题的研究中所广泛运用。大学治理涉及大学各个内外利益相关者共同参与决策过程中的权力配置,是各利益诉求不断博弈的过程和结果。"大学是一个拥有一定自治权的各种团体组成的社会"③,其利益相关者主要包括"教授、校长、院长、行政人员、学生、校友,以及这个社会本身(纳税人)"④。此外,大学在经历过教授治校、政府集权、董事会托管等管理模式后,开始走向利益相关者共同治理的新模式。大学的共同治理指的是"在受托人、管理者、教师以及学生之间就任务、预算、教学和研究等主要决策形成的相互认同和共同责任"⑤。

有学者把大学的利益相关者分为四个层次:"核心利益相关者、重要利

---

① Evan W. M. Freeman R. A., *Stakeholder Theory of the Modern Corporation: Kantian Capitalism* (Englewood Cliffs: Prentice Hall,1997), 75-84.

② John R. Boatright. "Contractors as Stakeholders: Reconciling Stakeholder Theory with the Nexus-of-contracts Firm." *Journal of Banking and Finance*, no. 9(2002): 1837-1852.

③ [美]菲利普·G.阿特巴赫著,人民教育出版社教育室译:《比较高等教育:知识、大学与发展》,北京:人民教育出版社,2001年,第5页。

④ 张维迎:《大学的逻辑》,北京:北京大学出版社,2004年,第19页。

⑤ Dennis John Gayle, Tewarie, Bhoendradatt, White A. Quinton, Jr., *Governance in the Twenty-first-century University: Approaches to Effective Leadership and Strategic Management* (San Francisco, California: Wiley Subscription Services, 2003), 30.

益相关者、间接利益相关者及边缘利益相关者。"①而本书主要根据大学内外部环境与各利益相关者的关系来划分：外部利益相关者即与大学输出的服务和人才存在利益关系，并能为大学服务质量提供有效反馈信息的核心群体，主要包括政府、企业、社会民间组织等；内部利益相关者即大学内部环境中受组织决策和行动影响的群体，主要包括董事会、学术委员会、校长及各行政管理人员、教师、学生等。

　　大学治理涉及大学各内外部利益相关者间权责关系的一系列制度安排，不仅包括外部治理即大学、企业、政府间的权责关系，也包括内部治理即以校长为首的行政人员与学术人员、教师与学生等的权责关系。大学利益相关者共同治理模式的关键在于保障各内外部利益相关者在共同决策过程中的权责得到有效实现，是对大学由政府直接控制的线性管理模式和大学完全自治的点状管理模式的修正。在这种模式下，大学的管理控制权不能由某一利益相关者单独控制，既不受政府单方面的垄断，也不是大学自身彻底的自治，而是由各利益相关者共享，并根据他们的具体权责来划分各自权限，使其在大学治理结构中获得相对稳定的权力范围，相互补充、相互制约。大学的内外部利益相关者都有权利共同参与到大学的各项决策中，并在决策过程中使自己的各项利益实现最大化；反之，大学的可持续发展和办学质量也需要各利益相关者的参与和支持。

二、大学、市场、政府关系理论

　　西方学者伯顿·克拉克（Burton Clark）在 1983 年出版的《高等教育系统：学术组织的跨国研究》中首次提出并建构了大学、市场、政府"三角协调模式"，着重于研究三者在不同国家的管理体制层面上的不同地位和作用（如图 2.1 所示）；之后，加雷斯·威廉姆斯（Gareth Willams）在 1995 年出版的《高等教育的市场化：高等教育财政的变革与潜在变化》中则对该模式进行了拓展，着重于研究政府在不同人力需求和政策导向层面上扮演的不同

---

① 　李福华：《利益相关者理论与大学管理体制创新》，《教育研究》，2007 年第 7 期，第 36-39 页。

角色(如图 2.2 所示);而纽约州立大学社会学系亨利·埃茨科威滋教授等提出的三螺旋理论并不刻意强调谁是主体,而着重研究大学、企业和政府在知识经济发展中的互动合作关系(如图 2.3 所示)。

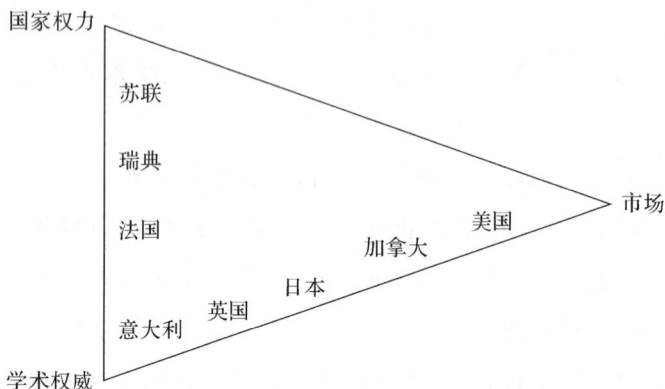

图 2.1　伯顿·克拉克提出的三角协调模式图

来源:[美]伯顿·R.克拉克著,王承绪等译:《高等教育系统:学术组织的跨国研究》,杭州:杭州大学出版社,1994 年,第 159 页。

如图 2.1 所示,英国的位置比较接近学术权威,专家学者也在大学拨款委员会等中介机构中发挥着重要作用。但随着新自由主义经济政策的日益盛行,英国高等教育系统中的国家、市场和学术权威三股力量间的协调作用发生了明显的变化,市场力量发挥的作用日益强大,国家力量也得到了加强,主要体现在以绩效评估为基础的政府拨款政策上,由此国家的位置日益往中间靠拢。

就整个高等教育系统而言,在高等教育供应者和消费者之间,国家权力随着人力需求和政策导向的变化分别扮演着不同的角色(如图 2.2 所示):在模式 1 中,国家权力、市场、学术权威形成比较均衡的力量,呈现三足鼎立、共同竞争的局面;在模式 2 中,政府扮演着调节者的角色来调节学术权威与市场间的紧张关系,以保障高等教育供应和消费间的公正性;在模式 3 中,政府则作为促进者的角色;在模式 4 中,政府致力于供应充足的高等教育资源,以供应者的角色出现;在模式 5 中,政府通过采用市场手段,扮演着支持消费者的角色;而在模式 6 中,政府直接扮演着消费者的角色。由此可见,政府、市场和大学间的界限并不是固定不变的,在模式 3 和模式 4 中,政府和大学的立场是一致的,而在模式 5 和模式 6 中,政府和市场的立场是一致的。

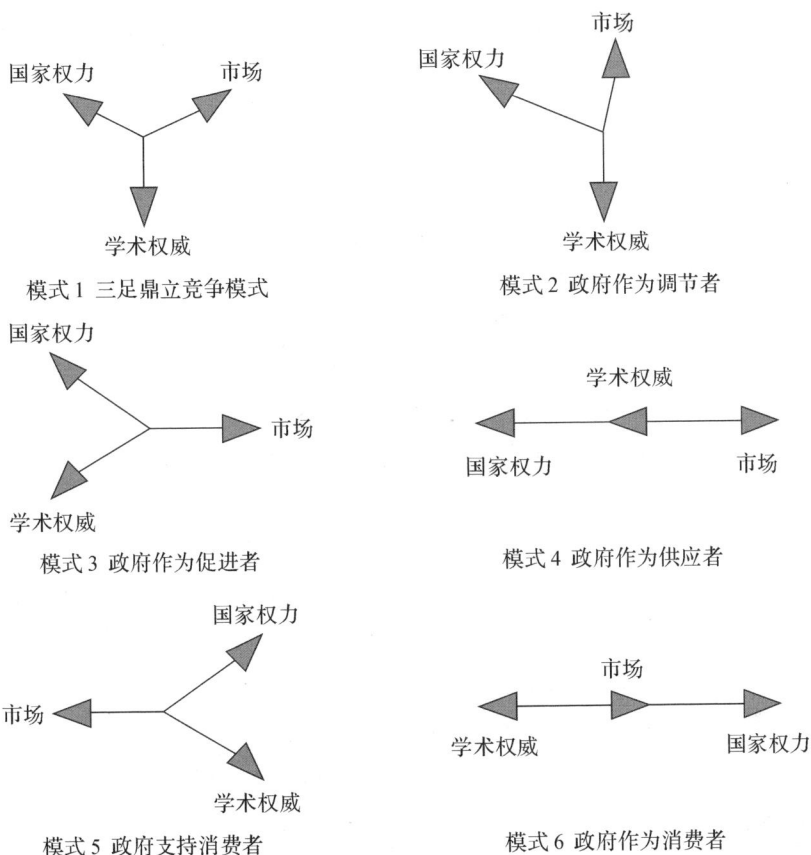

国家权力　　　市场

学术权威

模式 1 三足鼎立竞争模式

市场

国家权力

学术权威

模式 2 政府作为调节者

国家权力

市场

学术权威

模式 3 政府作为促进者

学术权威

国家权力　　　　　　市场

模式 4 政府作为供应者

国家权力

市场

学术权威

模式 5 政府支持消费者

市场

学术权威　　　　　　国家权力

模式 6 政府作为消费者

图 2.2　六种高等教育体制示意图

来源:Gareth L. Willams. "The Marketization of Higher Education: Reforms and Potential Reforms in Higher Education Finance." D. D. Dill, B. Sporn., *Emerging Patterns of Social Demand and University Reform: Through a Glass Darkly* (Oxford: Pergarmon Press,1995), 172-176.

在英国,政府、大学、市场三者在高等教育系统中所扮演的角色属于模式 2,大学拥有较大的自主权,英国政府向大学提供经费,却不直接干涉大学事务,而由大量的中介机构负责向政府提供经费分配建议,以规划高等教育具体事宜;而欧洲大陆大多数国家如法国和德国则分别属于模式 3 和模式

4,政府实际上是高等教育的促进者或是供应者。随着高等教育内外部环境的不断变化,各国政府在高等教育系统中所发挥的作用也呈现出不同程度的差别,越来越倾向于模式 5 和模式 6,即倾向于采取市场手段,扮演着消费者的角色,尤其是在英美等国家中此表现更加明显。

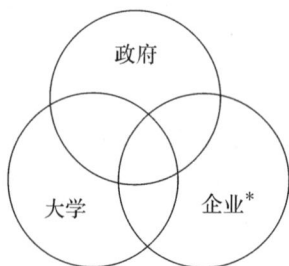

图 2.3　三螺旋模式示意图

注:有的学者译成产业,有的译成企业,总体上看企业可能更合适,因为企业是市场的主要主体。

来源:Henry Etzkowitz, Magnus Klofsten. "The Innovation Region:Toward a Theory of Knowledge-based Regional Development." *Research and Development* ,no. 3(2005):243-255.

　　此外,三螺旋理论认为"大学、企业、政府三方在创新过程中密切合作、相互作用,同时每一方都保持自己的独立身份"①(如图 2.3 所示)。由此,大学、企业、政府间的力量需要保持一定的张力和均衡状态,才能保证三者都能在这一模式中有效发挥各自的作用,如大学在知识的生产、传播和应用层面做出贡献;企业在科研成果转化和知识商业化方面提供资源的支持;政府在政策法律及有效管理上提供宏观支持。相反,如果政府控制力量太强,控制着大学和企业的能力及运作,大学可能会失去自治能力,也无法与企业直接合作,企业也无法直接促成大学实现技术转移和知识商业化;而受政府决策的限制,那么就有可能形成国家干预主义的模式。而另一个极端就是大学、企业和政府三者力量相互孤立、毫无关联,缺乏相互间的互动,即大学

―――――――――――

① [美]亨利・埃茨科威滋著,周春彦译:《三螺旋:大学、产业、政府三元一体的创新战略》,北京:东方出版社,2005 年,第 15 页。

作为劳动力供给的一端,却不能满足企业的人才需求,造成供需不平衡的局面,同时政府也没有发挥应有的作用,那么就有可能形成自由放任的模式。由此,有效互动的三螺旋模式变成了必要之举。

比照物理学中将大学、企业、政府的合力看作是三维方向上的力的矢量合成(如图 2.4 所示),该图说明了国家干预主义和自由放任主义的不足之处,若某一维度上的力量太强,就必然会因向心力导致另两股力量围绕它旋转;如果三个维度上的相互作用力太弱,则会缺乏合力;而只有三个维度上的力量保持均衡,才能有效旋转,形成螺旋。

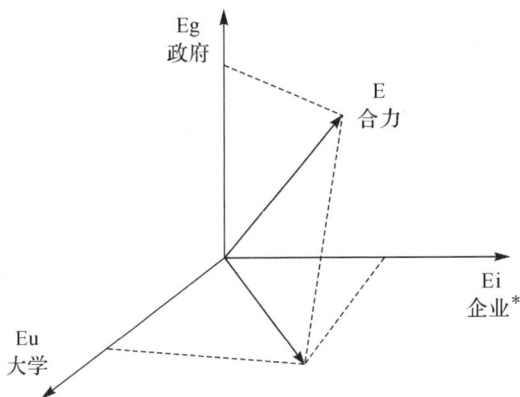

图 2.4　三螺旋力的合成

注:"Ei"有的学者译成产业,有的译成企业,总体上看,译成企业可能更合适,企业
是市场的主要主体。来源:[美]亨利·埃茨科威滋著,周春彦译:《国家创新模式:
大学、产业、政府"三螺旋"创新战略》,北京:东方出版社,2014 年,第 48 页。

此外,三螺旋力量在微观(内部)和宏观(外部)两个层面上循环发生(如图 2.5 所示),"这种循环包括人员循环、信息循环和产品循环,三螺旋相互作用的结果是伴随着三股螺旋的循环实现的"[①]。

人员循环即人才流动。随着人才的流动,其思想和价值体系也随之流动,并对三个螺旋间的合作产生重要影响,尤其是处于驾驭核心的领导个体

---

① 周春彦、[美]亨利·埃茨科威滋:《三螺旋创新模式的理论探讨》,《东北大学学报(社
会科学版)》,2008 年第 4 期,第 302 页。

或集体的缺失很可能会阻碍三螺旋的进一步发展,导致循环链断裂。人员循环大致存在三种情况:其一,从一个螺旋机构单向或是永久流向另一个螺旋机构。如大学教授自己创建高科技公司成为企业家,这就是从大学流向企业;而高新技术企业科研人员进入大学成为教授,就是从企业流向大学。其二,在两个螺旋机构中兼任双重职务。如大学往往会聘请高新技术企业的优秀研究主管兼任大学教授。其三,在一个以上螺旋机构中轮流或定期工作。如在兼任大学教授和公司要职后成为政府部门人员,后又回到大学从事教授工作。

信息循环即创新网络。为了更好地开展合作,信息交流和共享是必要条件。这些信息包括政府政策法规、基金项目、大学最新研究成果及最新技术与科研项目、企业与市场需求等。由此,需要大学发挥协调作用,建立有效合作平台及其与政府、企业的合作信息网络系统。

输出循环即参与者之间的互惠及其对创新贡献的均衡。通过把大学科研成果商业化,不仅使大学获得了大量资金,进而缓解了政府拨款的压力,同时也使企业的技术要求得以满足,由此,各螺旋机构都获取了各自的利益,达成互惠局面。此外,如果存在着消极的贡献不均衡,则三螺旋机构的循环链有可能发生断裂;相反,如果存在着一个积极的贡献不均衡,则会激励其他螺旋机构增加其贡献力度和影响力。

亨利·埃茨科威滋进一步提出了三螺旋模式的五大规则:"其一,知识资本化即知识被创造与传播既是为了学科发展,也是为了应用。其二,相互依存性即创业型大学与企业、政府密切相互作用。其三,相对独立性即创业型大学是一个相对独立的学术机构。其四,混合形成性即创业型大学既要与其他机构相互依存又要保持自身独立,由此生成某些混合组织。其五,自我反应性即大学应不断调整、变化与发展以更好的方式实现大学的使命"①。

在创业型大学的治理模式研究中运用该理论,其用意在于更好地理解大学、企业、政府间的有效合作关系,并为其提供有力的理论支撑。创业型

---

① Etzkowitz, H. "The Triple Helix of University-Industry-Government: Implications for Policy and Evaluation." *Working Paper*, no. 11(2002): 1-18.

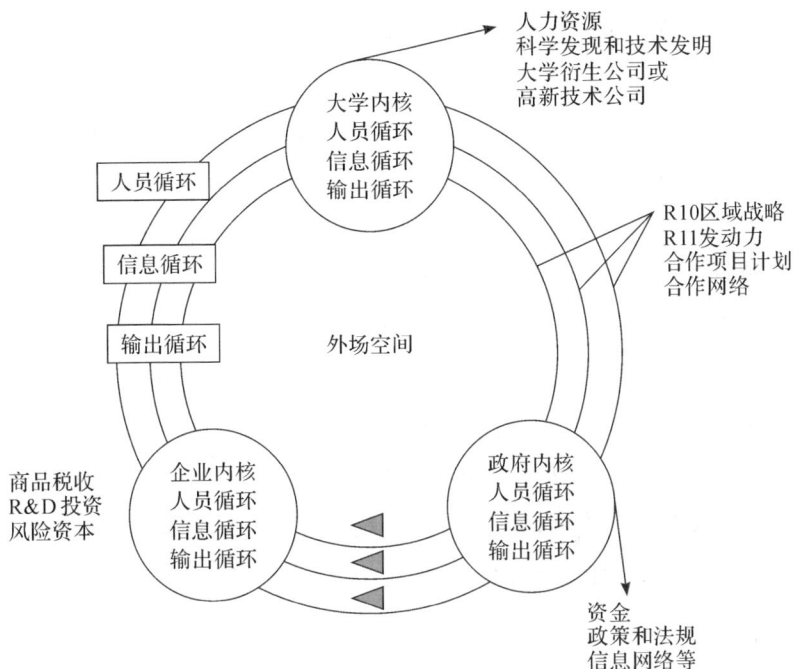

图 2.5　横向的三螺旋循环示意图

来源：［美］亨利·埃茨科威滋著，周春彦译：《国家创新模式：大学、产业、政
府"三螺旋"创新战略》，北京：东方出版社，2014 年，第 50 页。

大学积极承担并完成其创业任务，推动了国家经济发展，提高了国家竞争
力，反过来又加固了它在三螺旋结构中的中心地位，使它们之间的联系机制
更加紧密和丰富，创造更多的成果。

三、委托代理理论

20 世纪 60 年代末至 20 世纪 70 年代初，为了解决企业内部利益冲突和
信息不对称的问题，经济学家开始提出委托代理理论，目的在于让委托人设
计出最优契约，以真正科学有效地激励代理人。委托代理理论认为："委托
人与代理人直接建立一定的合同关系，代理人为委托人负有一定的责任，代
理人的决策一般是要使委托人的利益最大化，但是，代理人会出于自身利益
和自我保护而不完全遵从委托人的意愿，这种利益上的冲突使委托人通过

提供一定的激励等措施来监督代理人的行为符合当初所签订的合同。"①在这种委托代理关系下,委托人和代理人的权利、责任、利益等各项立约指标都在契约中得以明确规定,其最终目的是使各利益相关方的利益冲突和信息不对称问题,得以有效解决;并通过最优契约的签订来有效激励代理人,最终实现委托人价值的最大化。该理论最初是分析经济领域的契约关系后延伸至教育领域。"行为能力、支付能力、信息优势、信息非对称性"②是委托代理关系形成的关键。

作为典型的利益相关者组织,大学的董事会成员涉及各利益相关者,最终目标是实现大学的决策在诸多利益主体之间寻求一种平衡。董事会成员包括政府人员或代表、以校长为首的高级行政管理人员、教师、学生、企业代表及其他相关代表。其中,政府通过提供资金、派代表成为董事会成员等手段对大学进行宏观调控和管理,并通过董事会来实现其政策目标和意图,进而影响大学的行为。此外,以校长为代表的行政管理系统,特别是高级行政管理人员包括校长、院长、系主任等是大学政策的具体执行者,但是真正影响大学政策的则是各个利益相关者。由此,大学行政管理人员只是为利益相关者服务的委托代理人,这就涉及委托代理理论。

就高等教育机构而言,一般存在三种委托代理关系:政府与高校、高校与院系、院系与教师。首先,政府作为社会意愿的代表,具备委托人资格;高校通过教学、科研和社会服务等职能实现高等教育的培养目标,具备代理人资格。其次,政府、高校、院系拥有对教师的工资、福利等支付能力;再次,相比政府,高校对自己的运营状况更为了解。同样,相比高校,院系对自己的运营状况更为了解,而教师对自己的知识水平、能力情况等具有更大的发言权。同时,政府、高校、院系都不可能完全监督其代理人的行为,在具体任务的执行层面上具有信息上的劣势,而高校、院系、教师在资金运营等方面依然在很大程度上依赖于委托人;此外,高校法人及学校领导班子、院系虽然

---

① Jean Jacques Laffont, David Martimort, *The Theory of Incentives: The Principal-Agent Model* (Princeton University Press,2001),163-165.

② 何维达:《企业委托代理制的比较分析:制衡机制与效率》,北京:中国财政经济出版社,1998 年,第 19 页。

负责任务的有效执行，但也有选择退出的权利。

第二节　分析框架

就创业型大学的治理模式而言，其主要外部治理主体是大学、企业、政府，这就涉及大学、市场、政府三者间的关系理论；而其主要内部治理主体包含咨询机构、决策机构、学术机构和创业机构等涉及以校长为首的行政管理者、教师、学生等不同利益相关者，这就涉及委托代理理论；而对于创业型大学内外部不同的治理主体，则涉及利益相关者共同治理理论。

由此，本研究以大学、市场、政府关系理论和利益相关者共同治理理论为基本立场，强调创业型大学在内外部治理模式即治理结构、治理过程、治理文化等层面上的特色之处，及其在创业型大学成功崛起中所起的重大促进作用。采用这一立场的关键在于它把视角放在大学、市场、政府三者间的关系和治理结构中的各利益相关者主体上。大学治理作为一种组织行为（表现为结构、过程和文化），必然受到特定环境的影响；不同的环境自变量，意味着不同的行为特征，而创业型大学治理模式就是积极主动适应环境变化的必然产物，也是适应环境变化的有效手段，以形成对环境变化的自适应性。由此，从整体上形成了本书的分析框架，也就是"环境变量—自适应性的治理模式—创业型大学"。

显然，创业型大学的治理模式的形成在本质上具有主动选择性，其行为无可避免要受到环境的影响，是适应环境变化的产物，同时也是其适应环境变化的一种有效手段。作为一种尝试，采用大学、市场、政府关系理论，关注大学与企业、政府间三者治理关系的变化；同时采用委托代理理论，关注创业型大学内部各利益相关者主体的权力间的分权制衡过程；此外还采用利益相关者理论，以治理结构—治理过程—治理文化的内外部治理模式分析来探索创业型大学的内外部治理模式在其成功崛起中所发挥的重要作用，拓展了研究视野。

此外，作为一项创业型大学的研究，尽管本书的重心放在英国约克大学和韩国浦项科技大学，但研究的最终目的还是为我国大学的改革与发展，特别是世界一流大学和世界一流学科的创建提供借鉴。这就提醒我们需要注意特定国情的差异性,而且,创业型大学的治理模式只是作为一种可能的参考模式,并不是所有研究型大学或是其他类型大学的必然选择,是否适用一所大学,还需要结合大学自身的条件加以考虑。

创业型大学的成功崛起是由各因素共同作用下促成的,如一流的教学人员、优秀的学生、充足的资金等,而对于大学治理模式在崛起中所发挥的关键作用还有待进一步探索。同时,大学的治理模式及其表现出来的特征,无疑也是通过各种治理的要素呈现出来的。从这个意义上讲,大学治理模式的有效、科学,在很大程度上取决于治理要素的作用的有效发挥。可见,建构"环境变量—自适应性的治理模式—创业型大学"这一分析框架,能从一个较新的视角来深化对于创业型大学内外部治理模式的认识。

在这一分析框架下,本书依据大学、市场、政府关系理论,来分析大学、企业、政府三者间关系对创业型大学外部治理模式所产生的影响;同时依据委托代理理论,对创业型大学内部治理模式也进行了深入探索。此外依据利益相关者共同治理理论对创业型大学内外部不同利益相关者进行了有效分析。需要指出的是,创业型大学的治理模式作为环境变化的必然产物及适应环境变化的有效手段,其自然是作为一个整体对创业型大学的成功崛起产生影响。表 2.1 是按照大学内外部治理模式的关键要素和大学、市场、政府关系理论、委托代理理论及利益相关者共同治理理论所列出来的创业型大学治理模式的分析脉络。

表 2.1　创业型大学治理模式的分析脉络表

大学治理模式	关键要素	理论基础	
外部治理模式	治理结构	大学、市场、政府关系理论	利益相关者共同治理理论
	治理过程		
	治理文化		
内部治理模式	治理结构	委托代理理论	
	治理过程		
	治理文化		

小　结

大学、市场、政府关系理论、利益相关者理论以及委托代理理论是本研究的理论背景，为创业型大学的内外部治理模式即治理结构、治理过程、治理文化的研究提供理论指导，为研究的分析框架提供理论依据。

首先，大学、市场、政府关系理论有助于分析创业型大学的外部治理主体即大学、企业、政府三者间相互联系、相互作用的关系。创业型大学通过积极承担创业职能，在促进社会经济发展中起着越来越重要的作用。

其次，委托代理理论有助于探索创业型大学各治理主体的关系。就高等教育机构而言，一般存在着三种委托代理关系：政府与高校、高校与院系、院系与教师。而创业型大学采用委托代理的最终目标在于最大程度地激励代理人，并通过有效的约束机制使委托人与代理人的关系得以最优化，以提高大学治理的有效性。

最后，利益相关者理论有助于分析创业型大学内外部不同利益相关者间的关系。作为典型的利益相关者组织，高等教育机构需要内外部各利益相关者的参与和支持，而各利益相关者也需要在高校的决策过程中依据自己的权责发挥其影响力，并实现自己的利益最大化。

基于以上理论背景，本研究选取英国约克大学和韩国浦项科技大学为个案，以"环境变量—自适应性的治理模式—创业型大学"为分析框架，以治理结构、治理过程和治理文化为分析要素，尝试构建创业型大学的治理模式，并分析其在创业型大学的成功崛起中所发挥的重要作用，以为我国大学的改革与发展，特别是世界一流大学和世界一流学科的建设提供借鉴。

第三章 大学发展的新动向:创业型大学

在新的高等教育环境下,大学自身面临着诸多挑战,如政府资助减少、毕业生增加、就业率降低、社会对大学期待的变化等,为了更好地应付这些挑战,大学治理理念日益深入人心;大学的新职能即创业职能备受关注,越来越多的研究型大学开始选择向创业型大学转变。

第一节 大学模式的变革:创业型大学的崛起

高等教育机构的主要目标之一是培养国家所需要的人才进入劳动力市场,特别是有着高学术水平和高科学发展水平的研究型大学更是发挥着重要作用。随着知识经济的进一步发展,社会需求的日益增多,高等教育把教学、研究、社会服务和创业相结合,不仅负责教育和知识的扩散,也负责知识的创造和创新,也特别关注对经济回报和发展有着直接影响的技术转让和创业,由此创业型大学应运而生。

一、创业型大学的产生

创业型大学的产生来源于外界高等教育环境的变化,主要体现为以下几个方面。

首先,第二次学术革命的"催生"。随着第二次学术革命的产生及知识经济的进一步发展,大学作为知识提供者和传播者的传统角色遭到了挑战,创业日益融入大学的教学科研中,产生了第二次学术革命。一些研究型大学利用自身的科研优势,通过知识成果的商业化和市场化,建立科技园、孵化器等平台，创建高新技术公司等，在社会经济发展中发挥着重要的促进作用，造就了"创业型大学"这个名称。

其次，政府政策和激励措施的"推力"。当前高等教育机构所面临的外部挑战增大，如来自政府等部门的公共资金减少、大众高等教育趋势下院校竞争日益激烈等，由此，政府鼓励大学扩大非政府来源收入，而且越来越多政府机构直接从大学购买服务或为大学提供特定目的的、以绩效为基础的资金，如为了企业发展、区域发展、填补特定劳动力市场短缺、解决特定问题的研究等。

再次，市场机会的"拉力"。"新"自由主义通常被用以描述形成于20世纪70年代，并在20世纪80年代逐渐取得主导地位的一种政治、经济哲学。新自由主义"鄙视或反对政府对经济的直接干涉，转而强调通过用鼓励自由市场、减少对商业运行和经济发展进行限制的手段来取得进步，实现社会正义"[1]。同时，学术资本主义倾向也在大学中呈现出来，而不再是传统的学术人文主义。施罗特和莱斯利认为学术资本主义是指"任何（学术）机构和专业人员通过市场化或类似于市场化的手段，以获取外界资金的努力"[2]。随着高等教育市场化的推进，高校开始注重知识的应用价值，并通过知识成果的商业化和市场化以获得额外的科研资金来源。

此外，随着知识经济的增长、高等教育不断增加的多元化需求以及全球范围内沟通和信息技术能力的扩大，从知识的商品化和科研成果的商业化中获得资金和收入，对大学的知识生产、知识创新的需求亦日益增长。吉本斯等根据全球化背景下知识生产方式的变化，在《知识的新生产》一书中提出："一种新的知识生产模式即'模式二'，它以跨学科、问题导向为逻辑，强调知识的实用价值。"[3]由此，研究者或专家通过向企业提供咨询服务或技术成果转化等形式与企业进行紧密合作，甚至是直接以自己的研究成果或研

---

[1]　新自由主义[EB/OL]，http://en. wikioedia. org/wiki/Neoliberalism. 2012-1-19

[2]　Slaughter S. & Leslie L, *Academic Capitalism: Politics, Policies, and the Entrepreneurial University* (Baltimore: John Hopkins University Press, 1997), 8.

[3]　Michael Gibbons, *The New Production of Knowledge: The Dynamics of Science and Research in Contemporary Societies* (SAGE Publications, 1994), 179.

究资源成立高新技术公司,成为创业型学者或创业型科学家。

20 世纪 80 年代以来,大学开始通过科技园、孵化器、研究公司或研究中心、技术转让办公室等平台参与到经济活动中来,创业日益成为除教学、科研和社会服务之外的第四职能。这种职能的具体表现包括建立新公司、催生衍生企业、研发高新知识技术,并注重科研成果的转化以进入市场等。大学科技园区的建立、科研成果的进一步转化,大学利用自身的知识技术优势、研发机构等促进了高新科技企业的进一步形成,使科研知识技术创新直接转化为社会生产力进入市场,体现出其商业价值;大学的研究开始从基础研究中寻求商业机会,将基础研究和应用研究结合,不仅仅出于知识自身的逻辑考虑,也注重满足社会需求和实用价值,以利于科研成果的进一步转化;大学作用的增强在区域经济层面尤为明显,表现在:"提供知识空间、趋同空间、创新空间。"[①](如表 3.1 所示)

表 3.1　区域三螺旋空间及其特点表

三螺旋空间	特　点
知识空间	为高技术企业的孵化提供资源
趋同空间	领导与政府和企业的合作
创新空间	创造新的组织形式

来源:亨利·埃茨科威滋:《创业型大学与创新的三螺旋模型》,《科学学研究》,2009 年第 4 期,第 481 页。

由此,"大学、企业与政府以经济发展需求为纽带而联接起来,形成三种力量交叉影响又螺旋上升的'三重螺旋'的新关系"[②]。虽然其直接目标是促进国家和地区的经济发展,但同时也为大学自身增加了科研经费和提高了自身的声誉。正如亨利·埃茨科威滋所言:"经常得到政府政策鼓励的大学

---

① [美]亨利·埃茨科威滋:《创业型大学与创新的三螺旋模型》,《科学学研究》,2009 年第 4 期,第 481 页。

② Etzkowitz, H., Leydesdorff L. "The Dynamics of Innovation: From National Systems and 'Mode 2' to a Triple Helix of University-Industry-Government Relations." *Research Policy*, no. 2(2000):109-123.

及其组成人员对从知识中收获资金的兴趣日益增强。"①一般而言，大学的创业活动主要分为三类：学术创业、大学通过出售自己的知识和服务来获得收入；技术创业、大学应用研究成果，将研究成果转化为生产力，实现科技成果商业化的活动；经营创业。具体而言，大学的创业活动形式包含科研资助，主要指受政府部门资助的科研项目；企业合作，企业科研合同；研究成果转让，版税和专利许可；新创公司与衍生企业；教育培训；咨询顾问；经营活动。其中，经济活动主要指从事与学校学科或专业相关的经营活动。

二、创业型大学的发展

"强有力的领导核心、拓宽的发展外围、多元化的资助基地、激活的学术心脏地带、一体化的创业文化"②等要素间的相互作用已成为向创业型大学变革的关键因素，每一个因素自身所产生的作用是极其有限的，每个因素都需从其他几个因素中获得力量，它们之间的相互作用随时间而增强，进而形成一股可持续的变革动力，"适应自身的能力和适应一个变化社会的能力是持续成功的核心"③。毕竟，向创业型大学的转变是一个渐进式的不断累积的过程。

此外，伯顿·克拉克在《大学的持续变革：创业型大学新案例和新概念》中进一步指出："在大学创业精神的成功案例中，被持续的是继续进行变革的能力。"④有学者则认为创业型大学意味着："其一，大学作为一个组织，在自身组织和运营中是创新的；其二，大学作为创业的引擎，提供新思想、培养

---

① ［美］亨利·埃兹科威茨、［荷］劳埃特·雷德斯多夫编，夏道源等译，胡新和等校：《大学与全球知识经济》，南昌：江西教育出版社，1999 年，第 228 页。

② ［美］伯顿·克拉克著，王承绪译：《建立创业型大学：组织上转型的途径》，北京：人民教育出版社，2003 年，第 46 页。

③ Burton Clark. "Sustaining Change in Universities: Continuities in Case Studies and Concepts." *Tertiary Education and Management*, no. 9(2003):110-115.

④ ［美］伯顿·克拉克著，王承绪译：《大学的持续变革：创业型大学新案例和新概念》，北京：人民教育出版社，2008 年，第 115 页。

创业者、与工商界合作。"①由此,向创业型大学的转变并不是一蹴而就的,大学作为一个组织,需要进行自上而下的积极主动的组织变革,以创新创业精神为核心、以知识成果的转化为手段、以各种创业活动和行为方式为载体来实现其创业使命。相对于研究型大学而言,其所进行的研究本身就存在着商业的潜力,而创业型大学恰好意识到了这一点,通过把研究成果转化、知识产权转移,并进一步创建高新技术公司、孵化器、科学园等方式把学术要素和商业要素有机地结合在一起。由此,知识资本化、商业化,特别是知识产权的转移、创建公司等都是大学成功转型的关键。

　　一般而言,大学主要以两种方式发展为创业型大学。其一,学术创业是其第四职能,注重知识和研究成果的商业化,大学通过成为知识中心把社会服务与研究联系起来,这一方式以美国创业型大学为典范。其二,创业教育把社会服务与大学的教学和创业能力培养相连,此以欧洲创业型大学为典范。然而,欧洲创业型大学与美国创业型大学的相似之处在于二者都致力于促进区域社会经济发展、从创业活动中获得额外的资金来源。但欧洲大学教授往往很少自己创业,而是注重培训学生创建公司,教授往往充当咨询角色而不是一个创业者直接创立公司,这是与美国大学教授的不同之处。在美国,学术创业的焦点在于研究和经济发展相联系、技术转让机制和孵化器设施等从创业培训中独立出来。简言之,"欧洲创业型大学的学术创业是非线性的,美国创业型大学的学术创业是线性的,但在以后二者会得以有效结合"②。

第二节　大学职能的扩展:创业成为第四职能

　　从最初的以自由教育为核心的传统型大学(教学型大学)理念到以学问

①　Manuel Trajtenberg, *Entrepreneurial Universities: The View from Israel*, *The Future of the Research University: Meeting the Global Challenges of the 21st Century* (Kansas City, Missouri: Kauffman Foundation, 2008), 85.

②　Henry Etzkowitz. "European Entrepreneurial University: An Alternative to the US model." *Industry and Higher Education*, no. 5(2003): 333-334.

探索为主旨的研究型大学理念，再到之后的以"威斯康星思想"为原型的社会服务型大学理念，大学形成了教学、科研、社会服务三大职能。而创业型大学的成功崛起为大学的传统职能赋予了新的意义即创业职能。

一、创业型大学的教学职能

传统研究型大学的教学职能随着洪堡改革的推进，开始由单纯的知识传授转化为通过科学研究的进行来获得高深知识；而对于创业型大学而言，则更注重知识的实用价值，注重在社会经济环境中进一步运用和检验知识。创业型大学所教授的知识不再是孤立的纯理论知识，而开始根据市场的需要，调整学科和专业的设置，注重跨学科、跨专业的知识传授；在学习方式上，开始从教师主导型向学生主导型转变，由消极被动的学习方式转向积极的终身学习方式；在人才培养方面，注重创业创新精神，以创业教育为载体，致力于培养创新创业型人才。

二、创业型大学的研究职能

创业型大学的创业是在充分发挥自身科学研究优势的基础上的创业，它首先是研究型大学。就其特征而言，传统研究型大学的"九项标准"即"教师的素质、学生的素质、常规课程的广度和深度、通过公开竞争获得的研究基金、师生比例、大学硬件设备的量和质、大学财源、历届毕业生的声望和成就、学校的学术声望"[1]和"七大表现"即"原创性成果、教师质量、诺贝尔奖、Nature 和 Science 论文、科研经费博士教师比例、研究生中留学生比例"[2]，创业型大学无疑也具备这些，而且表现更为突出。而创业型大学对内外部高等教育环境的反应更为敏锐，具有很大程度上的环境自适应性；同时它面向社会经济市场的需求，通过知识成果的商业化和市场化，善于从第三渠道

---

[1]　丁学良：《什么是世界一流大学》，《高等教育研究》，2001 年第 3 期，第 4-9 页。

[2]　上海交通大学 21 世纪发展研究院和高等教育研究所：《我们离世界一流大学有多远》，《中国教育报》，2002-03-12。

获得研究基金,"前向线性模式与逆向线性模式的交互出现"①,使"科学推动"与"市场拉动"得以有效融合,有利于实现创新创业的高效率。

三、创业型大学的社会服务职能

"威斯康星思想"或"威斯康星精神"使社会服务成为大学的第三项职能。而就创业型大学而言,其社会服务职能发挥得更为淋漓尽致,如科技园区的建立使传统研究型大学的社会服务职能又前进了一大步,注重充分利用自身的科学研究优势来为当地社会经济的发展服务。同时,创业型大学改变传统研究型大学对基础研究的偏好,更注重应用研究的实用价值,使科学技术有了更大的突破,并在促进国家社会经济的稳定增长中发挥着重要作用,如高技术企业的建立。

四、创业型大学的创业职能

创业职能是社会服务职能的进一步拓展和延伸,创业的共同主题是通过采用创业行为和创新元素来创造经济、社会、文化或技术价值,即通过采用创业行为和创新元素来创造公共价值,而这正是创业型大学的必要特征。同时,创业型大学注重充分利用自身的科学研究优势,更注重应用研究的实用价值,使科学技术有了更大的突破,并在促进国家社会经济的稳定增长中发挥着重要作用,如科技园区、高新技术公司、科学技术转移办公室等创业组织结构的建立,使其一系列的创新创业活动和行为得以有效实现。同时,对创业型大学而言,其创业职能是与教学、研究和社会服务职能交织在一起的,共同创建一个持续的、协同的和动态的交换网。创业型大学使教师和学生能在研究、教学和跨越边界的知识追求和使用中显示其创新创业能力。他们致力于在高度不确定性和复杂性的社会环境中增强学习,并通过与当地、国家和国际社会中的所有利益相关者的开放参与、相互学习、发现和交换的进程中创造公共价值。

---

① ［美］亨利·埃茨科威滋著,周春彦译:《三螺旋:大学、企业、政府三元一体的创新战略》,北京:东方出版社,2005 年,第 22 页。

总之，传统的大学为了回应环境的不断变化和知识经济提出的新要求，结合了大学、企业、政府的三重力量，以强烈的创新创业精神，通过将研究成果商业化来促进社会经济发展，进一步改善大学的经营模式，以创新的组织结构来获得多元化的资金来源，以达成大学自力更生、可持续发展的最终目标。由此，大学不再是完全的象牙塔，象牙塔内与外的界限越来越模糊，大学对知识的研究与发展已不仅仅是自我完成的任务，而是与社会相结合，即大学的知识创新与所培训的人才为社会所用，同样地，社会亦提供给大学存续发展的各种资源，大学功能的发展从单纯的传道授业解惑到以研究为重，再到教学科研并重，并通过创业把新创的知识传播、运用到社会及企业。

第三节　大学管理的转变：大学管理转向大学治理

创业型大学作为一个典型的利益相关者组织，涉及内外部多元利益相关者的权利和义务，而在创业型大学的运行中，实现这些利益相关者的权责平衡，并让其共同参与这个过程便成了必要之举，而这已经超越了传统的大学管理范畴而隶属于各利益相关者主体的共同治理范畴，"利益相关者治理以作用于组织外部为中心，而管理以作用于组织内部为中心"[①]。

为了对大学治理与大学管理的概念进行全面比较，本书主要从这二者在高等教育组织中的权力层面、人际关系层面和问题解决层面上来进行分析（如表 3.2 所示）。

表 3.2　大学治理与大学管理辨析表

层面	大学治理	大学管理
权力	1. 多元利益相关者主体的意志 2. 内外部结合的中长期规划 3. 内外部治理结构 4. 提供大学运行方向	1. 管理层领导的意志 2. 以内部为主的中短期规划 3. 官僚的、多阶层结构 4. 规定大学的具体发展路径

---

① 李福华：《大学治理的理论基础与组织架构》，北京：教育科学出版社，2008 年，第 35 页。

续表

层面	大学治理	大学管理
人际关系	1. 提升大学运行效益 2. 多向沟通 3. 治理机制及激励约束机制 4. 多元奖励	1. 追求权力、成就 2. 自上而下的沟通 3. 行政命令 4. 公平报酬、政策奖励
问题解决	1. 预测问题并提前解决 2. 把风险降到最低 3. 随环境变化做适应性、持续性变革	1. 出现问题才解决 2. 不计代价避免风险 3. 维持现状或主要问题出现时才做变革

来源：陈娴、顾建民：《大学治理与大学管理的概念辨析：西方学者的观点》，《高教探索》，2017 年第 4 期，第 50-51 页。

其一，权力层面。无论是大学治理还是大学管理都需要权力来保证其目标的有效实现，但这二者的权力在主体、基础、定位、结构、关系网络、功能上存在着明显差异。在权力主体方面，大学治理的主体是各利益相关者团体，其组织单位如董事会是一个团体而不是一个独立的个体，其治理权力属于整个团体且行使团体权力需要严格规章；而大学管理的主体通常是管理层领导，其管理权力属于上层领导者个人，他们并有权力委派、监督、指导或评估各下属。具体而言，董事会主席和管理层领导是非常不同的角色。董事会主席只拥有董事会团体赋予的权力，所以他或她只是为董事会服务，而不是一个真正的权威领导。相比之下，管理层领导，往往是校长，实际上拥有管理教职员工和学生的权力，而这权力不是教职员工和学生所赋予的，也不会被他们收回。因为管理层领导是为董事会工作的，所以董事会主席并没有对管理层领导的统治权。因此，不像管理层领导，"董事会主席并没有实权"①。在权力基础方面，大学治理的权力基础是内外部的显性、隐性契约与法律规范（高等教育法、大学章程等）；大学管理则是靠内部的管理层级关系、行政权威和学术权威来行使权力。在权力定位上，大学治理注重内外部结合和中长期的战略规划，在总体上规定大学的基本架构，确保管理处于正

---

① John Carver. "Is There a Fundamental Difference Between Governance and Management." *EBSCO Publishing*, *Board Leadership*, no. 6(2003).

确轨道，即负责制定正确的政策和程序以保证机构正常合理运转；而大学管理则注重内部和中短期的计划，除非外部力量进行干预，主要负责以正常合理的方式执行这些政策和程序，即注重在目前使命和市场的基础上，通过具体的管理操作完成大学任务。在权力结构上，大学治理主要体现的是大学的治理结构，可分为内部治理和外部治理。"内部治理由高等教育机构内部力量所驱动并对外部治理施加影响，包括指导管理的政策和程序；外部治理由高等教育机构外部力量所驱动，涉及高等教育机构与社会利益相关者间的宏观分界"①。历史上，外部治理只限于高等教育结构和国家之间的关系，而教育部往往是国家的代表。然而，在近20年来，欧洲高等教育机构还出现了其他的利益相关者如社会、经济工业团体等，都对高等教育机构的发展和评估产生影响。就外部参与者的改变而言，国家期待在高等教育机构扮演执行者的角色，并赋予高等教育机构自治权。执行权意味着国家作为授权者实施干预，通过提供必要职能来支持高等教育机构的运行和发展。自治意味着高等教育机构有足够的自由来管理自己。而大学管理的权力结构往往是官僚政治的、多阶层的。在权力关系网络方面，大学治理强调多元利益相关者主体意志的体现，所以其关系网络是内外兼备的，并往往以外部网络为重；大学管理涉及"个人在决策影响方面的角色和进程"②，"注重决策的执行和对执行和处理机构内的支持性服务负责"③，往往局限于内部网络。在权力功能上，"大学治理提供大学运行的方向、规范大学的权力与责任系统，其目标是实现相关利益主体间的利益均衡，而大学管理则负责行动计划的开发和执行、规定大学的具体发展路径及方法以保证大学既定目标的实

---

① Vassilis S. Moustakis. "A Framework of Reform in Governance and Management of Higher Education in Serbia. " *GOMES Project*, no. 1(2009):1-12.

② Dennis John Gayle, Tewarie, Bhoendradatt, White A. Quinton, Jr. , *Governance in the Twenty-first-century University: Approaches to Effective Leadership and Strategic Management* (San Francisco, California: Wiley Subscription Services, 2003), 24.

③ Eckel P. D. "The Role of Shared Governance in Institution Hard Decisions:Enabler or Antagonist?" *International Handbook of Higher Education*, no. 1(2000):15-39.

现"①。换句话说,大学治理主要决定的是机构应做什么和机构的未来将变成什么,而大学管理主要决定的是怎样使机构达成这些目标和愿景,即大学治理是做正确的事情,而大学管理是以正确的方式做事情。大学治理的责任包括"选择最高执行官、评估他们的业绩、认可计划和评估机构的业绩,主要职能是监督、确定责任体系和指导。另一方面,大学管理的责任包括管理和加强机构的总体业绩并使治理系统生效"②,主要职能是计划、组织、指挥、控制和协调。康奈尔大学前校长弗兰克·罗兹(Frank Rhodes)认为大学治理的具体职责包括:"批准院校任务和目标;批准院校政策和程序;任命、审查和支持校长,以及对学科点、活动、资源的监督。"③而大学管理的关键在于确保大学的有效运作,并为各项大学职能提供有效支持。

其二,人际关系层面。大学作为一种高等教育组织,无可避免地需要正确处理其内外部人际关系,以保证其有效的、可持续的成功运行下去,但大学治理和大学管理在人际关系这一层面上发挥的作用却是各异的。就人际关系的形成动力而言,大学治理主要是为了提升大学运行的效益;大学管理往往致力于追求权力和成就。就成员间忠诚度而言,大学治理是忠于治理组织的,主要通过各利益相关者主体的共同参与来维持忠诚度;而大学管理的下属是忠于政策和管理的,侧重于赢取下属忠诚度。就沟通方式而言,大学治理往往是多向沟通;大学管理虽然也会寻求系统方法来进行双向沟通,但往往只局限于内部的、自上而下的沟通。就处理手段而言,大学治理运用的是由包括政府、大学、社会等多元治理主体形成的治理结构、行政权力和学术权力相互制衡的治理过程及治理文化所构成的治理机制及激励约束机制;大学管理主要运用计划、组织、指挥、协调、控制来处理或控制事务、人员,运用行政命令在已建立的系统、规则和程序框架中执行政策,并通过有

①　Julius Cherny. "The Governance and Management of Risk and Uncertainty." *International Journal of Disclosure and Governance*, no. 11(2014):307-308.

②　Difference Between Management and Governance[EB/OL],http://www. difference-between. net/business/difference-between-management-and-governance/,2011-10-12.

③　Rhodes,F. H. T, *The Creation of the Future: The Role of the American University* (Ithaca, N. Y. : Cornell University Press,2001), 220.

效使用可用资源以完成预期目标。就奖励方式而言，大学治理采用的是多元奖励方式，包括突出成果成就奖励、绩效奖励等；大学管理则采用公平报酬，往往只获得政策所提供的奖励。就冲突解决而言，大学治理往往能预测到冲突并提前解决；大学管理要么等问题成为主要冲突才处理，要么就不计代价避免冲突。

其三，问题解决层面。无论何种概念在何种组织中的运用，检验其概念的有效标准就是在问题解决层面上的可行性和有效性。而大学治理和大学管理在问题解决这一层面上存在着明显差别。就问题解决方式而言，大学治理往往能预测到问题并提前解决，大学管理往往是等出现了问题才会着手解决。就问题解决的目标而言，大学治理注重全部潜力的有效发挥，大学管理虽然也会努力实现潜力的发挥，但往往并没有得以有效发挥。就问题解决的手段而言，大学治理注重把风险降到最低，大学管理往往是不计代价避免风险。就问题解决的效率而言，大学治理注重以科学有效的方式做正确的事，大学管理则注重以正确的方式做事且往往覆盖每个细节。就问题解决的结果而言，"大学治理注重随环境变化做出适应性变革且是合理有效的持续性变革；大学管理往往是维持现状，只有当主要问题出现或压力增大时才做出变革，因为它认为变革往往是威胁性的"①。

当然，大学管理和大学治理也存在着共同点：首先，大学管理和大学治理都是整合大学各种资源，支持教学和科研活动，确保大学有效运行的核心力量，其目标是一致的。其次，大学治理、大学管理是互促互进的，一所大学具备良好的治理结构与机制会为大学管理提供一个很好的运行平台，反之，当良性的大学管理运作对大学治理有了更高的要求后，又会进一步促进大学治理优化。再次，在大学的实际运行机制中，大学治理与大学管理往往是交织在一起的，在具体实践中总是存在重叠的部分。

总的来说，大学治理与大学管理的界限既不是一蹴而就的，也不是一成不变的，尤其是高等教育机构的成熟程度和规模大小会影响这二者间的分

---

① 　Dale D. Mc Conkey. "Are You an Administrator, a Manager or a Leader." *Business Horizons*, no. 5 (1989): 19-20.

割界限和分离程度。不够成熟的高等教育机构可能还需要时间建立正式的治理机制。有着有限员工和财政资源的、规模较小的高等教育组织可能倾向于把二者的义务混淆在一起,其治理董事会成员往往也更多涉及日常的管理决定或行政任务。所以对这二者的应用程度应与高等教育机构的规模大小保持一致。

目前,"现代大学面临着诸多威胁如财政的日益拮据、信息和通信技术的日益扩散、高等教育领域的竞争日益激烈、市场化、学术管理的专业化等"①,这就要求创业型大学根据新的环境变化制定具有创新性、可持续性的战略,而该战略的关键在于寻求大学治理与大学管理间的平衡状态,毕竟二者都是保证创业型大学有效科学运行的核心力量。对于一所理想的大学而言,大学治理、大学管理的地位和作用都能得到有效体现和发挥,而且能互促互进。换句话说,一个大学具备良好的治理结构与机制就会为大学管理提供一个很好的运行平台,相反,当良性的大学管理运作对大学治理有了更高的要求后又会反过来促进大学治理的优化。

高等教育中的良好治理被看作是一种使高等教育有效目标、定位(目标的适用性)和践行目标的战略、手段(目标的实用性)达成一致的方法。为了完成这个目标,创业型大学应当考虑高等教育的多元使命,为利益相关者的多元利益提供协商空间,以更好地服务于整个社会的利益。这样一种进程应是基于透明程序和任务,并包含达成、赢得认可和执行决策的能力(合法性和效率),在基于共同原则的基础上能充分灵活适应多样背景。高等教育治理问题已渗透到高等教育领域的方方面面。优化组织结构、内外部人员参与与沟通、民主、公共责任与自治、减少开支时保证质量等流行语都是有关高等教育治理方面的热门话题,这就说明"高等教育治理不仅在机构层面也在系统层面具有重要意义"②。对于创业型大学而言,关键在于通过获得

---

① James J. F. Forest and Philip G. Altbach, *International Handbook of Higher Education* (Springer,2007), 141.

② Kezar, A. J. "What is More Important to Effective Governance: Relationships Trust, and Leadership or Structures and Formal Processes." *New Directions for Higher Education*, no.127(2004):36.

办学自主权和实行多元利益相关者主体共同治理来践行独立自主的创业战略和实现真正意义上的自主管理，成为"自我主导"、"站起来的"大学。

小　结

随着知识经济社会的发展、高等教育不断增加的多元化需求，知识的实用价值及科研的问题导向日益呈现，越来越多的大学开始从知识的商品化和科研成果的商业化中获得资金和收入，同时社会对知识生产、知识创新的需求日益增长。由此，大学呈现出新的发展动向。

首先，在大学模式层面上，研究型大学开始呈现出创业的趋势。在第二次学术革命的"催生"、政府政策和激励措施的"推力"及市场机会的"拉力"下，创业型大学成功崛起，成为继研究型大学之后的一种全新的大学模式。

其次，在大学职能层面上，创业职能应运而生。传统研究型大学为了回应环境的不断变化和知识经济提出的新要求，被赋予新的职能即创业职能，并结合大学、企业、政府的三重力量，以强烈的创新创业精神，通过将研究成果商业化来促进社会经济发展，进一步改善大学经营模式，以创新创业新姿态来获得多元化资金来源，以达成大学自力更生、可持续发展的最终目标。

再次，在大学管理层面上，大学治理理念日渐深入人心。本章主要从高等教育组织中的权力层面、人际关系层面和问题解决层面上来比较分析大学管理和大学治理的概念。虽然二者存在着不同之处，但在创业型大学发展过程中，这二者又往往是交织在一起的，其区别并不是绝对的，毕竟在一定程度上，他们在理论和实践上总是存在着重叠的部分。对高等教育机构而言，其最终目标是形成良好治理。对于创业型大学而言，关键在于通过获得办学自主权和实行多元利益相关者主体共同治理来践行独立自主的创业战略和实现真正意义上的自主管理，成为"自我主导"、"站起来的"大学。

第四章　创业型大学的外部治理

　　向创业型大学的转型并非通过简单的转变观念或是局部的创业就能实现的，而是整体的、实质性的转型，不只是对研究的优化，更是对整体教育的一种优化，而且是对内外部治理和管理系统的一种更新，"强调大学内部各种'准企业（quasi—firms）'式的、强大的、自治的研究组织的重要性，其研究、教育、创新活动在微观层面上有效融合并与中观层面上的积极政策密切联系在一起"①，涵盖着大学的治理结构、治理过程、治理文化等方方面面，大学治理转型既是手段也是结果。

　　作为社会大系统中的一个子系统，大学不可避免地受到环境变化的影响。同样，创业型大学的兴起也源于外界环境的变化，主要体现在两个层面：一是当前高等教育机构所面临的外部挑战，如来自政府等部门的公共资金的减少、大众高等教育趋势下院校竞争日益激烈；二是知识生产模式的提出，强调知识的实用价值，以跨学科、问题导向为逻辑，对大学的知识生产、知识创新的需求日益增长。由此，如何提升治理有效性以及对环境变化的自适应性成为创业型大学的外部治理模式的关键（如图 4.1 所示）。

　　如图 4.1 所示，治理结构、治理过程、治理文化和环境变量通过机构的自适应性发生相互作用。通过特定的外部治理模式，这种关系能被改变和调整。自适应性涉及组织与其环境间的相互作用的进程，创业型大学的自适

---

①　Bjorn Stensaker and Mats Benner. "Doomed to be Entrepreneurial: Institutional Transformation or Institutional Lock-ins of New Universities." *Minerva*, no. 4 (2013):404.

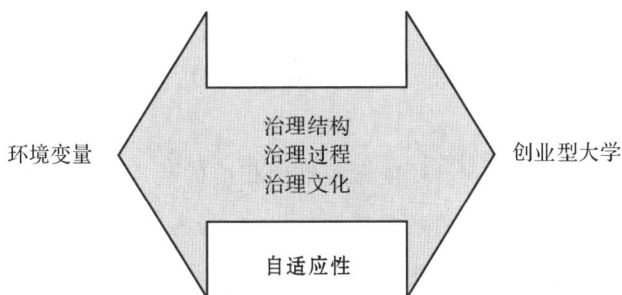

图 4.1　创业型大学外部治理模式框架示意图

应性要求在治理结构、治理过程、治理文化中作出修改以回应不断变化着的
外部环境,形成具有"自我修正和控制功能的反馈圈控制系统、自动调温器,
控制过程被描绘成一个因果圈。当外部环境的某些变化致使组织改变某些
可变要素的价值时,控制过程就开始了。如果这些可变要素受到某些正式
或非正式团体(感知单位)的控制,而且其价值变化使其超越了可能接受的
限度,那么这些团体将会采取措施对管理(或某种其他控制单位)施加影响
以改变组织的反应。直到可变要素恢复到可接受的限度以内,这些团体施
加影响的活动才会停止"(如图 4.2 所示)。而外部治理模式的改变既是大学
适应外部环境变化的有效手段,也是其必然结果。依据大学目前的资源形
势,外部环境可具有不同的意义,它可能是危机,也可能是机会,而创建科学
有效的外部治理模式便是创业型大学成功崛起的一个关键因素。

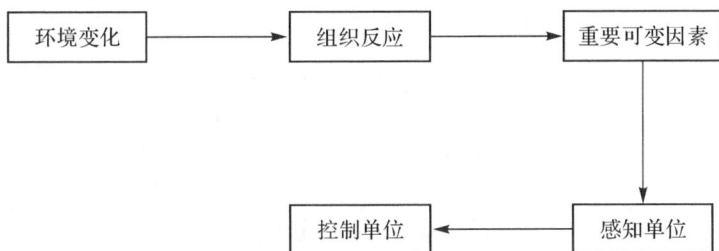

图 4.2　自我修正和控制功能的控制圈示意图

来源:[美]罗伯特·伯恩鲍姆著,别敦荣主译:《大学运行模式:大学组织与领导
的控制系统》,青岛:中国海洋大学出版社,2003 年,第 185 页。

第一节　治理结构

　　大学治理目标的实现需要依靠或借助相应的治理结构来规制组织中各利益相关者主体的权责利关系及其行为机制、行为方式,通过相关制度来保证各个利益相关者主体共同参与决策的机会,同时通过相互监督机制来制衡各利益相关者主体的行为,通过制约机制来达到各利益相关者主体的行为统一于大学治理的目标。就创业型大学而言,其外部治理结构主要涉及大学、企业、政府三个外部治理主体间的相互作用及其关系,即大学、企业、政府的三螺旋关系。大学作为新知识和新技术的主要来源,是知识经济的生产力要素;企业作为知识人才和知识技术的需求方,为大学提供资金和服务;政府作为宏观调控者,确保企业与大学的合作提供政策支持和鼓励。

　　创业型大学是在学术资本主义浪潮的推动和文化传统的制衡这两股力量的相互作用下,为寻求市场需求和学术传统的平衡而衍生出的一种大学新型模式。基于不同国情、文化及办学传统,各国创业型大学的发展模式、创业实践都存在着较大差异。创业型大学模式由兴起到成熟是一个循序渐进的过程,其外部治理结构主体也一直处于变化中。

表 4.1　处于不同阶段的创业型大学模式的外部治理结构表

内容	兴起阶段	发展阶段	成熟阶段
使命	教学、研究、知识传播、培养技术熟练的劳动力	教学、研究、知识传播、培养技术熟练的劳动力、创业教育、开发知识产权	教学、研究、知识传播、培养技术熟练的劳动力、创业教育、开发知识产权、衍生公司、技术许可、创建新公司
行政结构	教务处、招生办、研究办公室、特定院系组织	教务处、招生办、研究办公室、特定院系组织、把创业和知识转让融入使命和战略中、发展与企业和政府的合作关系以促进应用研究和技术转让	教务处、招生办、研究办公室、特定院系组织、技术转让办公室、企业联络办公室、技术转让机制、孵化器、科学园

续表

内容	兴起阶段	发展阶段	成熟阶段
治理主体	大学（学术人员、行政管理人员、战略工作人员）、政府、企业	大学（学术人员、行政管理人员、战略工作人员、企业联络人员）、政府、企业	大学（学术人员或项目负责人、技术转让办公室人员、行政管理人员、战略工作人员、企业联络人员）、政府（区域开发机构、国家政府）、企业

由表 4.1 可见，不同阶段的创业型大学模式在使命、行政结构和治理主体上发生了变化，外部治理结构主体已对大学的核心活动系统产生着重要影响。处于兴起阶段的创业型大学致力于完成教学、研究和知识传播的核心使命，同时也为企业培养技术熟练的合格劳动力；主要通过教务处、招生办、研究办公室、特定院系组织等行政结构而间接进行技术转让，政府、企业是最重要的治理主体，是大学的重要资金供应方。处于发展阶段的创业型大学还通过开展创业教育、开发知识产权等手段，通过把创业和知识转让融入使命和战略中，发展与企业和政府的合作关系以促进应用研究和技术转让。而处于成熟阶段的创业型大学还通过创建衍生公司、技术许可、建立新公司等手段，通过技术转让办公室、企业联络办公室、技术转让机制、孵化器、科学园等行政结构更好地践行创业使命。处于不同阶段的创业型大学，其大学、企业、政府间的关系也呈现出不同的方式。在创业型大学的兴起阶段，政府依然起着主导作用；在发展阶段，大学、企业的作用逐渐突出；在成熟阶段，大学、企业、政府形成相互联系、相互交叉作用的战略性合作关系（如图 4.3 所示）。

一、大学与政府的关系

在新的高等教育环境下，大学与政府的关系也发生了一系列的变化，并随着时代的发展而不断进行重构与创新。

首先，大学自治是创业型大学实现"独立自主"的重要前提。罗伯特·伯达尔（Robert Berdahl）把"大学自治划分为实质性自治和程序性自治，实质性自治是指大学或学院以团体的形式自主决定自身的目标和各种计划的

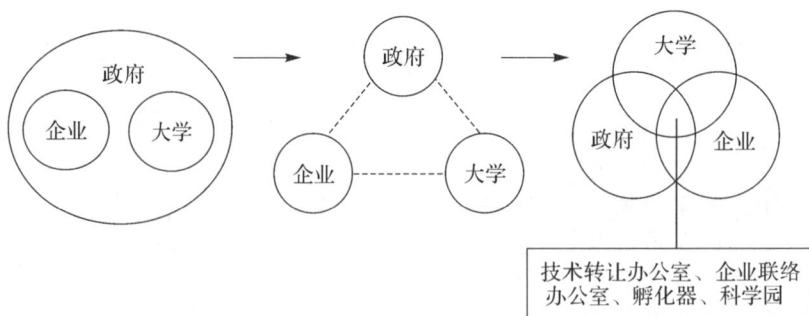

图 4.3　大学、企业、政府关系

来源：Etzkowitz，H. and Leydesdorff，L. "The Dynamics of Innovation：From National Systems and 'Mode 2' to A Triple Helix of University-industry-government Relations." *Research Policy*，no. 29(2000)，109-123.

权力、学术机构是什么，而程序性自治是指大学或学院以团体的形式自主决定实现这些目标和计划的手段的权力、学术机构如何做"[①]。艾瑞克·阿什比(Eric Ashby)等则认为大学自治包括六个方面的内容："在大学的管理上免于非学术的干预；以大学看来合适的方式自由分配资金；自由招收教职员并决定其工作条件；自由选择学生；自由设计和传授课程；自由设置标准和决定评价方式。"[②]

　　在合法框架内，创业型大学个体拥有经营自主权，他们决定使命和发展战略、优势和活动、控制预算、建立学校建筑、任命和管理教师、决定学习项目等。随着参与创业活动的增加，创业型大学秉持着创业精神和竞争、冒险意识，注重拓展多元资金来源渠道，善于获得各竞争性研究项目资金，资金自筹能力有较大程度提升，其对政府提供的资金的依赖性降低，创业型大学享有较大程度上的资金自治。

　　其次，政府投入以绩效为基础的竞争性项目资助并进行远程调控。"最

[①]　Robert Berdahl. "Coordinating Structures：The UGC and US State Coordinating Agencies." in Shattock，Michael，*The Structure and Governance of Higher Education：Society for Research into Higher Education*，1983：69.

[②]　Eric Ashby E，Anderson M. *Universities：British，Indian，African：A Study in the Ecology of Higher Education* (London，Weidenfeld and Nicolson 1966)，296.

好的大学不仅要在当前的时代发挥重要作用,也要为未来的发展发挥作用,但是成就一个伟大的大学就是需要国家尽可能少地干预学校的事务。"①虽然政府不会直接干预学校的事务,但是政府会通过其他方式操纵学校的发展,使其干预变得更加微妙。政府把大学定位为自我管理的公司,并从远程监控。

政府在对高等教育放权、确保大学拥有更多自主权的同时,加强对产出的控制和衡量;政府减少了高等教育财政投入,对高等教育拨款从预算式的投入转为以产出为导向的竞争性项目资助。由此,从大学对国家贡献的详细说明到对资金和名望的竞争的夺取,都会促进大学对企业和学生等客户的工作效率。政府通过研究和研究培训及创新资金、接受资助的条件、标准化的数据收集、质量保证系统的均衡效应等来把大学塑造成产品。同时,越来越多政府外部机构直接从大学购买服务,如企业发展、区域发展、填补特定劳动力市场短缺、解决特定问题等。

再次,政府政策以促进性政策为主。政府政策由指令性政策向促进性政策转变,并更强调成果的问责性。同时,政府放松对大学输入和进程的控制,并与监管措施相结合,使大学能更加进取并更注重教育标准和各种资源的有效利用。政府的高等教育促进性政策包括:扩大机会、保证质量、改进大学满足不同学生需求和企业需求、促进知识库和大学对国家创新的贡献、保证公立资源有效利用的公共问责性。政府采取的主要政策立场包括维持国家对高等教育的透支、共担直接受益者成本、便利学生和企业获得高等教育服务等。政府五个关键的便利措施包括大学改革其内部治理结构、进程和工作关系的激励措施等,以更灵活地回应需求和竞争变化。总之,政府通过一系列相关政策法规的制定为大学与企业合作提供便利,同时通过创造条件为产学合作提供资源平台,为大学的创新创业营造良好的环境。

二、大学与企业的关系

随着高等教育市场化,即"大学在市场经济条件下依据市场运行的机制

---

① Salmi, Jamil, *The Challenge of Establishing World-class Universities* (Washington, D. C. : World Bank, 2009), 59.

和规律,重构其管理体制、运行机制和控制体系等教学管理系统,调整和修正大学与社会其他组织的关系,将大学逐步改造成为市场经营主体的一种行为过程和趋势"①理念的日益盛行,"市场机制被引入高等教育中,使大学更具有竞争性、自主性和广泛适应性"②,大学与企业的关系也随之呈现出新的特征。

首先,创业型大学通过知识成果商业化为企业提供服务。对创业型大学而言,不再仅仅是知识的保存者和复制者,而是通过知识商业化和创业活动的参与,在创业创新价值链中扮演着积极角色。大学与企业关系的建立,最快的方式就是为企业提供销售与服务,而这刚好和这些大学从事大量的高水平的应用研究相吻合。其主要渠道是"扩大科研资助与合同、私有化大学的资产与服务、直接商业化大学的知识、附属企业的销售与服务、教育培训等"③。科研资助是由研究人员发起的,以追求一些学术目标为目的,在一定程度上得到了外部机构资金的一般性补贴,而科研合同通常是由赞助者发起,并期望其能支付全部的成本。此外,创业型大学实现研究成果转化的形式主要有两种:一种是专利许可,另一种是创立新公司或衍生企业。一般而言,新创公司是指依赖于大学已经获得许可的技术建立起来的公司;衍生企业,指的是依托于大学里面的知识而建立的新公司,其创始人往往是参与大学知识活动的研究人员、助理、教师甚至是学生。创业型大学也可通过把专业技能卖给市场或特定客户,并注重追求学术和商业管理专门技术技能的融合,以满足企业的各种需求。

其次,创业型大学建立专门组织机构以促进其与企业的合作。创业型大学注重与外部组织关系的建立和经营,充分意识到大学与外部组织合作的重要性,一直在听取和回应市场的需求,把自己看作是促进地区经济发展

---

① 戴晓霞、莫家豪、谢安邦主编:《高等教育市场化》,北京:北京大学出版社,2004年,第229页。

② OECD,*Redefining Tertiary Education* (Paris:Organization for Economic Co-operation and Development,1998),121.

③ Gareth L Williams,*Changing Patterns of Finance in Higher Education* (SRHE and Open University Press,1992),26.

的重要力量和引擎,积极发现、寻找市场需求和新增长点,并结合大学的条件和特点,努力去满足这种需求。如大学外部联络办公室的建立、专门的研究和教学跨学科中心的建立都是其有力证明。又如,大学科技园通常为公司的研发部门提供平台,使他们能方便地组织与大学的合作和招收未来的职员。

再次,企业在促进与大学创业合作方面发挥重要作用。企业身处大市场背景下,对市场需求有着更为深刻的理解,并能将最新的市场需求迅速及时地传达给大学,使大学的知识技术、科研成果更有效地满足市场需求,是大学在知识成果转化方面的强有力联盟伙伴。企业和大学在创业方面的合作包括企业提供研究资金支持、企业与大学科研机构合作科学研究项目、企业在大学建立高新技术公司等。

三、大学与企业、政府的关系

创业型大学注重与企业和政府间建立战略性合作关系,这种关系具体表现为以下几个方面。

第一,大学、企业、政府间的关系是独立平等的。随着高等教育市场化的不断深入,大学中开始引入市场机制,使大学的办学和管理具有某种程度的市场特征;而政府更多扮演着促进高等教育发展的监督者的角色,其实行的是宏观管理,并把市场机制和市场改革作为管理控制工具来使用。然而,大学既不是企业,也不同于政府机构,大学应有其独特的运行逻辑。同样,创业型大学不从属于任何机构,有着决定自我发展方式的自主权。

对创业型大学而言,大学、企业和政府都保留着自己独特的身份,享有平等地位:大学不仅进行知识生产和知识传授,也注重知识的实用价值,进行知识成果转化来实现创业职能;企业由于自身的技术需求,向大学提供科研资金支持;政府通过以绩效为基础的竞争性项目资助来提供支持。由此,创业的三边关系是独立平等的,任何一方都发挥着重要作用。

第二,大学、企业、政府间的关系是相互促进的战略合作关系。大学通过与政府和企业的合作来获得政府政策的大力支持和竞争性项目资助,扩大办学经费来源、加速科研成果转化,以更好地发挥大学的社会服务功能。

由此,政府鼓励更小的治理主体,教师和学生代表的角色削弱,来自企业的外部人员的角色加强。治理主体并不总会提供商业实体的全部信息,而且实际运行控制取决于大学的行政管理人员,特别是校长。

此外,大学、企业和政府间有效合作关系的形成过程中造就了一系列创业组织,如技术转移中心、科学园、研究中心和孵化器等。这些混成组织作为创业的支撑工具,使科学机构和技术机构紧密作用,减少或避免了科研与开发的脱节,以促进创业生态系统的良性循环。

随着知识企业化的深入,大学的行为发生了一系列的变化,如致力于组织的转型和实质性变革;创建对环境变化积极主动反应的机制;注重科研成果的商业化;与政府、企业等方面加强合作以不断提升自己的竞争力等。同时,大学在拓展多元化资金渠道方面,除了主动争取政府竞争性项目资助、校友捐赠、教育收入等,还应注重加强与企业的合作,提升与企业合作的资金收入在学校经费来源中的比例。由此,创业型大学与政府、企业处于良性的互动中,当一方发生变化,创业型大学能及时反应并作出调整,使大学迅速达成新的稳定发展状态,而在构建创业型大学这个自适应性组织的过程中,创业精神和创业文化的培育是其核心。

创业型大学积极主动进行内部组织变革,对高等教育的内外部环境作出自适应性反应。同时,政府是促进大学模式变革的动力来源,政府的支持有推波助澜的效用。因此,政府应扮演促进者与仲裁者的角色,主动建立大学与企业合作平台,推动各项宣导措施,激励大学产学合作,提供大学与企业共同进行研发合作讯息,扮演促进者与媒介者的角色,以及大学与企业冲突仲裁者的角色,协助大学向创业型大学转型。

第二节　治理过程

外部治理过程是涉及外部利益相关者间决策制订和博弈的一个复杂的、不可控的动态过程,并总是受到人的因素、文化的因素、人际关系的因素等多方面的影响,致力于使不同外部利益相关者主体的权责利益得到有效实现。

一、大学、企业、政府的权力依赖

大学、企业、政府作为创业型大学的关键外部利益相关者,在对组织活动产生影响的过程中,拥有三个属性,即"权力,即利益相关者影响组织行动的已知能力;合法性,即利益相关者的行动是令人满意的且合适的;紧迫性,利益相关者的诉求得到即时关注的紧迫性程度"[1]。同时,"政府和企业对创业型大学施加影响的手段主要有两种:保留战略和使用战略"[2]。当大学对政府或企业所提供的各种资源产生依赖时,政府或企业就可采取保留战略即保留资源的使用权。例如,如果大学没有完成既定目标,那么政府可能决定保留用于大学科学研究项目的资金。而使用战略指的是利益相关者继续提供资源但伴有附加条件。例如,政府可能分阶段提供用于大学科学研究项目的资金,并附有固定条件。无论哪个策略,既可以是直接的,也可以是间接的。治理过程的有效性取决于大学、企业、政府对这些战略的运用能力。

其中,资源关系决定着大学对政府和企业的依赖程度(如图4.4所示)。依赖的强度决定着政府和企业对大学施加压力时所使用的影响战略,并由此影响着创业型大学的外部治理结构和过程,而大学、企业、政府之间的依赖程度取决于利益相关者间的净交换是否匀称。当净交换不匀称时,一些净权力导致了低依赖性组织的产生,因此占主导地位的利益相关者就对创业型大学产生影响。当净交换匀称时,双方都平等的相互依赖,因此不太可能会对对方施加影响。当然,利益相关者关系并不一定遵循四个阶段的连续途径,反而因为多元利益相关者诉求的权力、影响力和紧迫性变化而采取一系列动态途径。同时,"利益相关者资源关系可能经历一系列阶段,从而使利益相关者参与到商议进程中,并对外部因素作出回应,且这一过程是双

①　Mitchell, R. K., Agle, B. R., and Wood, D. T. "Towards a Theory of Stakeholder Identification and Salience:Defining the Principal of Who and What Really Counts." *Academy of Management Review*, no. 22(1997):853-886.

②　Frooman, J. Stakeholder. "Influence Strategies." *Academy of Management Review*, no. 24(1999): 191-205.

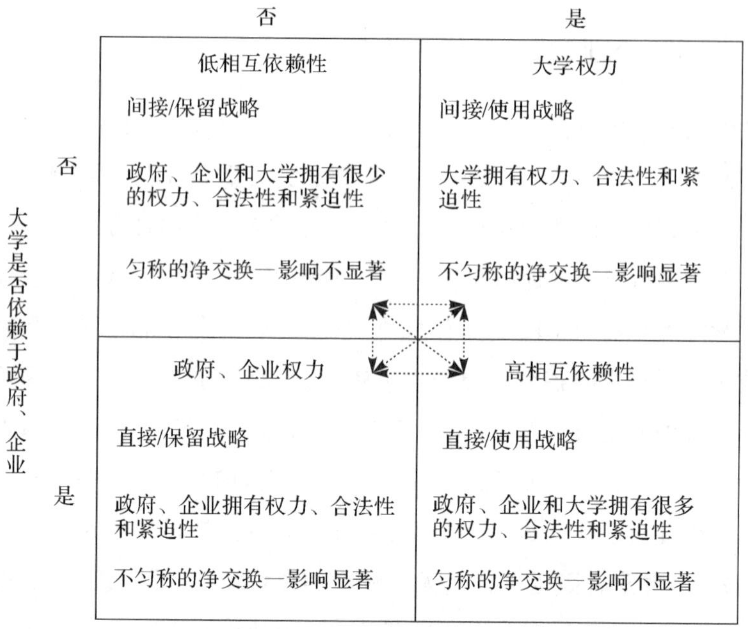

	否	是

否

大学是否依赖于政府、企业

是

	否	是
	低相互依赖性 间接/保留战略 政府、企业和大学拥有很少的权力、合法性和紧迫性 匀称的净交换—影响不显著	**大学权力** 间接/使用战略 大学拥有权力、合法性和紧迫性 不匀称的净交换—影响显著
	政府、企业权力 直接/保留战略 政府、企业拥有权力、合法性和紧迫性 不匀称的净交换—影响显著	**高相互依赖性** 直接/使用战略 政府、企业和大学拥有很多的权力、合法性和紧迫性 匀称的净交换—影响不显著

图 4.4 大学、企业、政府资源关系的动态途径示意图

来源：McAdam, Miller, McAdam and Teague. "The Development of University Technology Transfer Stakeholder Relationships at a Regional Level: Lessons for the Future." *Technovation*, no.32(2012),57-67.

向的"，如图 4.4 的虚箭头所示。

表 4.2 分析了政府、企业是如何对创业型大学施加影响，主要分为四个阶段，即低相互依赖性、大学权力、政府和企业权力、高相互依赖性阶段。值得注意的是，在特定阶段，政府、企业与大学间的关系并不都是积极的。

表 4.2 政府、企业对大学的影响汇总表

治理主体	阶段
大学与政府、企业	阶段 1——低相互依赖性 阶段 2——大学权力 阶段 3——政府、企业权力 阶段 4——高相互依赖性

来源：McAdam, Miller, McAdam and Teague. "The Development of University Technology Transfer Stakeholder Relationships at a Regional Level: Lessons for the Future." *Technovation*, no.32(2012),57-67.

表 4.3 揭示了在低相互依赖性阶段，虽然政府被认为是治理利益相关

者,具有权力和合法性,但并不轻易提供资金或施加影响,即使提供集合资金,但对商业活动的支持却很少。同时,虽然在大学创业模式中,企业被认为是核心治理利益相关者主体,但企业和大学间的相互作用是有限的,且很少向大学注入资金。

表 4.3　政府、企业与大学的低相互依赖性

治理主体	治理主体的作用	对创业型大学的影响
政府和大学	不轻易提供资金	不轻易施加影响
企业和大学	注入资金较少	有限的影响

来源：McAdam, Miller, McAdam and Teague. "The Development of University Technology Transfer Stakeholder Relationships at a Regional Level: Lessons for the Future." *Technovation*, no. 32(2012): 57-67.

表 4.4 揭示了在政府、企业权力阶段,政府政策承认大学在社会中所发挥的较大作用;政府提供资金以支持创业教学、应用研究、商业化活动以及与企业的合作;如果条件没有满足,政府拥有保留资金的权力、合法性和紧迫性。在对创业型大学的影响层面上,政府改变了大学职责(包含创业培训和技能培养,学术人员参与应用研究和商业或活动的需要),且注重鼓励大学与企业的合作。同样,企业也提供资金以支持大学的科研活动,特别是应用研究;企业采取激励措施促进科研成果商业化、技术转移、知识市场化;如果需求没有满足,企业拥有保留资金的权力、合法性和紧迫性。

表 4.4　政府、企业权力阶段阶段政府、企业对大学的影响

治理主体	治理主体的作用	对创业型大学的影响
政府和大学	资金支持	改变大学职责;鼓励产学合作
企业和大学	资金支持;采取激励措施	增强产学合作;引进新机制及参与者

来源：McAdam, Miller, McAdam and Teague. "The Development of University Technology Transfer Stakeholder Relationships at a Regional Level: Lessons for the Future." *Technovation*, no. 32(2012): 57-67.

表 4.5 揭示了在大学权力阶段,大学有更多的自主性,开始更多的创业活动;大学拥有权力、合法性和紧迫性,而向创业模式快速转变的关键性因素在于组织进程、程序和制度环境的改变。同时,创业组织是与教学研究职

责相分离的,是大学与企业合作的主要形式。创业组织的出现标志着大学日益融入创业活动中,并改变着大学创业模式;充足资金和资源、创业活动融入大学内部文化有利于创业型大学的发展。

表 4.5　大学权力阶段政府、企业对大学的影响

治理主体	治理主体的作用	对创业型大学的影响
大学与政府	自主性;创业活动	改变组织进程、程序和制度环境
大学与企业	创业组织	改变创业模式;充足资金和资源

来源:McAdam, Miller, McAdam and Teague. "The Development of University Technology Transfer Stakeholder Relationships at a Regional Level:Lessons for the Future." *Technovation*,no.32(2012):57-67.

表 4.6 揭示了在高相互依赖性阶段,政府和大学目标的不一致意味着二者权力间的持续变化状态,政府、企业、大学都具有权力、合法性和紧迫性,且有可能通过合作制定了经济发展的整体战略。同时,政府不仅颁布相关政策,也提供资金支持企业和大学进行合作;同时大学和企业都意识到合作的重要性;大学认识到新的主体和进程的重要性,以支持创业为使命,把大学核心价值融入创业组织中。企业在商业化进程中是重要的知识来源;为课程和赞助项目输入资金;不断增加的应用研究需求;创业组织是应用研究和商业化活动的重要治理主体;建立大学、企业和政府的联系并促进三者间的合作。

表 4.6　政府、企业与大学的高相互依赖性

治理主体	治理主体的作用	对创业型大学的影响
政府和大学	权力的持续变化	制定整体战略
企业和大学	支持创业使命	注入资金;产学政合作

来源:McAdam, Miller, McAdam and Teague. "The Development of University Technology Transfer Stakeholder Relationships at a Regional Level:Lessons for the Future." *Technovation*,no.32(2012):57-67.

由此,在创业型大学的外部治理过程中,大学、企业、政府的创业型战略合作关系正是高相互依赖性的典型表现。

二、大学、企业、政府的权力制衡

大学、企业、政府间的相互制衡主要表现为以下几种形式。

第一重制衡表现为政府控制与大学自治之间的制衡。对创业型大学而言，自治是必要条件，大学享有不受政府等任何团体或个人干预的自由和权力，有独立的法人资格来决定自身运营和治理的权力。同时，创业型大学的自治是积极的自治，通过自我完善、自我激励、自我独立、自我发展的办学理念以及自我控制、自我约束的运行机制，主动适应外界环境的变化，自觉接受政府部门的监督和调控及承担社会责任，促进社会经济的发展。正如伯顿·克拉克所说："大学需要自治，但也需要自主创新型领导作用，把自治付诸有效使用。"[1]然而，"传统的高等教育自治现在不是，也许从来都不是绝对的"[2]，政府可以通过政策法规的颁布和制定、以绩效为基础的竞争性拨款机制，甚至是委托中介机构组织对大学进行间接干预。

第二重制衡主要表现为企业与大学间的制衡关系。科恩(Cohen)指出大学与企业的联系渠道主要有："专利、非正式信息交流、出版物和报告、公共会议、大学毕业生的聘用、许可认证、合作研究风险公司创建、合同制研究、咨询、短期人员交流等"[3]，斯卡丁格(Schartinger)等则将其分为四大类："合作研究、合同制研究、流动、培训。"[4]就企业与大学直接接触的程度，即相关性参与而言，可分为三个层次：高相关性参与，如科研项目合作；中相关性参与，如毕业生就业或学术人员在企业的兼职等；低相关性参与，如知识技术转让办公室的建立等。

---

[1] ［美］伯顿·克拉克：《自主创新型大学：共治、自治和成功的新基础》，《清华大学教育研究》，2000 年第 4 期，第 7 页。

[2] ［美］布鲁贝克著，王承绪等译：《高等教育哲学》，杭州：浙江教育出版社，1998 年，第 33 页。

[3] Cohen. W. M. , Nelson. R. R. & Walsh. J. P. "Links and Impacts: The Influence of Public Research on Industrial R&D ." *Management Science*, no. 1(2002): 1-23.

[4] Schartinger, Rammer, Fischer and Frohlich. "Knowledge Interactions Between Universities and Industry in Austria: Sectoral Patterns and Determinants ." *Research Policy*, no. 3(2002): 303-328.

　　此外,企业往往对科研合作项目制定较为严格的评估标准和绩效指标体系,并对双方合作有较大的期望值,一旦大学没有达到企业的期望值或未达到绩效评估指标,那么合作就会终止,而大学所需的研究赞助也将宣告结束。同样,企业对大学所提供的研究服务质量也是有着同样严格的标准。同时,企业还通过派代表成为大学咨询机构、决策机构(如董事会或理事会)、创业机构的成员,并参与决策,以获得在大学决策过程中的话语权和权利表达权来进一步对大学进行制衡。总之,大学与企业关系已从单纯的技术合作和知识转移向更广阔的合作境域发展,合作与制衡机制多元化。

　　从上可见,创业型大学的外部治理结构在大学、企业、政府关系中形成了一种双重权力制衡关系。大学享有较大程度的自治,但政府可以通过立法、财政等手段对大学施加影响和控制(其中中介组织起着一定的协调作用),企业可以通过资金赞助、决策参与等手段对大学进行制衡(如图 4.5所示)。

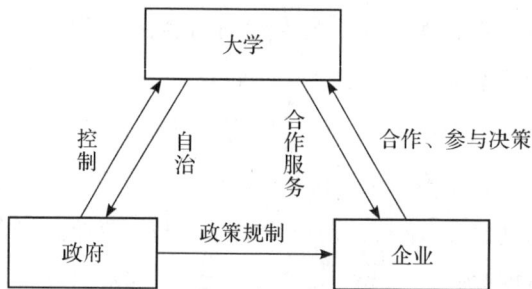

图 4.5　创业型大学外部治理结构制衡示意图

第三节　治理文化

　　《辞海》把文化定义为:"广义上指人类在社会实践过程中所获得的物质、精神的生产能力和创造的物质、精神财富的综合;狭义上指社会的意识形态以及与之相适应的制度和组织结构。"①而埃德加·沙因(Edgar Schein)

———————

① 《辞海》,上海:上海辞书出版社,2002 年,第 1765 页。

认为文化分析存在三个层次（如图 4.6 所示）：

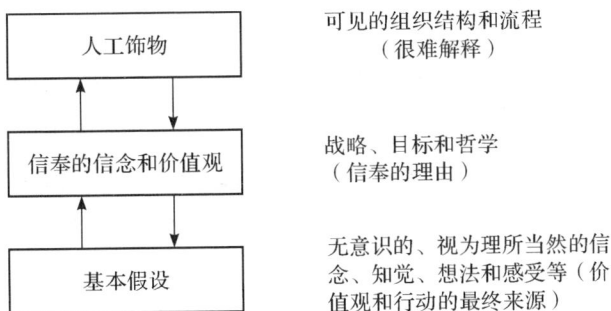

图 4.6　文化的层次结构示意图

来源：[美]埃德加·沙因著，马红宇，王斌等译：《组织文化与领导力：如何以最有效的方式认识和打造组织》，北京：中国人民大学出版社，2011 年，第 20 页。

　　而大学文化是"大学权威决策制定结构和进程的关键，其作用在于建立起各种组织行为和组织过程得以发生的边界范围"[①]，它塑造了大学的共同象征，有助于大学里的各成员理解模棱两可的事物，并在各行为方式上达成一致的意见。而大学的治理文化指的是"影响大学治理的一套价值观和行为方式"[②]。

　　作为独立文化载体的大学又有着自身独特的个性和办学理念，由此，如何发挥大学文化的治理作用，即借助文化要素融入大学各项决策中，促进各利益相关者在信任、合作的基础上实现共治、共赢便成了关键。就创业型大学而言，其关键在于形成自身鲜明的办学特色，而创业型大学在具体践行过程中则以显性的方式贯彻、展现乃至重塑大学治理文化，为大学治理文化的呈现提供载体并保障后者得以永久传续。一般而言，创业型大学的外部治理文化涉及创业型大学的外部利益相关者对创业精神营造、创业活动开展的一整套价值观体系，包含创业价值观和创业战略两个方面。

---

① [美]罗伯特·伯恩鲍姆著，别敦荣主译：《大学运行模式：大学组织与领导的控制系统》，青岛：中国海洋大学出版社，2003 年，第 76 页。

② Kotter J. P，Heskett J. L，*Corporate Culture and Performer*（New York：The Free Press，1992），141.

一、创业价值观

"大学的治理与大学价值观的确定、使命和目标因素密切相关"[①],而创业型大学在整体战略层面上,注重把创业精神融入其中;在具体策略实施中,注重明晰和统一其使命、目标,使其人、系统和结构都能支持大学的创业价值观。具体而言,使命是"人们对组织所承受社会责任的一种认定,也是人们对组织应有价值的判断和要求"[②],是大学行动的依据,是大学发展的重要动力源。大学使命的确立被广泛认为是治理的通用工具,并需要内外部利益相关者的有效沟通交流。理论上,创业型大学的新使命包括知识的资本化、培养创业能力,同时注重研究、教学和创业活动,把大学和知识使用者更紧密地联系在一起,并使大学成为经济参与者,同时注重经世致用的创新与创业文化的培育,其具有三个身份:作为知识生产者的大学、作为毕业生能力开发者的大学、作为企业的大学(如图4.7所示)。创业型大学不仅参与教育和知识的扩散,也创造知识和创新,特别关注对经济回报和发展有着直接影响的技术转让和创业,以成为独立的、非盈利的研究和高层次学习的创业机构,"创业型大学增加了经济发展的任务,需要在三个学术使命之间保持一种创造性的张力"[③]。

就目标定位而言,创业型大学注重以市场为定位,其办学模式和运营机制都以市场需求为基础,围绕市场发挥其职能;注重知识和科研成果的实用价值、商业价值;强调其对内外部高等教育环境的自适应性,不再是被动接受改变,而是进行积极主动的组织变革;注重通过不同层次的创业活动和行为方式来开拓多元的办学经费来源。然而,创业并不是单纯个体的行为,而是包括创业型大学真正践行创业职能及影响着大学方方面面的内在价值理念。

---

① Simon Marginson, Mark Considine, *The Enterprise University: Power, Governance and Reinvention in Australia* (Cambridge University Press, 2000), 7.

② 眭依凡:《大学的使命及其守护》,《教育研究》,2011年第1期,第68-69页。

③ [美]亨利·埃兹科威茨著,王孙禺、袁本涛等译:《麻省理工学院与创业科学的兴起》,北京:清华大学出版社,2007年,第27页。

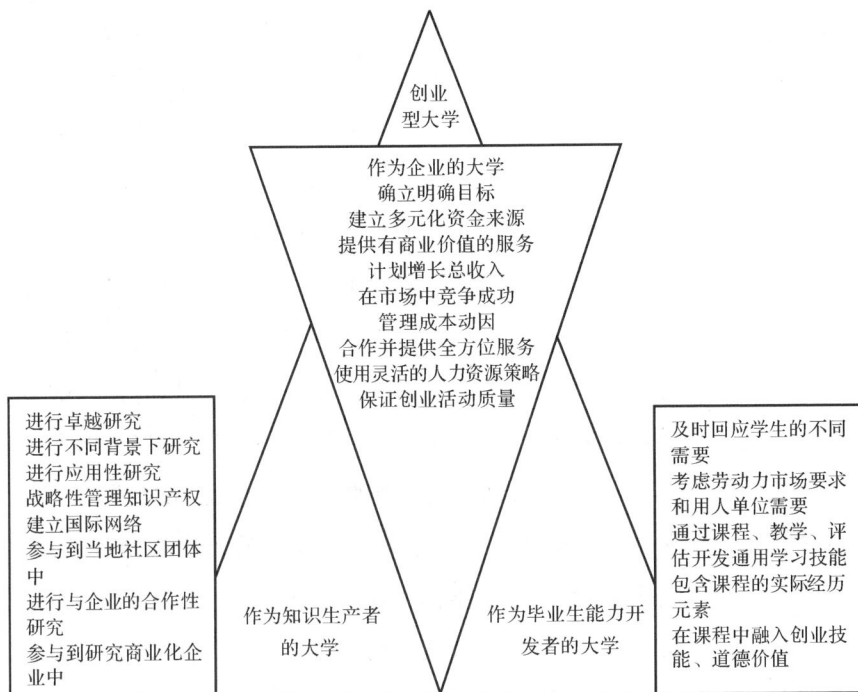

图 4.7 创业型大学的使命

二、创业战略

战略是"一种更为积极主动、目的明确、面向未来的大学管理方式"①。组织中的战略行动者分为三类:"防御者即采取积极的防御性举措以抵御威胁,但是难以适应变化;分析者即渴望能够适应变化,但同时也很谨慎,由于过于谨慎,可能在竞争中败北;探索者即积极寻找和开拓新的服务和市场,通常有一个庞大的研发机构、敏锐的管理和理财智慧。"②而创业型大学的战略行动者秉持着创业精神,利用强大的科研优势来积极进行科研成果商业化、市场化,开拓资金的多元渠道,并对外部环境变化的敏锐反应,清晰意识

① [美]乔治·凯勒著,别敦荣主译:《大学战略与规划:美国高等教育管理革命》,青岛:中国海洋大学出版社,2005年,中译版序1。
② 雷蒙德·迈尔斯等:《组织战略、结构和过程》,《管理学会评论》,1978年第3期,第546-562页。

到自己的实际状况和市场形势,并及时作出理性的决策,使学校与不断变化的外部环境保持协调一致,凸显其探索者的特性,以成功践行创业战略。

大学的整体战略规划在大学的可持续发展中发挥着越来越重要的作用。对创业型大学而言,"创业策略已成为大学核心战略的一部分,特别是接受变化并寻求创新和发展机会"①。而创业战略的具体实施取决于其内外部利益相关者的需求,此由多元利益相关者共同协商的模式来制定并实施。

在竞争激烈的高等教育生存环境中,创业战略已经成为大学治理的一种有效手段。对创业型大学而言,创业是自上而下的统一设计,创业战略意味着对全局的统筹和管理、综合组织的优势和劣势、面临的发展机遇及其威胁等一系列新的因素,来积极主动感应内外部环境的变化,并由此以整个大学和大学的长远发展为目标来进行一系列相互联系的改变或调整活动,从而为大学承担起风险,并推动大学整体工作的顺利进行,毕竟"有效的治理一旦与大学的战略目标、发展计划及文化背景协调一致就可以极大地促进该大学的发展"②。具体体现在以下几个方面:

其一,自我主导型自治。对大学而言,"自治是大学最大的优势,也是其向创业型组织转变的关键背景原因"③。自我主导型自治的主要任务之一就是保护学术群体尽量免受外部强加进来的规定和压力的干扰,以便于学术群体不必从教学和科研的核心任务中分心,这才是他们应该集中精力以最有效的方式来完成的任务。创业型大学的成功需要以自我主导型的自治为基本保障,确保创业战略的自主开展和各项资源的优化配置。

其二,多元化资金来源。在几乎所有的高等教育体系中,在大学从国家接受了相当数量资金的情况下,就会有潜在的压力削弱大学的自治,程式化

①　Gibb, A., Hannon, P. "Towards the Entrepreneurial University." *International Journal of Entrepreneurship Education*, no. 4(2006):15.

②　[英]迈克尔·夏托克著,范怡红主译:《成功大学的管理之道》,北京:北京大学出版社,2008年,第107页。

③　Attila Varga, *Universities, Knowledge Transfer and Regional Development: Geography Entrepreneurship and Policy* (Cheltenham, UK and Northampton, MA, USA:Edward Elgar Publishing Limited,2009), 169.

的资助会使学校按国家的程式来分配校内资源;财政紧张会促使各大学对每个国家资助的项目进行投标;绩效评估的压力会增加内部和财务机制的僵化,增添官僚层次和刻板的管理层级;多元化资金来源的缺乏会产生对政府的依赖。这样的大学可能听起来还是自治的,但实际上已被剥夺了自治,也较少需要员工的忠诚。此外,只依赖于单一收入来源(往往是国家政府)使得大学难以灵活回应外部环境变化的需求。创业型大学通过创业相关活动来筹集额外资金,如投资新项目、基础设施,教授成为创业者设立公司或为市场提供教学研究咨询服务等。在不断变化的环境下,由不同收入来源形式凑成的多元化资金减少了大学组织的弱点,毕竟完全依赖于单一收益来源的大学更不可能主动适应多元化的环境需求。只有多元化的资金基础才能使大学走向独立自主,并能形成对环境变化的自适应性。

其三,创业型大学在对内外部高等教育环境发挥其自适应性的同时,离不开强有力的领导核心,特别是创业型领导队伍的构建。创业型大学只有加强领导力,才能把原先的松散的创业组织结构变成一个完整的、紧密结合的组织。创业型大学要求院系等基层组织围绕学校的发展战略和目标制定发展计划和实施策略,让基层组织和教师的发展向着大学战略规划的方向发展。创业型大学还建立了专门负责战略规划、对外联系、开展对外业务等组织。

总而言之,创业战略体现着灵活性和统一性相结合的特征,注重各利益相关者的利益诉求,并具备自上而下与自下而上相结合的战略规划流程,是一种动态的、创造性的、弹性的和开放性的战略模式,通过与外部环境的协调实现大学战略治理目标,能够为大学治理提供空间。

小　结

外部治理模式的改变既是大学适应外部环境变化的有效手段,也是其必然结果,而创建科学有效的外部治理模式是创业型大学成功崛起的一个关键因素。治理结构、治理过程、治理文化和环境变量通过机构的自适应性发生相互作用,创业型大学的自适应性要求在治理结构、治理过程、治理文化中做出修改,以回应不断变化着的外部环境。

　　首先,就创业型大学而言,其外部治理结构涉及大学、企业、政府间相互促进的战略合作关系。其中,创业型大学秉持着创业精神和竞争、冒险意识,注重拓展多元资金来源渠道,善于获得各竞争性研究项目资金,在资金自筹能力方面有较大程度的提升。同时政府在对大学的政策与法令管控及干预方面,以促进性政策为主,并强调成果的问责性;在资金投入方面,以绩效为基础的竞争性项目资助为主,并进行远程调控。同时,大学与企业基于知识生产与转化的联盟基础,致力于形成促进创新与创业的良好互动机制,同时企业承担了创业创新发动者的角色。

　　其次,创业型大学的外部治理是外部利益相关者间决策制订和博弈的一个复杂的、不可控的动态过程,并总是受到人的因素、文化的因素、人际关系的因素等多方面的影响,致力于使不同外部利益相关者主体的权责利益得到有效实现。企业、政府作为创业型大学的关键外部利益相关者,在对组织活动产生影响的过程中,三者权力间存在着高相互依赖性;同时,三者形成了一种双重权力制衡关系:第一重制衡表现为政府控制与大学自治之间的制衡;第二重制衡表现为企业与大学间的制衡关系。简而言之,大学享有较大程度的自治,但政府可以通过立法、财政等手段对大学施加影响和控制(其中中介组织起着一定的协调作用),企业可以通过资金赞助、决策参与等手段对大学进行制衡。

　　再次,创业型大学的外部治理文化涉及以创业精神为核心的一整套理念体系,主要包含创业价值观和创业战略两个方面。创业型大学在整体战略层面上,注重把创业精神融入其中;在具体策略实施中,注重明晰和统一其使命、目标,使其人、系统和结构都能支持大学的创业价值观。创业型大学的新使命包括知识的资本化、培养创业能力,应同时注重研究、教学和创业活动,把大学和知识使用者更紧密联系在一起,并使大学成为经济参与者,同时注重经世致用的创新与创业文化的培育。此外,创业战略意味着对全局的统筹和管理、综合组织的优势和劣势、面临的发展机遇及其威胁等一系列新的因素,来积极主动感应内外部环境的变化,并以整个大学和大学的长远发展为目标来进行一系列相互联系的改变或调整活动,从而为大学承担起风险并推动大学整体工作的顺利进行。同时，创业战略体现着灵活性和统一性相结合的特征，注重各利益相关者的利益诉求，并具备自上而下与自下而上相结合的战略规划流程，是一种动态的、创造性的、弹性的和开放性的战略模式，通过与外部环境的协调实现大学战略治理目标，能够为大学治理提供空间。

第五章　创业型大学的内部治理

组织行为学认为"组织的性质受一系列组织动力因素的影响,包含人、结构、技术及组织运作的环境"[①]。而大学作为高等教育组织,是一系列因素间相互联系并相互作用的一个整体。而创业型大学内部治理模式可以看成是一个有效组合,是治理结构、治理过程和治理文化这三个核心因素组成的一个系统。为了适应内外部动态环境,三因素在相互作用过程中促进了大学内部治理模式的形成,三者缺一不可(如图5.1所示)。

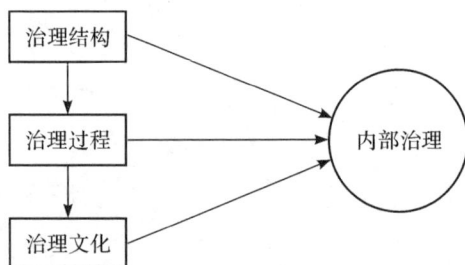

图 5.1　大学内部治理模式核心因素示意图

治理结构、治理过程、治理文化组成一条有机链,主要有以下两层含义:第一,大学各个核心因素间是密切联系的,第二,各个核心因素都能对大学内部治理模式产生影响。有机链中的各个核心因素既相互联系又相互独立。只有把所有核心因素当作一个整体来对待,才能够构建有效的大学内部治理模式。三者都对大学内部治理模式产生影响,其中,治理结构不仅直接影响大学的有效治理,而且还通过影响治理过程作用于大学的有效治理;

---

① [美]约翰・W・纽斯特罗姆、基斯・戴维斯著,陈兴珠、罗继等译,王垒校:《组织行为学》,北京:经济科学出版社,2000年,第6页。

治理过程在受到治理结构影响后,直接对大学有效治理产生影响,同时还通过作用于治理文化影响大学内部治理模式;治理文化受到来自治理过程的影响后,作用于大学内部治理模式。治理结构、治理过程、治理文化这三个核心因素并非独立存在,而是通过相互作用、相互影响来共同对大学内部治理模式产生影响。

第一节　治理结构

治理结构是构建创业型大学的内部治理模式的基石。图 5.2 呈现了传统大学的治理结构与创业型大学治理结构的异同。就创业型大学的治理结构而言,国家干预和学术的自我治理日益减少,而利益相关者的指导、管理的自我治理日益增加,同时大学所面临的内外部竞争也日益激烈。

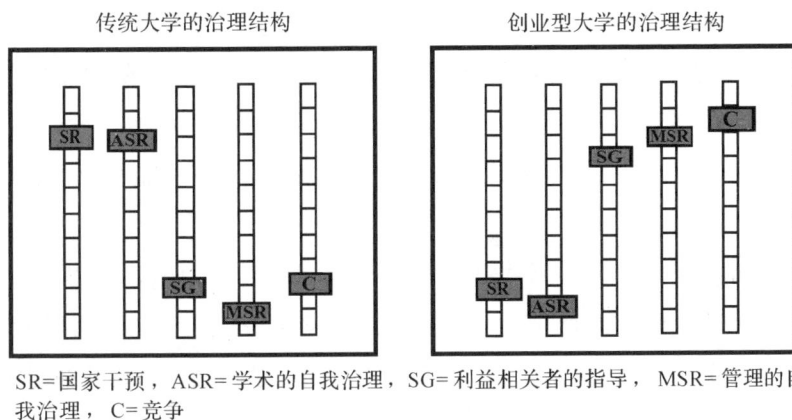

SR=国家干预，ASR=学术的自我治理，SG=利益相关者的指导，MSR=管理的自我治理，C=竞争

图 5.2　传统大学与创业型大学治理结构对比图

来源:Jochen Fried. "Higher Education Governance in Europe: Autonomy, Ownership and Accountability, A Review of the Literature." in Jurgen Kohler and Josef Huber, *Higher Education and Governance: Between Democratic Culture, Academic Aspirations and Market Forces* (Stasbourg,France:Council of Europe,2006), 85-87.

利益相关者存在狭义和广义之分,前者指"没有其对组织的支持就不能维持组织存在的集团或者个人"[①],后者指"能够影响一个组织目标的实现或

---

① 李维安、王世权:《大学治理》,北京:机械工业出版社,2013 年,第 72 页。

者受到一个组织实现其目标过程影响的人"①。大学的各内外部利益相关者共同参与决策,并辅以相关规章制度的制约,以使大学内部不同利益相关者的不同利益诉求通过不同的途径、方式得以有效满足,并化解大学在多方利益关系中可能存在的失衡风险。创业型大学治理结构的创新对各个利益相关者的决策权、话语权的行使程度及利益分配产生着重要影响,其关键在于建立起一种在最大程度上实现各利益相关者的不同利益诉求为目标、能够有效调节多元利益冲突的内部决策结构。在创业型大学中,治理主体的多元化要求各治理主体保持着中等程度的创造性张力,因为"各利益相关者间的相互作用和独立性原则的张力是混合组织形式的推动力"②。当前,大学需要在机动的、敌对的外部环境中运行得更为灵活,要在高度市场化、变幻多样的环境中提高竞争力,就需要多元利益相关者共同参与治理,强调要最大限度增进大学内部决策团体之间的交流与协调,以减少摩擦;强调治理过程和治理结构应保持灵活透明及决策过程应包括多样化的观点等。而英国高等教育专家迈克尔·夏洛克(Michael Shattock)则进一步提出了共同治理型结构的两个步骤:"一是治理机构(理事会)应该鼓励它与学术团体(评议会)之间的对话。二是必须建立联合委员会机制,方便外部人士和学者的沟通。"③

　　那么,大学治理涉及哪些利益相关者呢?亨利·罗索夫斯基(Henry Rosovsky)认为包括:"教师、行政主管人员、学生;董事、校友和捐赠者;政府;普通民众。"④而丹尼斯(Dennis)等人则认为大学治理的结构从视觉上来看,乃一系列同心圆(如图5.3所示)。

　　一般意义上,创业型大学和利益相关者的关系遵循以下三个基本理论:

---

①　Freeman, R. E, *Strategic Management: A Stakeholder Approach* (Boston: Pitman Publishing,1984), 287.

②　Henry Etzkowitz. "The Entrepreneurial University Wave from Ivory Tower to Global Economic Engine." *Industry & Higher Education*, no. 4(2014):226.

③　Michael Shattock. "Rebalancing Modern Concepts of University Governance." *Higher Education Quarterly*, no. 3(2002):235-244.

④　[美]亨利·罗索夫斯基著,谢宗仙、周灵芝、马宝兰译:《美国校园文化:学生、教授、管理》,济南:山东人民出版社,1996年,第5-6页。

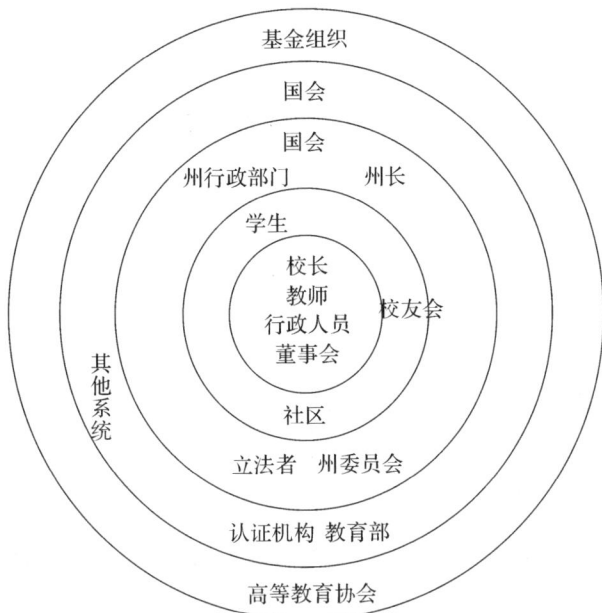

图 5.3　大学治理结构的视觉图：同心圆

来源：Dennis John Gayle, Tewarie, Bhoendradatt, White A. Quinton, Jr., *Governance in the Twenty-first-century University: Approaches to Effective Leadership and Strategic Management* (San Francisco, California: Wiley Subscription Services, 2003), 22.

第一,大学的发展是一系列支持因素,如董事会或理事会、以校长为首的行政人员、教师等;第二,大学治理的过程是实现各内外部利益相关者的价值需求和期待,以使利益相关者的满意度最大化,因此要加强识别度和忠诚度;第三,利益相关者对大学的满意度和认知是获得他们积极参与和支持的重要基石。有学者在研究大学的内部治理体系时指出"大学内部治理的主要组织机构包括决策机构、学术机构、咨询机构分别代表着决策权力、学术权力与咨询权力三大权力"①,而在创业型大学治理结构中,除了存在咨询机构、决策机构、学术机构等组织,还存在着一系列创业组织机构,其各利益相关者成为这些机构的成员并参与到大学的共同治理和共同决策中(如表 5.1

①　赵跃宇主编:《世界一流大学内部治理体系研究》,北京:高等教育出版社,2016 年,第228 页。

所示）。

表 5.1　创业型大学的治理结构表

治理结构	职能
咨询机构	一般不参与实际管理工作，拥有咨询、监督权，提供政策性建议
决策机构	拥有决策权力，任免校长、副校长，决定大学的未来发展方向，对大学各项事务有着最终决策权并把大学的运营权授予校长。
学术机构	拥有学术权力，指导、规范、促进和监督教育、教学、科研，确保大学的学术质量和标准
创业机构	促进大学科研成果市场化、商业化，为创业建立一个知识转化平台

一、咨询机构

创业型大学的咨询机构，如顾问委员会，一般不参与大学的实际管理工作，拥有监督大学发展活动、资源配置、人事任命、财政管理等权力，听取和评议校长和理事会提交的年度报告，并为大学提供政策性建议。其成员涉及相关政府机构人员、企业金融界代表、学术人员代表（包含教师和学生），其中来自政府机构和企业成员的比例大大高于来自校内人员的比例。其具体职能包括：听取并审议校长和理事会提交的任何报告，包括年度报告等；为大学筹集资金；讨论任何关于大学整体规划的动议；保障大学在当地区域发展中的权益。

二、决策机构

决策机构协调并保障各个利益相关者主体的权责和利益诉求在最大程度上实现。理事会是大学的最高决策机构，也是最高管理及执行机构。其成员包括政府代表、以校长为首的高级行政管理人员、企业代表、教师、学生等。它负责学校的投资、合同、财产、校长和副校长的任免、制定法规以及授予荣誉学位和学术奖励、监督大学各项活动的开展以及战略目标的执行情况、决定大学的未来发展方向，对大学各项事务有着最终决策权并把大学的运营权授予校长。根据需要，理事会往往成立下属委员会，主席可将其任何权力及职责以书面方式转手委员会，并且根据适当与否，可附加或不附加限制条件。其主要职责包括：任命执行校长或副校长；任命理事会成员；授权学术机构负责学术事务，例如课程、科研项目、学位授予等；授权以校长为首的行政人员负责学校日常行政事务；授予教师职称与荣誉称号；批准学校战略发展规划，如教学、科研、技术转让合同等；批准通过大学的各项计划和年度预算；确保有科学有效的治理规章制度；致力于提升大学的绩效；监督并审查学术机构的有效性；确保学校的法令法规、规章制度得到遵循；接受并考虑大学各委员会的各项报告。

新形势下，"由于政府拨款减少，改以绩效为基础的拨款制度，管理强度加大，高层管理层的行政力量增强"[①]，迫切需要高层领导提升解决各利益相关者间的不可避免的利益冲突、坚定统一的学校目标、拥有冒险创新精神、拥有迅速做出科学决策的能力，"大多数大学以校长为代表的高级管理人员已经从学术领袖过渡到企业管理者，甚至是首席执行官"[②]，管理者不再是现状的接受者，而应具有冒险、创新的精神，视野更加开阔，更加直接地参与组织的战略决策和改革。对创业型大学而言，创业型领导需要拥有特别的职能，确保他们能够成功的在创业活动中担任管理者角色和执行任务，"创业型校长通常会比普通校长更具灵活性、创新精神及获得关系和机会的能力"[③]。创业型领导的特征如下："有效的创业型领导清楚表达组织的使命、价值；领导的工作是创建文化而不是修补结构；为组织日常活动提供指南中战略的重要性；领导者不仅理解并享受执行过程、把理念转化为实施的日常进程；筹措资金。"[④]同时，创业型领导应具备向大学揭示资金风险并附有全面的风险管理战略，同时也需要向大学提供全部创业活动的全部成本和收

---

① ［英］迈克尔·夏托克著，范怡红主译：《成功大学的管理之道》，北京：北京大学出版社，2008 年，第 196-197 页。

② 戴晓霞、莫家豪、谢安邦主编：《高等教育市场化》，北京：北京大学出版社，2004 年，第 229 页。

③ James L. Fisher, James V Koch., *The Entrepreneurial College President* (Westport, CT: American Council on Education and Praeger Publishers, 2004), 121.

④ Holden Thorp and Buck Goldstein, *Engines of Innovation: The Entrepreneurial University in the Twenty-first-century* (The University of North Carolina Press, 2010), 85.

益,包含利用大学声誉和资源所获得的私立收益。

三、学术机构

学术机构(如学术评议会)拥有学术事务上的权力,负责管理、指导、规范、促进和监督教育、教学、科研;确保大学的学术质量和标准。其成员包括学术机构或部门的负责人、教师代表、学生代表。具体工作包括:向决策机构建议与学校发展息息相关的学术方面事项,包括所需的各项资源,并就学术事项提交报告;决定授予学位和其他学术奖项;以学术理由终止任何学生的学习;听取校长关于大学年度开支预算的报告;将其权力委托给下属委员会;任命各学院学术委员会成员;接受每个学院学术委员会的报告,并且为每个学院学术发展提供方向和意见;计划、开发和评审大学学术规划、教学研究计划、各专业课程计划以及关于学位和学术奖项的考试制度等。根据詹姆斯·麦那(James Minor)的案例分析,学术评议会(或其他有相同职能却有不同名字的学术机构)主要有功能模式、影响模式、仪式模式和破坏模式四种(如表 5.2 所示)。

表 5.2　学术评议会的四种模式表

评议会特点	决策领域	与行政人员的关系
功能模式	课程、终身教职、晋升以及与教师工作条件有关议题	合作
影响模式	课程、终身教职、晋升、教师议题、学校改进、战略决策以及优先项目的预算	合作/共同掌权
仪式模式	教学日历、新的评议会官员选举以及其他属于议论会的日常决策	合作/消极
破坏模式	专门保留给评议会的学校决策,不卷入其他没有正式权力的决策领域	怀疑/冲突

来源: James Minor. "Understanding Faculty Senates: Moving from Mystery to Models." *The Review of Higher Education*, no. 3(2004): 343-363.

由表 5.2 可知,不同模式下的校园成员对其的感知、决策领域及其与行政人员的关系存在着不同。就创业型大学而言,其学术机构更接近于影响模式,各利益相关者在大学中共同治理、共同决策、共同合作、共同掌权。

四、创业机构

创业型大学还建立了一系列新型创业机构,如技术转移中心、创业中心、大学有限公司、科技园、对外联络办公室等,致力于大学科研成果的市场化、商业化,更好地促进教学、科研和知识的转移,为创业建立一个知识转化平台,以更好地践行创业精神和促进创业活动的顺利开展。其成员包括政府科研机构、企业科研机构、教师和学生等。具体工作包括:跨学科、跨校合作项目的进行;知识和技术创新;专利、许可、知识产权的管理;创业业务咨询及培训;知识和科研成果的转让;创业相关项目的申请及运行并提供资金支持。

随着时间、空间等因素的变化,大学的治理结构也随之发生变化。创业型大学的自适应性引起了大学治理结构内的巨大变化,并成为创业型大学成功的关键促进因素,决定着其灵活应付变化的环境或环境变化带来的不确定性的能力,"良好的创业性治理结构是动态的、灵活的、自治的"①。而在不确定的经济背景下,创业型大学在动态的、灵活的、协调的治理结构方面面临着各种挑战,如明确内部治理责任和改变教职员工与新授权角色相关的心态;识别适当的治理手段,以鼓励在所有行为中的创业精神;迫切需要增加制定决策的自治权;强有力的大学领导模式而不是传统的等级模式;更多市场影响,以适应竞争和目标市场的特定需求。为了应付这些挑战,多元利益相关者共同合作变成了必要之举。

在创业型大学中,内部利益相关者的地位发生了明显的变化。在多元利益相关者的相互作用下,教授治校转向民主治校;随着政府放权、减少拨款,建立以绩效为基础的科研经费竞争机制和环境,校长的权利上升,学生和教师的权利逐渐降低,因为校长拥有有限资源的支配权,决定着大学发展的方向。而作为创业型大学的领导,其态度、价值及潜在的组织文化——至

---

① Arsteh H., Jahed H., *Organizational Structure Fits the Entrepreneurial University Total of Articles in First International Management*, *Futurism*, *Entrepreneurship and Technology in Higher Education* (University of Kurdistan, 2011), 598.

少对于治理来说——与治理结构是一样的重要,其创业态度、学术声望、与当地权威机构商人建立强的网络关系对创业型大学的发展都发挥着重要作用,既要为学术代言,也要为政府、企业代言。

　　多元利益相关者主体共同治理具有共同性、民主性、问责性的特点。首先,树立共同目标,多元利益相关主体共同参与以充分调动各方的积极主动性。其次,集思广益,吸取多元主体智慧,发挥各自优势作用,民主决策。再次,各利益相关主体在决策中都负有责任,负有首要责任的主体具有优先发言权,对该事务有较大决策权。多元利益相关主体共同参与的治理结构意味着所有利益相关者主体对组织内部的议事规则、办事程序通过广泛参与、平等互动、谈判、对话、协商的方式而形成的自主性、民主性网络。而多元利益相关主体共同参与治理至少有三种形态:"协作式决策(47%),咨询式决策(27%),分布式决策(26%)。"①

　　总之,多元利益相关者共同治理模式营造了这样一种氛围:在这个氛围中,各利益相关者主体通过有效的协商、沟通,在自己的权责范围内对决策过程产生影响,形成既相互联系又相互制衡的有效治理结构。

第二节　治理过程

　　大学是一个开放的系统,大学治理过程是动态变化的,而不是静止不动的。治理过程是实现大学有效治理的关键,仅仅完善治理结构并不能确保大学的有效治理。除了治理结构这种正式的决策权制度安排,在大学各项事务的具体决策过程中,不可避免要受到各种人为因素或文化因素等方面的影响,从而直接或间接对最后的决策结果产生影响。有效治理过程抽象模糊,强调过程性,很难对其进行直接分析,只能依据其运作结果进行间接分析。具体来讲,治理过程的有效性对大学有效治理的影响分为直接与间接影响;直接影响是指治理过程的有效性作为有效治理机制的关键组成部

---

① Center for Higher Education Policy Analysis, *Challenges for Governance: A National Report* (Los Angeles: Chepa, Unicersity of Southern California,2003), 9.

分和要素,直接影响着大学治理的有效性的提升,其功能是使治理机构和学术团体、治理结构的各元素、各利益相关者保持着中等程度的创造性张力;间接影响是指治理过程的有效性通过影响治理结果的有效性,再作用于大学治理的有效性,即使大学在高度市场化、变幻多样的外部环境下,其行政权力、学术权力得到平衡并作为专业服务机构运行得更为灵活,其竞争力得以提高以实现大学的战略目标。由此,大学有效治理的形成是直接影响与间接影响共同作用的结果。

一、权力的博弈过程

大学有效治理过程具有复杂性、不确定性和不可控性,在权力运行过程中,要真正实现有效治理,就得保证决策过程的公开、透明,各权力主体都能依据法定权限、相关法律政策,在公共理性的指引下来合理行使自身的权利,并进一步在沟通、信任的基础上进行充分合作,发挥强有力的领导力。创业型大学的内部治理过程究其本质而言,体现为权力在咨询机构、决策机构、学术机构、创业机构中的分配以及他们相互间的互相博弈、竞争制衡的过程。由于咨询机构往往只发挥其咨询作用,并没有实际参与到大学的管理事务中,在此不再赘述。从权力的性质分析,主要体现为行政权力和学术权力。

其一,学术权力与行政权力的区别与联系。学术权力应是“专家学者依据其学术水平和学术能力,对学术事务和学术活动施加影响和干预的力量”[①]。大学中的学术权力作为大学组织中的学术性机构和学者对学术事务的一种支配力量,表现为“对学术人员的支配权、对学术资源的分配权、对学术事项的决策权及对学术评价的决定权等”[②]。学术权力植根于学科和专业,具有松散性、自主性和民主性。行政权力通常指“国家行政机关的权力即国家行政机关依靠特定的强制性手段,为有效地执行国家意志而依据宪

---

① 李立国:《学术权力的特征与运行机制》,《学术界》,2004 年第 1 期,第 187 页。
② 谢凌凌:《大学学术权力行政化及其治理:基于权力要素的视角》,《高等教育研究》,2015 年第 3 期,第 42 页。

法、法律对全社会进行管理的一种能力"①,具有强制性、一元性、科层性。

学术权力、行政权力间具有明显的不同特征:(1)权力性质不同。学术权力涉及学术自治和学术自由,以专业知识为基础的学术权威;行政权力涉及等级制度,以科层结构为基础的法定权威,以上级管理主体对组织活动的控制与协调为特征,处于强势地位。(2)权力运行规则不同。学术权力处于松散的学术组织之中,强调学术自由,很难论及效益和效率;行政权力处于科层结构之中,强调命令的服从、效率。(3)权力来源不同。学术权力来源于学术人员对知识拥有的程度,来自于其专业能力、学识修养;行政权力来源于社会组织的赋予,通常以任命的形式授予不同人不同的职位,是一种制度化的法定的权力。(4)运行目标不同。学术权力着眼于学科、专业的建设和学术标准的执行;而行政权力从学校整体利益出发,着眼于学校的长远发展,往往会抑制某些学科的发展。

学术权力和行政权力也有着共同的联系,二者的终极目标是一致的,都是为大学的良性运转服务。同时,二者的权力主体也存在一定的重合:行政权力主体涉及校长等行政管理人员,但教师、学生对各项决策有提供建议、投票和监督的权利,由此对其产生一定的制约;学术权力的主体是学术人员,但也有部分教师承担着行政职务,在一些学术问题的决策上不可避免与行政利益挂钩。此外,在决策层面上,"学术决策涉及纯学术问题;行政决策涉及纯行政问题;但高校的大量问题的决定,既需要进行学术真伪的判断,又要放在全校范围内进行利益、利害的判断,这就需要学术、行政组织共同决策"②。

其二,学术权力与行政权力的分权与制衡。分权指的是大学的学术和行政权力各有自身的权责范围,各施其责;大学的行政权力主体和学术权力主体都拥有自己特定的角色定位,并借助一系列制度加以规范,以减少不必要的冲突和权力的泛滥,保障决策过程的透明性、公平性、公开性,而这就要

---

①　张国庆主编:《行政管理学概论》,北京:北京大学出版社,1990年,第218页。

②　刘献君:《大学共同治理的意义及其实现方式》,《山东高等教育》,2015年第3期,第9页。

对权力加以制衡,即"平衡权力就是防止一权独大"①。学术权力与行政权力间由于其本质上的区别,不可避免地存在着冲突,反映在大学运行过程中,就是二者权力之间的相互博弈过程。首先,在权力主体方面,学术权力的主体为多为以教师为主体的学术组织;而行政权力的主体是以校长为首的行政管理人员,二者的利益目标本就存在着不同。其次,在价值取向方面,学术权力追求的是学术自治和学术自由;而行政权力追求的是效率和利益。再次,在权力氛围上,学术权力的环境氛围相对自由、相对宽松;而行政权力的环境氛围多是等级森严、层次分明且严肃的。而作为矛盾双方,行政权力与学术权力之间应该是互相牵制、共同促进的良性发展关系。

简而言之,正是由于学术权力和行政权力存在着诸多不同,代表着不同的利益相关者主体,由此,在具体的决策过程中,总是无可避免的存在着利益冲突和权力冲突。而如何有效地解决这种冲突便成了提升大学治理有效性的关键。

莫蒂默(Mortimer)和麦康纳尔(McConnell)指出大学的治理过程涉及决策的内容、决策的主体、决策的时间、决策的地点和决策的方式,由此构建了决策过程中权力分配的总体框架。该框架包含六类决策参与者,即政府、董事会、行政人员、教师、学生以及其他利益相关者主体;同时,该框架包含九个决策层级,即国家、区域、州、地方、大学系统、单个大学、学院、学系及个人,如表 5.3 所示。其中,政府的作用范围涉及国家、区域、州和地方四个层级;董事会的作用范围涉及国家、州、大学系统、单个大学四个层级;行政人员的作用范围涉及国家、区域、大学系统、单个大学、学院、学系六个层级;教师的作用范围涉及国家、区域、州、地方、大学系统、单个大学、学院、学系八个层级;学生的作用范围涉及国家、区域、州、单个大学、学院、学系六个层级。当然,并不是每个决策议题、决策主体都必须参与到决策中。因为决策议题内容的不同决定着决策参与主体和决策方式的不同。同样,决策议题的性质也不可避免的受到决策时间、地点的影响。

---

① 　李奇:《美国大学治理的边界》,《高等教育研究》,2011 年第 7 期,第 98-99 页。

表 5.3　决策过程权力分配的总体框架表

决策层级	决策参与者					
	政府	董事会	行政人员	教师	学生	其他人员
国家	美国教育部、最高法院、国会	董事会协会	美国教育委员会	美国大学教授协会	美国学生协会	美国人事与指导协会
区域	联邦法院	各种认证机构和社团组织				校友会、学科协会
州	州教育部、法院、立法机构	州治理或协调委员会		州协会	学生游说	州教育协会、专业和学科协会
地方	地方政府			地方协会		地方市民协会、纳税人协会
大学系统		大学系统董事会	大学系统官员	评议会和工会		评议会和工会
单个大学		单个大学董事会	单个大学官员	评议会和工会	学生自治会	评议会和工会
学院			院长	委员会	学生俱乐部	
学系			系主任	委员会	委员会	
个人						

来源：Kenneth P. Morimer，T. R. McConnell.，*Sharing Authority Effectively: Participation, Interaction, and Discretion* (San Francisco: Jossey-Bass, 1978)，14-15.

　　那么在创业型大学内部，由于咨询机构一般不参与实际管理工作，故在此不再赘述。那么决策机构、学术机构、创业机构所体现出来的学术权力和行政权力间是如何实现有效分权和制衡的呢？创业型大学内部治理结构的第一重制衡，即表现为决策机构，即理事会与以校长为首的高级行政人员之间的权力制约。在"学术法人—理事会"这一制度框架下，大学内所有的法定权威来自决策机构，即理事会。然后，通过理事会章程、大学章程，理事会的许多权力被委托给以校长为首的高级行政人员。出于这一委托关系，一方面，理事会并不会过度干涉校长在大学具体运营过程中的权力。詹姆斯·弗里德曼指出，"尽管理事会有天然的合法权威去确定双方的权限，但如果理事会侵犯了校长的管理特权,将可能会遇到大麻烦。理事会应该将校长的脚置于火焰之上,使之时时警觉却又不会受伤害"①。但另一方面,校长要对理事会负责,理事会对校长有监督权、任免权,确保校长权力不会盲目独大,形成有效制衡。

第二重制衡表现为以校长为首的高级行政人员与学术机构间,即行政权力与以教授为核心的学术权力间的相互制约。在大学内部,二者不可避免存在着冲突,往往处于一种紧张态势之中。同时,随着管理的专业化程度日益加深,行政人员队伍的壮大和各种专业的行政管理机构数量的持续增加,加上二者在价值取向上的本质区别,在大学里时常出现行政人员过分干涉学术事务的现象。而学术机构是教授学术权力发挥的重要平台,通过这个平台,教师可以在较大程度上削减行政权力的干扰,并获得法律保障,以发挥其在学术决策上的重要作用。同时,校长往往是学术机构的当然成员,在学术权力和行政权力间起着重要的维持平衡的作用。

第三重制衡表现为以学术机构与创业机构间的相互制约。自研究型大学产生以来,学术研究便成为大学一直以来的使命,是大学生存的根本所在。随着第二次学术革命的产生、知识经济的持续发展,学术创业便成了新的趋势。学术机构与创业机构总是存在着千丝万缕的关系。学术研究是实现知识企业化、科研成果商业化的前提;而创业活动的进一步开展既为学术研究提供了研究资金,也进一步促进了新的学术研究的开展。然而,对学术研究者而言,其时间和精力是有限的,如何平衡学术研究和创业活动的时间和精力便成了一个难题。同时,学术研究和创业活动间还存在着基础研究和应用研究孰轻孰重的问题。由此,创业型大学内部就形成了决策机构、学术机构、创业机构间的分权制衡治理结构(如图 5.4 所示)。

新形势下,创业型大学决策机构的作用变得愈来愈被动,部分原因在于其组成结构的改变,其真正有效的决策过程往往由校长等高级行政管理人员一手控制。同时,同行终身教职人员的角色也有所降低,不再是学术决策

①　[美]詹姆斯·弗里德曼:《校长与董事》,[美]罗纳德·G.埃伦伯格主编,沈文钦、张婷姝、杨晓芳译:《美国的大学治理》,北京:北京大学出版社,2010 年,第 9-13 页。

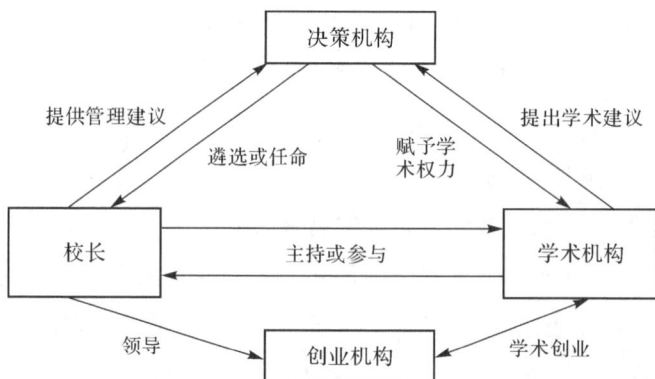

图 5.4　创业型大学内部治理机构的分权制衡示意图

倾向于决定资源流向,而是资源决策倾向于塑造学术景象。创业型大学治理的趋势影响已把个体学术教师成员的参与日益推向外围创业机构。在一定程度上,"大学规模的扩大,管理任务的增加已使这个趋势不可避免;教师的重组、教师委员会的减少、大学评议会控制政策能力的下降都强化了个人鼓励与学术政策形成的有效角色"①。

二、机制的有效建立

创业型大学有效治理过程的实现还需要有效治理机制的保障,"加强制度建设,优化决策程序,细化议事规则,严格执行规章制度,以制度和程序规范权力的运行,做到透明和法治相济"②,主要从以下几方面着手。

第一,制度制约机制的建立。制度是"一系列被制定出来的规则、秩序和行为道德、伦理规范,它旨在约束主体福利或效用最大化利益的个人行为"③。具体而言,大学制度包括"组织机制、决策机制、激励机制、资源配置

---

① Michael Shattock, *International Trends in University Governance Autonomy*, *Self-government and the Distribution of Authority* (London, Newyork: Routledge, Taylor and Francis Group, 2014), 141.
② 顾建民:《大学治理的内涵建设》,《苏州大学学报》,2015 年第 4 期,第 11 页。
③ [美]道格拉斯·C·诺斯著,陈郁、罗华平等译:《经济史中的结构与变迁》,上海:上海人民出版社,1994 年,第 225 页。

机制、工作机制和制度创新机制"①。任何制度都是利益博弈和利益协调的结果，在大学这个高等教育机构中，各内外部利益相关者间不可避免存在着利益冲突，其利益、权力间的博弈更是再所难免，而这就需要制度的制约机制。

第二，程序制约机制的建立。现代大学的规模日益庞大，组织结构日益复杂，功能日益多元化，对决策的科学性和有效性要求也日益高涨，需要决策、执行、监督分开，各司其职，以及科学的决策程序。程序公开、透明以及程序法治化是权力运行的基本要求，关系着大学权力运行是否有利于实现大学的使命，也关系着大学有效治理的实现。如果大学权力运行过程中，程序总是存在暗箱操作现象，那么权力运行有可能会失范，大学治理也可能混乱。各权力主体应在法律规定的幅度和范围内，依据法定职权和法定条件行使权力。程序制约必须对权力运行程序的各个环节进行合理设定，建立信息公开制度、议事规则等，尤其要明确规定权力行为主体行使权力的方式、方法和步骤，进一步明晰各利益相关者主体的权责关系，以保障权力的有效融合和运行。

第三，柔性化协同机制的建立。创业型大学的治理涉及多元的、跨学科的创业组织机构，涉及大学内外部多元的利益相关者主体，因此迫切要求大学治理具有更高的协同性和柔性。为了达成这一目标，建立不同利益相关者主体间的良性沟通机制和协调机制变成了必要之举。而这种机制的建立离不开创业价值观和创业战略的内在影响，使各利益相关者主体对创业文化形成一致的认同和信念，并以此为基础进一步在各种形式的创业活动中进行配合和支持。

第四，有效激励机制的建立。对于创业型大学来说，在鼓励教师开展研究的同时，还要激励教师的学术创业行为。首先，物质奖励是指运用物质的手段使受激励者得到物质上的满足，从而进一步强调其积极性、主动性和创造性。创业型大学对教师的物质奖励主要集中在教师增加创收收入的奖

---

① 潘懋元：《走向社会中心的大学需要建设现代制度》，《现代大学教育》，2001 年第 1 期，第 29-30 页。

励,主要是指科研经费、版税与许可费。其次,学术晋升、创收能力是学术晋升的标准之一;注重教师对外合作伙伴关系的建立。再次,对教师的创业活动进行引导、为企业和政府科研资助提供匹配资助;为申请外部资助提供种子资金。创业型大学主要为教师在科研资助申请和研究成果商业化阶段提供支持和服务。

　　总之,大学有效治理应完善权力运行的制度制约机制,必须在国家的法律框架内,建立以大学章程为核心的制度体系,包括章程、各权力主体的议事规则、质询与问责制度、信息公开制度、自由裁量权实施细则等内部规章与规范,进一步体现制度管权、制度管人、制度管事的规范性与严肃性,确保各项权力都在法定的范围内规范运行、阳光运行。"大学治理服从一个中位原则,如果大学权力过分分散,则大学不能显示整体力量,相反如果大学权力过分集中则大学失去其知识创新活动,尤其不能激发基层的创造力"[1]。成功的创业型大学迫切要求维持各利益相关者主体间的权力平衡,"激励各层面的学术领导者、所有学术团体或是一部分代表参与到决策的过程中来"[2],保障决策的科学性、民主性和有效性。有效的大学治理能整合地看待大学治理过程,注重每个决策之间的关联性,并进一步推动学校的活动与项目向前发展,使学校各项工作互相促进而不是互相制约。

第三节　治理文化

　　大学治理就其本质而言,"是一种经过长时间发展已经普遍建立起来的学术文化规范和特定院校自身的文化规范的混合物"[3]。蒂尔妮(Tierney)提出了大学治理的文化模式,即"大学治理的结构和过程存在于组织的文化中;大学治理的改进和大学绩效的提升,不在于设计出一种最好的治理制

---

①　王洪才:《论大学内部治理模式与中位原则》,《江苏高教》,2008 年第 1 期,第 7 页。

②　[英]迈克尔·夏托克著,范怡红主译:《成功大学的管理之道》,北京:北京大学出版社,2008 年,第 120 页。

③　Tierney,W. G. "A Cultural Perspective on Communication and Governance." *New Directions for Higher Education*, no. 127(2004):171.

度,而在于大学的参与者能够有效地结合大学文化"①及其四条重要的理念:
"展现信任、建立共同语言、用行动说话、建立和维持核心价值认同。"②其中,
大学治理结构本身是治理文化的外在表现形式,治理过程中也渗透着治理
文化对各项决策所施加的各种影响。"实现大学的有效治理,囿于治理结构
的调整和优化是远远不够的,必须超越治理结构,重视组织文化建设、领导
力提升等非结构性因素。"③由此可见,在一个有效治理的系统中,和谐治理
文化氛围的创建是其关键。就创业型大学的内部治理文化而言,涉及创业
型大学的内部利益相关者间价值观——学术文化、行政文化、创业文化的对
立统一。而和谐的内部治理文化氛围的营造是创业型大学成功的根本
保障。

一、三种文化相容共存

创业型大学的治理文化目标是形成学术文化、行政文化、创业文化的和
谐文化氛围。这一目标的实现要求创业型大学应使创业的理念尽快被组织
成员接受,并内化为人们日常的行为,从而为满足环境需求的创新和创造力
提供良好的氛围。

创业型大学的组织文化包括学术文化、行政文化、创业文化。学术文化
是一种基于学术自由、追求真理、崇尚科学的文化。行政文化是在行政实践
活动基础上形成的,是与行政相关的文化。创业文化是指大学以知识的实
用性为导向,通过知识的创新和应用来促进知识成果转化,及在创新创造知
识的经济价值的过程中所形成的一套行为准则和价值观。它涉及"制度、院

---

① Tierney,W. G. "A Cultural Perspective on Communication and Governance." *New Directions for Higher Education*,no. 127(2004):164.

② Tierney,W. G. "Improving Academic Governance: Utilizing a Cultural Framework to Improve Organizational Performance." Tierney,W. G., *Competing Conceptions of Academic Governance* (The Johns Hopkins University Press,2004), 210-214.

③ 顾建民、刘爱生:《超越大学治理结构:关于大学实现有效治理的思考》,《高等教育研究》,2011 年第 9 期,第 28 页。

系和个人对第三渠道资金来源的态度及规范"[①]，它是一种基于买卖关系、追求最大利润且敢于开创事业、敢于冒险的文化，是一种企业在市场竞争中发展起来的价值文化体系，它追求利益的最大化，并强调效率、经营策略与质量管理。作为创业型大学特征和核心要素之一的大学创业文化对创建创业型大学起着激励、导向、凝聚和协调的功能。通过培养包含创业者在创业实践活动中所表现出来的创业动机、兴趣、信念、价值观等要素在内的创业意识，形成价值认同；强化制度文化建设、营造良好的政策环境；保持与学术文化的适度张力，促使大学持续积累学术资本；坚持学术研究的市场导向，凸显学术资本主义等路径来培育大学创业文化。传统大学与创业型大学的治理文化存在着明显差异（如表 5.4 所示）。

表 5.4   创业型大学与传统型大学的创业文化、行政文化、学术文化特征比较表

文化类型	创业型大学	传统型大学
创业文化	外向性、开放性、关注环境和社会需求变化、自我依赖、自立更生、不断扩展外部收入来源、积极主动、创新、冒险、创新创造、资源整合者	内向性、相对封闭性、对外界需求变化响应小、依赖于政府的拨款与政策优惠、保守、维持现状、不轻易采取变革性行为
行政文化	积极主动的专业化管理、为组织成员提供支持与服务、注重结果	被动地等待命令、事务性行政、督促落实组织规则、注重形式
学术文化	社会需求导向、现实问题导向、团队合作、跨越学科组织边界合作	个人兴趣、好奇心的学科导向、个人主义竞争

过于弘扬创业文化，则以功利性的利润空间作为目标导向，削减学术文化的自由求真和行政文化的科学管理；过于弘扬学术文化，则以非功利性的科学贡献作为目标导向，削减创业文化的经济回报与投入产出的要求和行政文化的科学管理；过于弘扬行政文化，则以等级性的官僚规则为目标导向，削减学术文化的自由求真以及创业文化的经济价值。由此，创业型大学的学术文化、行政文化与创业文化应由以对立为主转化为以统一为主，最终

---

①   Nells，J，Vorley，T. "Constructing an Entrepreneurial Architecture：An Emergent Framework for Studying the Contemporary University Beyond the Entrepreneurial Turn." *Innovation of Higher Education*，no. 35(2010)：169.

三者相互促进、相得益彰、实现共赢,以使学术权力和行政权力达到一种适度平衡,即行政权力既要受到创业因素的规范,又要在学术自由的原则范围内为其服务,从而使学术文化、行政文化和创业文化有效地融合在一起,通过有效发挥其作用来实现组织的有效变革和创业使命。

在对大学面向市场、通过知识商品与知识资本来获取更大的利益以促进大学自身更好的发展的问题上,创业文化与行政文化更容易达成共识。行政文化的管理追求效率与责任,更多的将高等教育视为一种公共产品,注重实效,表现出较明显的功利主义价值取向。在同个性鲜明的学术文化相冲突的角度上看,创业文化与行政文化间更容易形成联合体。契约精神、诚信和社会责任等创业文化的核心与行政文化中的科层制管理在内在价值取向上都强调规则的重要性,强调依照共同遵守的非情意化的制度来开展活动。

当创业文化面对学术文化时,则较容易产生冲突,"大学中的传统学术组织文化与市场定位的创业文化两者是共存的,在维持平衡过程中有时会产生紧张"①,因为学术文化与创业文化在本质上存在着较大差别。就二者所涉及的主体而言,创业文化所涉及的主体更为多元化,既可以是教师、学生,也可以是政府人员、企业人员等,而学术文化所涉及的主体多为教师和学生。就二者的价值取向而言,创业文化注重的是科学研究的实用价值和商业价值,而学术文化注重的是高深学问本身的学术价值。但是学术文化和创业文化的精髓都强调创新,并拥有教师和学生等共同发展主体。自创业型大学出现以来,学术文化与创业文化在一定程度上是相互包容的,因为创业文化需要学术文化,即利用其科学研究的资源优势,而学术文化也在新的高等教育环境下重塑了其内涵和价值,呈现出新的特点。两者在适应内外部高等教育环境的过程中进一步交融,形成全新的创新创业文化生态系统。

在日益紧张的公共经费的压力下,"传统大学正在经历从单一的学术文

---

① Ylijoki. "Entangled in Academic Capitalism? A Case Study on Changing Ideals and Practices of University Research." *Higher Education*, no. 45(2003):307-335.

化向学术与创业精神向融合文化的阶段迈进"①。创业型大学在组织内部所形成的学术创业精神,以一种文化的形式有力支持着创业型大学的组织转型,使组织转型不仅仅在组织结构、管理方式上发生变化,也使创业型大学实现了治理文化的转型,创业型大学中的学术创业主义与精神,创建了学术文化与创业冲突融合共存的极佳模式。"在创业型大学作为大学在市场环境中组织发展的策略选择的同时,学术创业精神也正成为诸多从事创业活动和积极准备向创业型大学转型的高等机构的文化选择。"②

二、治理文化创新模型

在不同的内外部环境背景下,大学在组织变革、创业文化方面存在着差别,并在创业活动的态度和参与度上也存在着异同,由此形成了不同的治理文化模型:Ⅰ型、Ⅱ型、Ⅲ型、Ⅳ型、Ⅴ型。

Ⅰ型主要有三个特征:大学参与到有限的创业活动中,参与度较低;组织机构的判断力有一定程度上的增强;提升大学治理、管理的有效性。第一,大学通过参与有限的创业活动,如研究合作、与企业的合作关系、技术许可、建立出版社、经营医院等来营造创业文化的氛围;其创业的主要目的并不仅仅是筹集资金或寻求独立自主,也试图承担对整个社会的责任感。第二,随着大学所获得的公共资金的减少、高等教育竞争越来越激烈,大学日益注重在一定程度上增强其组织机构的判断力,以降低国家主导改革和控制的强度,使大学掌握自身改革的主动权。第三,大学注重提升其治理、管理的有效性,其措施包括高层管理人员的选拔、治理机构中外行人员所占比例的合理分配、内部资金支配机制的完善。

Ⅱ型的主要特征包括:大学的创业活动有了进一步的拓展;现实中的创业局面与以创业、市场为定位的政策间还存在着较大差距;大学内部开始衍

---

①　Anne Corbett, *Universities and the Europe of Knowledge*; *Ideas*, *Institutions and Policy Entrepreneurship in European Union Higher Education Policy* 1955—1987 (Basingstoke:Palgrave Macmillan,2005), 167.

②　Peter Schulte. "The Entrepreneurial University:A Strategy for Institutional Development." *Higher Education in Europe*, no. 2(2004): 187-192.

生出学术文化与创业文化间的冲突；管理主义的引进。第一，大学日益强调创业活动的重要性，创业活动范围也有了一定程度上的拓展和延伸，如在大学内创建公司或企业。然而，并不是所有大学都承认自己是创业型大学，来自创业活动的收入也并不是所有大学的唯一收入来源。第二，虽然大学开始采用以创业、市场为定位的政策，并日益关注消费者需求的快速变化，但这些需求与大学的现实供给间还存在着较大差距如毕业生劳动力市场。第三，虽然这一阶段的创业文化还是零零碎碎且是局部的，但大学内部的创业文化和传统学术文化间开始显现出冲突的趋势。第四，大学开始引进私立部门中使用的管理方法论，以提升大学治理、管理的效率和成本收益。

Ⅲ型的主要特征包括：对公共资金的依赖性降低；对新兴创业型大学这个身份的自我认可；对地区经济有一定的贡献。第一，由于大学所获得的公共资金的减少，大学通过创业活动来降低其对公共资金的依赖性。第二，大学对新兴创业型大学这个身份表示自我认可，并通过组织改革以适应内外部环境的变化和回应市场的迅速变化。第三，大学倾向于加强与企业间的合作，以进一步促进当地经济的发展，并加强其对社区经济的责任感。

Ⅳ型的主要特征包括：大学具有较大程度上的自主决定权；大学拥有大量从第三渠道获得的资金；大学的治理和管理结构是以市场为定位的；大学的创业文化和学术文化得以有效融合。在该模型下，大学在自身运营决策上可以自主作出决定；在总资产上，来自公共资金的比例少于 50%，而大学通过广大范围的创业活动，其对外部资金的依赖性日益增强；大学采用以市场为定位的治理和管理结构，注重增强其组织和管理方面的灵活性，以适应内外部环境的变化，并对迅速变化的市场作出反应；大学在有效融合创业文化和学术文化的基础上凸显创业文化的优先地位。此外，大学注重创新，积极主动寻求组织变革，特别是通过创建有效的策略计划、提升决策的透明性和效率，清晰治理结构、高层行政管理结构的权责等来增强治理和管理的有效性。

Ⅴ型的主要特征包括：大学拥有较大程度上的自治权和自力更生的能力；大学在各创业活动中风险共担、权责明晰；行政文化、学术文化和创业文化得以有效融合。在该模型下，大学拥有完全自治权，资金上很大程度依赖外部资金的收入;大学是自力更生的机构,并通过创业战略的有效实施以积极主动适应不断变化着的内外部需求;大学在创业活动中有明确的风险共担意识、明晰的权责认知;大学的行政文化、学术文化和创业文化间不会存在冲突,且得以有效融合。

　　一般而言,大学传统、大学使命、经济政治和社会文化因素等都是塑造特定的治理文化模型的重要因素。虽然并不是每个大学的治理文化模型都是线性发展的,即从Ⅰ型向Ⅴ型转变,而Ⅴ型是创业型大学治理文化创新模式的理想模型。

小　结

　　创业型大学内部治理模式可以看成是一个有效组合,由治理结构、治理过程和治理文化三个核心因素组成。首先,治理结构是构建创业型大学的内部治理模式的基石。在创业型大学治理结构中,除了存在咨询机构、决策机构、学术机构等组织,还存在着一系列创业组织机构,其各利益相关者成为这些机构的成员来参与到大学的共同治理和共同决策中。其中,咨询机构如顾问委员会,一般不参与实际管理工作,拥有咨询、监督权力,提供政策性建议;决策机构如理事会,拥有决策权,任免校长、副校长,决定大学未来的发展方向,对大学各项事务有着最终决策权,并把大学的运营权授予校长;学术机构如学术评议会,负责管理、指导、规范、促进和监督教育、教学、科研;确保大学的学术质量和标准;创业机构如技术转移中心、创业中心、大学有限公司、科技园、对外联络办公室等致力于大学科研成果的市场化、商业化,更好地促进教学、科研和知识的转移,为创业建立一个知识转化平台,以更好地践行创业精神和促进创业活动的顺利开展。

　　其次,治理过程是大学有效治理形成的关键。创业型大学的内部治理过程究其本质而言,体现为权力在咨询机构、决策机构、学术机构、创业机构中的分配以及他们相互间的互相博弈、竞争制衡的过程。由于咨询机构往往只发挥其咨询作用,并没有实际参与到大学的管理事务中,因此在此不再赘述。若从权力的性质分析,主要体现为行政权力和学术权力。二者在权力性质、运行规则、来源、运行目标方面存在着不同,但都是为大学的良性运转服务,且二者的权力主体也存在一定的重合。若从权力的分权和制衡角度分析,创业型大学内部治理结构的第一重制衡表现为决策机构即理事会与以校长为首的高级行政人员之间的权力制约;第二重制衡表现为以校长为首的高级行政人员与学术机构间即行政权力与以教授为核心的学术权力间的相互制约;第三重制衡表现为以学术机构与创业机构间的相互制约。由此,创业型大学内部就形成了决策机构、学术机构、创业机构间的分权制衡治理结构。此外,创业型大学有效治理过程的实现还需要有效治理机制,如制度制约机制、程序制约机制、柔性化协同机制、有效激励机制的保障。

再次,治理文化是大学有效治理形成的保障。创业型大学的治理文化目标是形成学术文化、行政文化、创业文化的和谐文化氛围,这一目标的实现要求创业型大学应使创业的理念尽快被组织成员接受,并内化为人们日常的行为,从而为满足环境需求的创新和创造力提供良好的氛围。学术文化是一种基于学术自由、追求真理、崇尚科学的文化。行政文化是在行政实践活动基础上形成的,是与行政相关的文化。创业文化是指大学以知识的实用性为导向,通过知识的创新和应用来促进知识成果转化、创新创造知识的经济价值的过程中所形成的一套得到各成员共同认可的行为准则和价值观。此外,在不同的内外部环境背景下,大学在组织变革、创业文化方面存在着差别,并在创业活动的态度和参与度上也存在着异同,由此形成了不同的治理文化模型:Ⅰ型、Ⅱ型、Ⅲ型、Ⅳ型、Ⅴ型。当然,并不是每个大学的治理文化模型都是线性发展的,即从Ⅰ型向Ⅴ型转变,而Ⅴ型是创业型大学治理文化创新模式的理想模型,其主要特征包括:大学拥有较大程度上的自治权和自力更生的能力;大学在各创业活动中风险共担、权责明晰;行政文化、学术文化和创业文化得以有效融合。

第六章　创业型大学治理的个案分析

　　"当我们要探索像现代大学这种复杂组织系统时,特别是决定它们如何经受变革时,院校案例研究提供了一条道路。一个杰出的典型可能抵得上一千种遥远的理论。"①也正因为这样,克拉克选择对欧洲 5 所创业型大学进行案例研究,并作出了对该研究的深刻总结,可见案例研究方法对创业型大学研究的重要性。

第一节　研究个案的选择

　　罗伯特·殷(Robert Yin)认为"案例研究是一种实证研究,它在不脱离现实生活环境的情况下研究当前正在进行的现象,且待研究的现象与其所处环境背景之间的界限并不十分明显"②,强调通过对特定案例的调查研究分析,并进一步提炼总结出结论,以对研究对象的整体性把握来揭示研究对象现象背后隐藏的深层次的联系。由此,案例研究方法可有效拓展现有研究方法所涉及的研究问题,从而解决现有研究理论尚不能合理解释的研究问题或现象。

　　已有研究文献中的创业型大学案例主要来自欧洲及美国等,如克拉克对欧洲五所大学的创业经验的研究,亨利·埃茨科威滋分析创业型大学模式在麻省理工学院的起源和发展等。而本书选择英国约克大学和韩国浦项

---

① ［美］伯顿·克拉克著,王承绪译:《大学的持续变革:创业型大学新案例和新概念》,北京:人民教育出版社,2008 年,第 7-8 页。

② ［美］罗伯特·K·殷著,周海涛主译,李永贤、张蘅参译:《案例研究:设计与方法》,重庆:重庆大学出版社,2010 年,第 21-22 页。

科技大学作为研究案例，主要基于以下考虑。第一，这两所大学都是英国《泰晤士高等教育增刊》第二次(2013)开展的全球最具潜力大学排行榜里的所评对象(前 10 名包括韩国浦项科技大学、瑞士洛桑联邦理工学院、韩国高等科学技术学院、香港科技大学、美国加州大学尔湾分校、荷兰马斯垂克大学、英国约克大学、新加坡南洋理工大学、巴黎第六大学、巴黎第十一大学)，都是在当时建校时间不多于 50 年、有着卓越成就的大学，通过引入创业型大学的理念并践行了创业办学、自力更生的理念，使大学自身在短时间内成功崛起，它们无疑是创业型大学的典范。其中，韩国浦项科技大学在第一次(2012)和第二次(2013)的排行榜中都位列第一，可以作为亚洲大学的代表。而考虑到欧洲国家语言的限制和材料获取的可能性，英语作为英国的官方语言，约克大学可以作为欧洲大学的代表。第二，选择这两所大学一起研究，可以突破单个案例研究的局限性，提高研究结论的广度和深度。第三，这两所大学都是研究型大学，但分属欧洲的英国和亚洲的韩国，对这两所大学的比较分析更具有典型性和代表性。总之，依托创业型大学这一主题，将这两所大学放在一起研究具有重要意义。

第二节　英国约克大学的治理模式

英国约克大学成立于 1963 年，是研究导向型的公立大学，同时也是英国常春藤联盟罗素大学集团成员。约克大学在"2015—2016 年 QS 世界大学排名中居英国第 19 位，世界第 103 位"①，"在 2015—2016 年《泰晤士高等教育》世界大学排名中居英国第 21 位，世界第 131 位"②，"拥有 10 个 2016 年

---

① QS World, University Rankings 2015/2016[EB/OL], http://www.topuniversities.com/university-rankings/world-university-rankings/2015 # sorting = rank + region = + country = + faculty = + stars = false + search = . 2015-11-10.

② The Times Higher Education World University Rankings 2015—2016. [EB/OL], https://www.timeshighereducation.com/world-university-rankings/2016/world-rankings #! /page/0/length/25/country/114 + 93/sort_by/rank_label/sort_order/asc/cols/rank. 2015-11-10.

QS 世界大学排名前 100 学科,以及国际公认教学质量优秀、世界级的教学和研究设施"①。约克大学创业办学、自力更生,经过 50 多年的不懈努力,已跻身世界一流大学之列,发展成为创业型大学的典范。约克大学何以成功崛起,显然与其颇具特色的外部治理模式密不可分。

一、治理结构

约克大学致力于加强大学与院系之间的沟通与对话,以有效整合大学知识创业的资源和营造大学知识创业的内部环境。约克大学的创业治理模式呈现多元主体共同参与的非线性模式,不仅有利于各种资源的整合和知识的转化,也能有效激发大学的创业活力。而这种创业治理模式离不开大学、企业、政府间的创业合作关系的构建,而在这三者关系中,中介组织的作用也是举足轻重的。同时,为推进创新创业,约克大学进一步完善多元利益相关者主体共同治理模式,即由校务委员会、理事会、学术评议会和一系列创业组织共同构成的正式内部治理结构。

其一,英国政府与约克大学的关系。近代英国大学享有的自治传统,一直为世界各国所津津乐道。但随着社会经济的发展,其封闭守旧的状态导致它面对社会经济发展的挑战时反应迟钝。20 世纪 60 年代以来,英国政府通过创办"新大学"以加强其与企业的联系,为企业的发展培养优秀人才;同时也加强了对高等教育的资助和管理,以对大学施加影响,并进一步改造传统大学。20 世纪 80 年代以后,英国政府通过制定一系列政策文件、法律对大学进行干预,并借助有关中介组织对高等教育的质量进行监控。一般而言,英国大学与政府的关系演变从分权到集权,从大学自治到政府适度干预,努力寻找如何在自治与控制之间保持平衡。

近年来,虽然政府的影响已逐渐减弱,而它往往依靠间接的竞争性拨款和融资等多项措施来施加其影响。政府对高校的管理是宏观管理,因为过于微观和具体的管理既不利于高校发挥办学自主权,也不利于政府转变职

---

① Awards and achievements. About the University, The University of York. [EB/OL],http://www.york.ac.uk/about/awards/. 2015-11-10.

能,从宏观上协调和推动高等教育的发展。在约克大学的外部治理模式中,英国政府起着政策推动的重要引领作用。

　　首先,政府的政策导向。英国政府颁布了一系列高等教育政策、法规、报告来加强对高等教育的管理,促进大学与企业的合作与联系,以逐步降低其对政府拨款的依赖程度。1983 年英国政府颁布了《增进高等教育与工业之间科研的联系》报告;1985 年英国政府在《20 世纪 90 年代英国高等教育的发展》绿皮书中强调要加强高校与企业间的联系,使英国高等教育走上准市场化道路。1986 年,英国政府成立工业和高等教育委员会,积极鼓励大学与企业进行合作。1987 年英国政府在《高等教育:应付新的挑战》白皮书中也指出,高等教育机构应进一步通过与企业建立更紧密合作来更有效地为经济发展服务;大学拨款委员会中"大学的代表越来越少,而工商界将会拥有越来越多的发言权"①。1988 年,英国通过了《教育改革法》,提出要改革拨款中介机构,引入市场机制,使大学更好地为经济发展服务,并强调质量和效益的原则。1991 年英国政府在《高等教育的框架》白皮书中指出开展企业参与高等教育的试点工作,以密切大学与企业的合作关系和培养具有创业精神的人才。《1992 年继续教育和高等教育法》规定成立高等教育基金委员会,解散大学基金委员会,同时采用绩效标准来分配大学的研究经费。1997 年的《迪尔英报告》检讨了英国近 20 年来的教育政策和发展状况,指出虽然过去 20 年政府对高等教育的拨款增加了 45%,但由于学生人数的增加,人均经费实际减少了 40%,经费短缺是英国高等教育发展的现实问题。由此该报告建议大学要拓宽经费来源,吸引企业部门的经费,提高经费使用效益。

　　2003 年《高等教育的未来》白皮书中指出"赋予大学更大的财政自主性,就意味着要增强该部门的财政基础,扩大财政来源的数量和种类,降低对政府的依赖"②,要为大学创造自由灵活的办学条件,大学可以根据市场的需求,利用多种途径获得办学经费。为了鼓励校企合作,政府专门成立高等教

① 　Tony Becher, *British Higher Education* (London: Allen and Unwin Ltd. ,1987), 18.

② 　DFES, *The Future of Higher Education* (London: HMSO,2003),80.

育创新基金对高等院校进行资助。同时，为了鼓励大学从事企业型活动，特作出以下承诺："已要求大学拨款委员会保证在基金分配过程中要合理考虑大学在工业研究和咨询服务方面所做的努力与获得的成果并让大学了解这种分配程序。"①2010 年《布朗尼报告》也鼓励私人捐赠和出资以实现高等教育投入的总体平衡。2011 年英国政府发表的一份题为《高等教育：以学生为中心》的白皮书，指出英国政府作为主要的投资者，其高等教育拨款委员会的主要任务是："实施政府高等教育资金改革政策，行使资助教学、科学研究及与高等教育机构开展活动的权力。"②

　　其次，政府拨出专款诱导人才流动。1986 年英国首相撒切尔夫人启动了一项数额高达 4.2 亿英镑的资助计划，以鼓励大学与企业的合作研究。1992 年英国政府的法拉第合作伙伴计划（Faraday Partnership）致力于促进大学、独立研究机构和各企业间的合作关系。此外，英国贸工部（Department of Trade and Industry，DTI）的商业连接方案（Business Link）鼓励科研机构和企业一起共同申请和合作项目，其中政府和企业各提供50％的科研经费。1998 年英国政府设立"大学挑战"种子基金，用于资助大学的研究成果向产品转化和技术转移活动。1999 年，英国政府设立了"科学企业中心"计划，致力于创业中心的建立和为师生的创业活动提供资助。2000 年英国政府设立了"研究之外"基金，鼓励大学设立专门机构以促进大学与企业的合作，从而实现科研成果的转化和技术转移。为更好地促进学术成果的转化，英国政府成立了"高等教育机构创新基金"，该项基金主要是用于资助高校与企业、社区等社会力量的互动。

　　再次，保障大学拥有较大程度上的自治权。英国大学自古以来就拥有大学自治的传统，特别是在法律允许范围内对学术事务拥有绝对的自治权。在新公共管理理论思潮的影响下，在英国大学自身对自治的不断要求下，即使之后英国政府通过政策法规的颁布、以绩效为基础的拨款机制等手段加

---

① 《20 世纪 90 年代英国高等教育的发展》，吕达、周满生主编：《当代外国教育改革著名文献（英国卷，第一册）》，北京：人民教育出版社，2004 年，第 45 页。

② HEFCE, Higher Education Reform[EB/OL], http://www.hefce.ac.uk/. 2016-12-20.

强对大学的宏观管理,但是英国大学仍然享有较大程度上的自治权。

　　总之,英国政府鼓励大学与企业的合作,带动大学内部专业的发展,以绩效为标准的经费拨款形式更好地促进了大学间的竞争发展,使学术和社会需求得以有效结合。

　　其二,企业与约克大学的关系。企业对大学在财(主要表现为科研经费)、物等方面的支持,要求大学通过为企业提供咨询服务、前沿科学技术支持、培养企业所需要的各式人才、与企业共同参与科研项目、订立合同等方式向企业提供人才、知识、技术的支持。由此,在此关系下,大学一方面致力于满足企业的相关需求,同时大学也在较大程度上有赖于企业的支持,二者间有着很大程度上的合作基础,也只有通过合作才能实现共赢目标。企业与约克大学之间的合作方式日益多元化。例如,技术风险投资公司(IP Group)与约克大学以合作协议的签订为平台,创建科技成果转化公司,并要求约克大学为其提供各式支持和服务。约克大学通过与技术风险投资公司合作的目的在于:"获得投资基金和专业的管理人员。"①目前,约克市本地拥有生物科学、信息技术和高科技创新三个企业集团,每年为约克市提供3000多个工作岗位。同时,约克大学通过科学研究成果转化而创建的公司多达20家,目的是更方便、更及时地转化科研成果,实现其商业价值。即使有些公司与约克大学没有太多技术和业务往来,处于学校良好环境的吸引,他们也会选择在约克大学科学园区办公。

　　其三,约克大学与企业、英国政府的关系。在约克大学的创业治理模式中,大学、企业、政府间还存在着起协调作用的中介组织。其中,英国政府中专门负责教育的部门是教育和技能部,负责制定宏观政策,而具体的政策实施和践行则由独立的中介组织负责,如高等教育与研究协会、英格兰高等教育基金会、英国教育质量评审署等。这些中介组织既代表政府对大学进行管理、提供资金支持、评估和监督大学的运营情况,也通过外部审核手段督促大学教育质量的提升、促进大学间的合作。就其本质而言,这些中介组织

_____

① 薛娇:《在产学研结合中不断提升研究型大学的品质——访英国约克大学副校长克里斯·亨舍尔教授》,《中国高校科技与产业化》,2008年第4期,第37页。

并不隶属于某个政府机构，它们具有高度的自主性，负有以下职责。

第一，经费拨款。高等教育基金会是非官方的中介机构，负责分配来自政府的高等教育经费，包括教学拨款、研究拨款和特别拨款（以社会需求和政府政策为导向）。主要任务是：为政府部门提供科学合理的资金分配政策和建议；通过有效的外部审核手段致力于大学的教学和科研质量的提升。创业型大学通过与高等教育基金会签署协议获得科研资金，但同时也受到协议的制约，每年都要向高等教育基金会汇报资金的使用情况和成效，同时资金使用范围不能超越协议所规定的责任范围。

由表 6.1 可见，英格兰高等教育基金委员会在 2013－2014 学年资助大学经费 44.96 亿英镑，2017－2018 学年资助款为 35.36 亿英镑，减少 9.60 亿英镑，其中教学、公共设备及创新部分分别减少经费 7.30 亿英镑和 0.59 亿英镑；研究经费的减少主要是鼓励大学从第三渠道获得收入；学术交流资助经费没有减少；其他资金则从 3 亿英磅增加到 3.67 亿英磅，鼓励高校机构积极开展资金的竞争申报。

表 6.1　英格兰高等教育基金委员会经费分配表　　（单位/亿英镑）

项目 ＼ 学年	2013－2014	2014－2015	2015－2016	2016－2017	2017－2018
教学	23.25	15.82	15.58	15.78	15.95
研究	15.58	15.58	13.81	13.60	13.20
学术交流	1.60	1.60	1.60	1.60	1.60
公共设备及创新	1.53	1.43	1.17	0.98	0.94
其他资金	3.00	4.4	6.46	4.78	3.67
合计	44.96	38.83	38.62	36.74	35.36

来源：Archive of Annual Funding Allocations. [EB/OL], http://www. hefce. ac. uk/funding/annallocns/Archive/. 2016-6-18.

虽然英国高等教育机构从高等教育基金委员会获得的经费逐渐减少，但是从其他渠道如海外费用收入、学费及教育合同、研究资助和合同、捐赠等渠道获得的经费却逐年增加。由表 6.2 可见，海外费用收入从 33.16 亿英镑增加到 44.02 亿英镑；学费及教育合同从 86.72 亿英镑增加到 120.90 亿英镑;研究资助和合同从 41.24 亿英镑增加到 51.07 亿英镑;捐赠收入和利息从 2.77 亿英镑增加到 7.62 亿英镑。

表 6.2　英国高等教育机构收入细目表　　　（单位/亿英镑）

项目 ＼ 学年	2013—2014	2014—2015	2015—2016	2016—2017	2017—2018
海外费用收入	33.16	35.56	37.78	40.41	44.02
学费及教育合同	86.72	101.27	110.27	115.25	120.90
研究资助和合同	41.24	48.70	47.93	48.27	51.07
其他营业收入	46.79	49.95	50.76	50.65	52.07
捐赠收入和利息	2.77	6.63	7.41	5.79	7.62
总计	210.68	242.11	254.15	260.37	275.68

来源:Publications&Reports.[EB/OL],http://s.hefce.ac.uk/s/search.html? collection＝website-meta&profile＝publication.2016-6-18.

　　第二,质量监督。1992 年英国政府颁布《继续教育和高等教育法》,规定由高等教育基金委员会下的高等教育质量评估委员会对大学进行质量评估。同年,成立"高等教育质量委员会"。1997 年,上述两个组织合并为高等教育质量保证署。作为一个独立组织,其目标在于促进高等教育质量的提升,由理事会全权负责相关决策和业务工作。理事会由 14 人组成,主要来自大学(4 人)、高等教育基金会(4 人)以及工商业、金融业等部门的、具有丰富经验的独立人士组成,对大学的所有专业进行评估,每 6 年一次,审查内容包含大学的教学质量和研究质量等。审查方式包括自评和现场考察。通常的流程是在大学进行自评的基础上上交自评报告,再由审查小组到校现场考察,形成最终的综合审查报告。《2004 年高等教育法》提出成立高等教育独立仲裁办公室。2011 年 6 月底英国政府发表的一份题为《高等教育:以学生为中心》的白皮书,强调英国学生调查组织、学院质量保证咨询委员会、英格兰高教拨款委员会、独立评审员办公室、高等教育学会对学生的服务,保证教学质量。

　　第三,绩效管理。1981 年英国政府公布了《公共支出白皮书》,开始实行以绩效为基础的拨款机制。1985 年,英国政府根据《贾勒特报告》中提出的内部指标、外部指标和运行指标，对创业型大学进行绩效管理。1987 年，英国政府编制了一套绩效指标体系，对创业型大学的效率和效益进行评价。而 1990 年，英国政府则启用了《大学绩效指标体系和财政管理健康指标》进一步对创业型大学的绩效进行评估和管理。而在 1992 年则成立了专门的绩效指导小组来制定一整套的绩效指标体系来进行绩效管理，该指导小组成员包括英国高等教育基金委员会代表、高等教育统计署代表、大学副校长委员会代表以及政府机构代表。2003 年，英国教育与技术部公布白皮书《高等教育的未来》，要求建立专门的工作小组，致力于鼓励公司和潜在捐赠者通过投入资金进行配比捐赠。2005－2008 年，英国教育与技术部为降低高等教育机构筹资的风险和难度，投入 750 万英镑用于补助高等教育机构的启动经费。2007 年 2 月，英国前首相托尼·布莱尔宣布"政府投入 2 亿英镑作为配比基金，政府将配比高校 2008－2011 年期间所筹社会资金，旨在刺激高校拓展新的财政经费来源，激励高校抓住一切可能的机会获得自身发展所需要的资源"①。由此，高等教育机构可以通过提升自身的筹资水平来获得更高比例的政府配比资金，筹资经验越丰富，筹资能力越强，获得的配比资金也越多。

在市场化进程的推进下，大学、企业和政府间的关系形成了全新的制衡关系。政府通过政策规章制度规范着大学整体的运营方向，来对大学进行宏观管理，而企业通过科研资金等对大学提供支持并参与大学的治理。同时，大学自身维持着较大程度上的自治，并在知识技术转移、科学研究成果转化等方面与企业和政府保持着密切联系，通过孵化器、科学园、技术转移办公室、创业中心等平台在三者关系中积极发挥着重要的纽带作用，以建立三者间相互联系、相互作用的全新互动关系，让政策法规制定者、企业界人士、学术研究人员等共同参与到大学的具体决策中，形成政府、企业等多方利益相关主体的共同治理局面。

总之，大学与政府、企业之间的关系是由政府职能、大学的传统与功能

---

① Squire W, *University Fundraising in Britain: A Transatlantic Partnership* (Troubador Publishing Ltd., 2014),55-89.

及社会市场本性所决定的。从政府的角度,它一定要谋求建立对自身统治和职能发挥最有利的政府与大学的关系。而社会市场的本性决定了其必然会通过资源配置的基本功能影响大学,只要有市场经济这个大背景存在,大学作为高等教育服务的提供者,就必然受到市场这个中介的影响。而大学本身的传统又是自治的,对自主性的追求决定了它不希望受到政府与市场的控制与影响,但作为社会的一个组成部分,其又离不开政府与市场。因此,政府要适应市场经济发展的需要,把市场制度的基本观念引进公共领域,建立开放而有效的公共领域,即大学、企业、政府等多种主体共同参与大学的活动,通过责任的共同承担及契约化和行政合同等多种形式,把各种影响大学的力量整合起来,共同促进大学的发展。

第四,内部治理结构。校务委员会拥有监督学校活动及资源使用、人事任命、财政管理等权力。一年开会两次,听取、评议、通过年度报告、财务报告和其他大学报告;商讨大学常设管理机构问题并为其提供建议。"校监为校务委员会主席,成员包括理事会主席、两名副校监、校长、首席副校长、两名副校长、财务主管、约克市市长、教师代表、学生代表等共105位对促进大学发展有着共同利益的广泛范围人员"[①],其中87.6%的成员来自校外,一般是来自地方政府机构、企业、金融界等领域的代表,他们可以为学校的发展提供诸多帮助,有助于大学与约克市、国家和国际团体保持密切联系。

理事会是约克大学的治理主体,拥有决策权力,其职责分工与授权如图6.1所示。21名成员分别是:"副校监3人(其中一名兼任理事会主席)、校长、首席副校长、财务主管、由评议会推选的4名成员(包括一名副校长)、由后勤职员推选的2名后勤人员、学生会主席、研究生会主席,以及其他5名校外成员由理事会选举,另外2名校外成员在提名委员会推荐的基础上由校务委员会任命。"[②]其中有11名成员(包括3名副校监、财务主管在内)是校外人员,分别来自工业界、商业界、地方行政当局、基金委员会、卫生管理部门、

---

① How University is Run[EB/OL], http://www.york.ac.uk/about/organisation/.2013-6-13.

② Membership of Council [EB/OL], http://www.york.ac.uk/about/organisation/governance/council/members/.2013-6-13.

企业培训部门、地方教育界以及其他高等教育机构。理事会"每年开会四次,负责监督活动、决定未来方向和监测战略目标的执行状况,对大学事务有着最终决策权并把大学的运营权授予校长"①。校长在其同事的支持下执行这些责权,主持召开大学执行委员会会议,一个月两次。内设多个委员会,包括审计委员会、平等与多样性委员会、伦理委员会、财务和政策委员会、健康、安全和津贴委员会、赫尔约克医学院联合委员会、提名委员会、薪酬委员会。理事会具有以下主要职责:任命校长;任命理事会成员;与学术相关事务授权与学术委员会;与日常行政相关事务授予高级管理小组;授予教师各级职称;审议学校运营规划、年度报告及其他部门上交的其他相关报告;对学校的运营状况拥有监督权。由此可见,约克大学理事会的成员构成充分表现了利益相关者主体多元化的特点,涵盖了从校内教师、学者到政府机构人员和校外商企业人士等多个种类和层级。而理事会及各委员会成员构成多元带来的最直接的优势在于为政府机构代表、外部商企业人士、管理人员、教师与学者之间搭起了一座沟通的桥梁。由于教师的参与,使得一些两难问题能够得到较快解决,在支持创新和资源分配的安排上也能实现高效合作,从而进一步致力于核心利益相关者间在特定学术、行政等问题上的有效合作和协商。

学术评议会拥有纯学术问题上的权力,共有 59 名成员,校长兼任主席,成员还包括首席副校长、2 名副校长、信息部主管、7 名学院领导、26 名系主任、15 名由学术人员选出的代表、学生会主席、研究生会主席、3 名学生代表、研究生代表,一年召开四次会议,全权负责与学术相关的所有事务工作;对教学、研究相关工作拥有指导权、监督权。学术评议会下设学术晋升委员会、赫尔约克医学院联合学术委员会、规划委员会、研究委员会、教学委员会、特殊事务委员会等(如图 6.1 所示)。

约克大学的高级管理小组负责与日常行政管理相关的事务工作,以校长为首,成员包括:副校长、教务长、秘书长、各学部主任以及各部门负责人,

---

① University Court[EB/OL],http://www.york.ac.uk/about/organisation/governance/court/.2013-6-13.

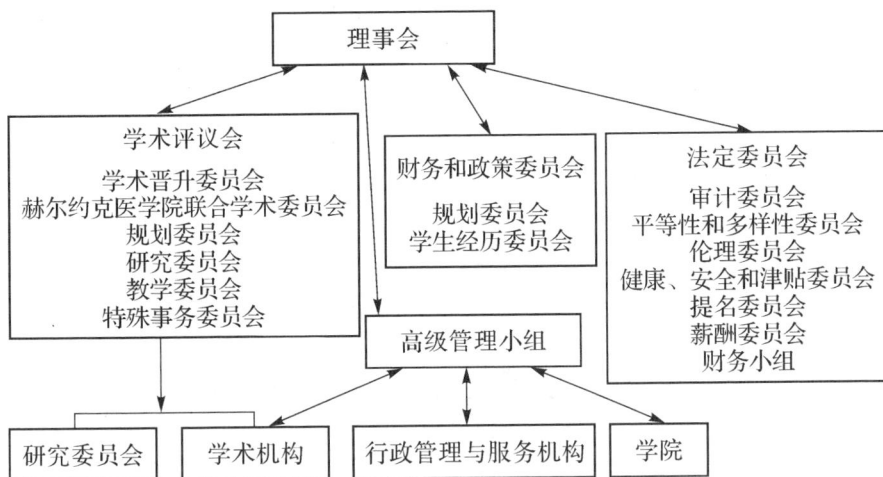

图 6.1 约克大学理事会职责分工与授权

来源：University Senate[EB/OL]，http://www.york.ac.uk/about/organisation/governance/senate/.2016-6-13.

各部门负责人包括财政部部长、资产和大学服务部部长、商业服务部部长、信息部部长、研究和企业部部长、人力资源部部长、教务部部长、对外关系部部长、注册官及秘书。高级管理小组主要负责讨论和制定大学运营中的各项具体发展战略、发展议题，确保大学的具体发展工作有序进行，每月开会两次（如图 6.2 所示）。

约克大学还设有大量的下级委员会来监督和辅助大学治理：财务和政策委员会、审计委员会、平等和多样性委员会、伦理委员会、健康安全和津贴委员会、提名委员会、薪酬委员会、财务小组等。

约克大学还专门建立了一系列创业组织。第一，设有工业和创新办公室，主要负责大学与企业的各项合作事务。第二，设有专利办公室，对与知识产权相关的事务进行专业管理。第三，建立了"知识转让合作组织（KTP），主要致力于通过知识、技能和专门技术来帮助机构改善其竞争力、

	财政	财政部部长： 现金，费用及付款办事处；预算预测和决策支持；工资表，研究资助和合同；办公用品；增值税及附属公司
	资产和大学服务	资产和大学服务部部长： 校园服务包括设施管理；住宿；客房预订；搬运；置业发展和运营
	商业服务	商业服务部部长： 校园复印和打印，餐饮和酒吧包括厨具；会议厅；体育和娱乐服务；约克大学附属幼儿园
	信息	信息部部长： 图书馆；IT服务；博思威克研究所；档案馆
	研究和企业	研究和企业部部长： 专业的持续发展；研究创新办公室；研究策略与政策；研究资助和合同
	人力资源	人力资源部部长： 人力资源服务；专业和组织发展；养老金
	教务	教务部部长： 学术支持办公室包括数字化学习发展；职业生涯包括职员注册服务；学生支持服务
	财政	对外关系部部长： 终身学习中心；通信包括网络办公；活动和出版物；校友关系发展国家关系；招生和入学
	注册和规划	注册官及秘书： 平等和多样性；健康、安全和安保；副注册官和企业策划部长；规划办公室；管理、法律事务管理

校长

教务长和秘书长

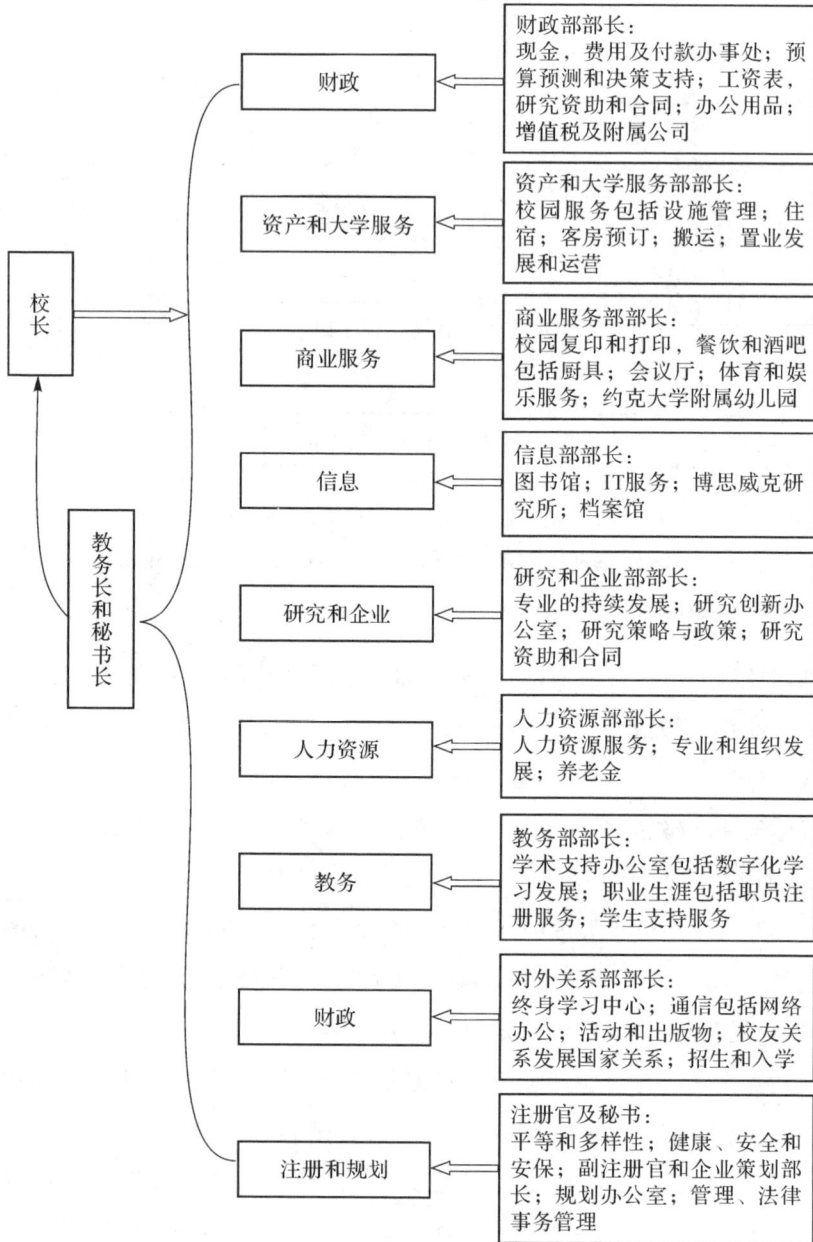

图 6.2　约克大学的行政机构

来源：Organisational Structures of Support Services.［EB/OL］,http://www.york.ac.uk/about/departments/support-and-admin/background/,2016-6-13.

生产力、业绩和盈利能力"①。它是商业—大学—毕业生间的三方合作项目，使高等教育机构把自身的知识和专业能力应用于解决重要的商业问题和促进合作。第四，设立技术转移中心，主要负责知识产权、科研成果的转化、技术许可等相关事务。第五，设立创业中心，为师生的创业提供培训和咨询等服务。

综上所述，多元利益相关者主体的共同治理是约克大学治理结构的典型特征，充分体现了利益相关者参与大学治理的广泛性和多样性，这不仅有利于各种资源的整合和知识的转化，也能有效地激发大学创业活力，实现大学知识创业。约克大学"采用公司法人治理结构，理事会负责大学收益、资产的管理并审查大学内部控制系统的有效性"②。同时，约克大学改变了传统大学中学者行政分而治之甚至对立的局面，通过权力的重新分配和人员交叉时学者和其他利益相关者主体有效融入治理过程中，形成了一个强有力的领导核心。此外，为了使大学机制运行得更为有效，约克大学注重寻求其组织和管理方面的灵活性，以对迅速变化的市场作出反应，并积极寻求组织变革，特别是通过强调有效的策略计划机构、决策的透明性和速度，阐明高级管理结构以及治理机构与各学科组织间关系的分类，从而使其学科创业生态结构的各元素间都保持着中等程度的创造性张力，并能在高度市场化、变幻多样的环境中提高竞争力，以成为"进步的、自我依赖的大学，不只是找到一条生路，且是重建大学的共治、自治以致最终增进大学成就"③。

二、治理过程

要真正理解大学治理的过程，既要从横向坐标上关注权力主体及其分配，又要从纵向坐标上审视整个治理过程。只有从横纵两个坐标出发，才能

---

① Knowledge Transfer Partnerships［EB/OL］，http://www.york.ac.uk/business/funding/ktp/＃tab-1.2016-6-13.

② Annual Report and Financial Statements［EB/OL］，http://www.york.ac.uk/communications/publications/corporate-publications/＃report.2016-6-13.

③ ［美］伯顿·克拉克:《自主创新型大学:共治、自治和成功的新基础》，《清华大学教育研究》，2000年第4期，第6页。

构建出大学治理过程的整体框架。因为仅从横向坐标上分析大学治理,只能回答有哪些权利主体参与到决策中来,而无法回答其参与的具体路径或方式。而从纵向坐标上审视大学的治理过程,能提供一个立体角度来分析其他权力关系的存在。约克大学的各利益相关者治理主体在职务晋升和学术人员招聘上各司其责,学术权力和行政权力得以有效发挥。

据卡内基教学促进基金会资助的调查,英国教师在新教师聘任、教师晋升和终身教职、入学标准制定、新学术项目批准、教学评估、内部优先研究项目、国际联系等领域有很大权力,而在核心行政人员遴选、项目预算等领域具有微弱的影响力(如表 6.3 所示)。

表 6.3　英国教师在不同领域的影响力表

1. 核心行政人员遴选	29.3%
2. 新教师聘任	54.5%
3. 教师晋升和终身教职的决定	52.8%
4. 优先项目预算	29.7%
5. 教师教学工作量	40.0%
6. 本科生入学标准的制定	50.6%
7. 新学术项目的批准	60.8%
8. 教学评估	63.1%
9. 内部优先研究项目的选定	53.3%
10. 研究成果评估	42.0%
11. 建立国际联系	56.4%

来源:W. Locke et al. , *Changing Governance and Management in Higher Education* (Springer Netherlands, 2011), 217.

其一,职务晋升。约克大学的教师职务晋升秉承"公开、公平、公正"原则,按照既定程序进行评审。基本流程包括:达到晋升标准和条件的教师申请人在指定时间内上交相关申请材料;该教师所在系的系主任在搜集系内教师对申请人的评价意见后形成评价报告;该教师所属的学部成立专家顾问小组对申请材料及评价报告进行审议,并上交学术晋升委员会;学术晋升委员会进一步进行核实评价、委派评审专家进行评议，并作出最后决议，同时将决议结果上报学术评议会；学术评议会核实无误后上报理事会；理事会最终确定职务晋升名单并向全校宣布。值得一提的是，不同岗位的职务晋升申请所需聘请的专家类型和专家人数存在着不同，而且成为评审专家的资格条件也不同（如表 6.4 所示）。此外，就评审结果来说，若有 1 位评审专家持保留意见或是表示不同意，那么学术晋升委员会就需要另外作出进一步判断或委派新的评审专家参与评审；若有超过 1 位的评审专家持保留意见或表示不同意，那么晋升申请即被否决。

表 6.4　英国约克大学各岗位所需聘请专家人数汇总表

所需专家类型	教学科研系列					教学系列			科研系列		
	高级讲师			副教授	讲座教授	教学7级	教学8级	教学高级	科研7级	科研8级	科研高级
	侧重科研与教学	研究服务	教学服务								
校内专家	1名	1名	2名	4名,至少1名海外专家	5名,至少1名海外专家	不需要	2名	5名,至少2名校外专家	不需要	1名	5名,至少1名海外专家
校外专家	2名	2名	1名				1名			2名	
评审专家条件	1.由系主任推荐;2.申请人的博士生导师和博士后导师不能作为评审专家,同时至少有1名专家与申请人没有密切合作关系			1.由担任学术晋升委员会主席的执行校长聘请 2.申请人的博士生导师和博士后导师不能作为评审专家,同时至少有1名专家与申请人没有密切合作关系		同高级讲师	无提及		同高级讲师	同副教授与讲师教授	

来源：University of York ［EB/OL］，http://www.york.ac.uk/.2016-6-13.

　　其二，学术人员招聘。约克大学建校以来就注重以人才战略作支撑，科研引领为动力，注重在国际层面上引进该学科或专业的一流学者。学校制定了程序公正、流程清晰的教师招聘制度，并将之写入了员工手册，也建立了一整套完整、公正的教师考核制度。目前，该校教师来自全球近40个国家和地区，都是具有国际影响力的优秀人才。

　　约克大学在教师考核方面，针对不同层次的教师采用不同的标准：助理教授要有潜力;副教授要有贡献,在本科生和研究生教学领域要取得满意的教学成果,在学术领域有影响;教授要有创见,在自己的研究领域是拔尖人才。为延揽一流人才,学校在坚持程序及原则的同时,也保持制度的灵活性,争取给一流人才最大的合法权益,竭力让高水平人才感到最大的快乐。约克大学学术人员招聘涉及的权力主体包括系主任、院系招聘负责人、招聘选拔小组主席、人力资源部,其具体职责分工如表 6.5 所示。

表 6.5 英国约克大学学术人员招聘设计的权力主体及职责分工表

角色	职责
系主任	依据系发展规划确定师资招聘岗位和招聘人数;召集组建招聘面试小组;配合人力资源部负责新师资人员的入职培训
院系招聘负责人	与系主任商议师资招聘岗位和招聘人数;参加相关招聘工作培训事宜;撰写招聘宣传广告;与人力资源部商议招聘计划与招聘程序;参与具体招聘工作
招聘选拔小组主席	参加相关招聘工作培训事宜;代表招聘选拔小组拟定面试人员名单;参加所有面试人员的面试;对应聘成功者作口头任命;向应聘落选者提供反馈
人力资源部	确定各岗位的级别、岗位职责与要求和薪资待遇等;发布招聘宣传广告;参加所有面试人员的面试;签订雇佣合同或协议;颁发正式的书面聘书;负责新师资人员的入职培训

来源:University of York [EB/OL], http://www.york.ac.uk/.2016-6-13.

约克大学招聘教师坚持"按需设岗、公开招聘、平等竞争、择优聘任"的原则,基本流程是:系里成立招聘委员会,确立应聘教师的具体要求后,面向海内外发布招聘信息,经过系、学院、学校三级学术委员会或教授委员会审核,系主任、院长和副校长复审(院长审核前要经过国际同行专家评审),由校长依据三级评审结果决定是否聘任。

其三,学术管理机制。首先,约克大学致力于对教师和学生的创业提供平台和服务,以社会市场需求为导向,建立科学有效的知识成果转化机制,以促进师生创业。其次,约克大学通过建立以效率和质量为导向的有效激励机制,建立和完善学术创业的相关配套制度,建立鼓励知识资本化的专利制度。

在学术行政管理方面,约克大学的学科发展是以问题为导向,并涌现出很多跨学科、跨校区甚至跨国的学术组织,因为跨学科合作可以使来自不同背景、有着不同世界观且有天赋的学生和教职员工聚集在一起,以提高工作效率。科研活力不仅来自个体学者的学术追求,而且需要团队成员间的有效分工和合作,以及有效的资源创新整合机制,其主要体现在各种各样的创业组织的创建和运行中。其中学术管理组织由学术委员会或教授委员会组成,分成校、院、系三个层级,其中校级委员会制定战略以及宏观管理方向,院系委员会负责督促执行,各系委员会根据自身特点再进行细化,在确定研究计划、申请拨款及预算、项目绩效考评、教授的选拔与晋升、研究生指标等方面具体实施。各级委员会因目标不同而由不同的教授组成,成员均有严格的任职条件,因此极大地保证了教授参与学术事务的广泛性与公正性。学术事务的最终决策程序实行系、院、校逐级上报审批制,上一级委员会通常只对下一级委员会在程序设计、条件设置是否公正合理进行监督,而不对其上报结果直接予以否决,充分尊重教授意见,真正体现教授治学。

在科研行政管理方面,淡化管理意识,强调服务职能,主要由校、院、系行政管理人员通过科研管理系统进行管理。科研信息管理方面,信息化起步早,较为成熟,为高校发展和科研管理提供了非常重要的技术支持。行政管理、辅助人员方面的规模相对较大,主要负责项目管理、经费管理等日常非学术事务,确保高层次人才更加专注于学术、研究本身,实现术业有专攻,各尽其责。其一,设有启动基金,资助科研人员将创意或科技成果转变为最终的产品。其二,建立科学园区和科研成果转化基地,促进与企业的更紧密的合作。其三,建立了一系列贸易公司,如"约克 EMS 服务有限公司、约克健康经济公会有限公司、黑斯林顿(Heslington)工作室、约克会议有限公司、约克科学园有限公司、约克运动服务公司"①。在过去五年,"约克大学已经和33 个欧洲国家的 700 多个大学、研究机构和欧盟资助研究的公司合作"②。

---

① 　University Trading Companies [EB/OL], http://www. york. ac. uk/about/departments/companies/. 2016-6-13.

② 　Community Businesses and Partnership[EB/OL], http://www. york. ac. uk/about/community/business/. 2016-6-13.

三、治理文化

高校向创业型大学的转型是有层次的、集体的、循序渐进的创业行动，而这就需要特定的战略目标的引导。在目标定位方面，约克大学注重动态平衡大学内外环境压力，强化创业导向，重视学校层面的协调引导和必要集权，将研究、教学、社会服务和创业融合在一起。

根据 2014—2020 年的大学战略，约克大学"追求卓越；鼓励创造性、独立性、事业心和主动性；支持学术自由和自治"①。同时，也指出要恪守以下五条基本价值观："鼓励参与、开放、创造与变革；支持学术自由包括包容不同观点及提供公平机会；成为知识的创造者与监护者；致力于帮助所有学生与教职员工发挥其最大潜力；在各项活动中运用最佳的伦理标准并塑造有潜力改变社会的未来领袖。"②在此规划下，具体到研究领域层面，约克大学也确立了具体的研究战略，即"致力于建立院系、研究者个人和其他内外部学术界间的密切联系，以及学术界和企业、公司、文化、公平、大众和第三方合作者之间的可持续合伙关系"③。

当众多研究型大学积极争取国家政府的资金投入时，在市场的作用和学校之间的竞争对高等教育格局的影响大大提升的形势下，约克大学主动走出一条新的、较少依赖国家资金支持的独立发展之路。随着消费主义、学术资本主义等相关理念的深化，社会市场力量已基本在教育专业话语系统中占据统治地位，由此约克大学不仅非常注重基金委员会提供的财政激励，而且更愿意通过把科学研究成果商业化和商品化来从非政府部门筹集额外资金，鼓励工商业界、社区的慈善资助，以实现教育成本的最大化。由此，虽然政府的投入仍是大学主要的办学依靠，但在知识经济与全球化的双重冲

---

① University Strategy 2014—2020［EB/OL］，http://www. york. ac. uk/about/mission-strategies/universitystrategy2014—2020/. 2020-6-13.

② University of York，Mission and Strategies：the University Plan 2009—2019［EB/OL］，http://www. york. ac. uk/about/mission-strategies/. 2020-6-13.

③ Research Strategy 2015—2020［EB/OL］，http://www. york. ac. uk/research/strategy/. 2020-6-13.

击下,当学术资本主义直接将知识创新与传授知识的活动与商业价值联系在一起时,大学开始重视知识的实用价值,并迫切需要建立起充分的市场反应模式,以一种创业的自主姿态参与到市场的生存竞争中。

如表 6.6 所示,2013 年约克大学公布的综合资产收入表显示其总收入为 294701 千英镑,其中基金委员会资助金为 57148 千英镑,约占 19.39%;学费及教育合同为 107962 千英镑,约占 36.63%;研究基金及合同为 49824 千英镑,约占 16.91%;其他收入为 73117 千英镑,约占 24.81%;固定资产处置及投资收益为 4831 千英镑,约占 1.64%;捐赠及投资收入为 1819 千英镑,约占 0.62%。2014 年约克大学公布的综合资产收入表显示其总收入为 312402 千英镑,其中基金委员会资助金为 48817 千英镑,约占 15.63%;学费及教育合同为 132235 千英镑,约占 42.33%;研究基金及合同为 55124 千英镑,约占 17.65%;其他收入为 72870 千英镑,约占 23.33%;固定资产处置及投资收益为 211 千英镑,约占 0.06%;捐赠及投资收入为 3145 千英镑,约占 1.00%。2015 年约克大学公布的综合资产收入表显示其总收入为 339631 千英镑,其中基金委员会资助金为 43391 千英镑,约占 12.78%;学费及教育合同为 153112 千英镑,约占 45.08%;研究基金及合同为 61525 千英镑,约占 18.12%;其他收入为 76803 千英镑,约占 22.61%;固定资产处置及投资收益为 1568 千英镑,约占 0.46%;捐赠及投资收入为 3232 千英镑,约占 0.95%。2016 年约克大学公布的综合资产收入表显示其总收入为 332746 千英镑,其中基金委员会资助金为 40167 千英镑,约占 12.07%;学费及教育合同为 155578 千英镑,约占 46.75%;研究基金及合同为 64607 千英镑,约占 19.42%;其他收入为 69079 千英镑,约占 20.76%;固定资产处置及投资收益为 627 千英镑,约占 0.19%;捐赠及投资收入为 2688 千英镑,约占 0.81%。

表 6.6　英国约克大学综合资产收入表　　　（单位/千英镑）

收入来源	基金委员会资助金	学费及教育合同	研究基金及合同	其他收入	固定资产处置及投资收益	捐赠及投资收入	总金额
2013 年收入金额（千英镑）	57148	107962	49824	73117	4831	1819	294701
所占比例（%）	19.39	36.63	16.91	24.81	1.64	0.62	100
2014 年收入金额（千英镑）	48817	132235	55124	72870	211	3145	312402
所占比例（%）	15.63	42.33	17.65	23.33	0.06	1.00	100
2015 年金额（千英镑）	43391	153112	61525	76803	1568	3232	339631
所占比例（%）	12.78	45.08	18.12	22.61	0.46	0.95	100
2016 年金额（千英镑）	40167	155578	64607	69079	627	2688	332746
所占比例（%）	12.07	46.75	19.42	20.76	0.19	0.81	100

来源：Annual Report and Financial Statements［EB/OL］，http://www.york.ac.uk/communications/publications/corporate-publications/#report. 2016-6-13.

由此可见,约克大学善于从多渠道获取科研资金,特别是注重通过校企合作及其他方式获取科研基金,其对基金委员会资助金的依赖性大大降低了,从 19.39% 降到了 12.07%;而在研究基金及合同、学费及教育合同的收入则有所上升,分别从 16.91% 上升到 19.42%,从 36.63% 上升到 46.75%。而这正是英国约克大学独立自主的创业型战略的有效体现。这一局面的形成在于约克大学独立自主发展战略的制定:一是在注重科学研究的基础上,发挥学校自身的优势和利用自身的科研竞争力,继续获得基金委员会的资助;二是约克大学一直致力于推动英国约克市及临近地区经济和社会的发展,一方面建立研究及开发部门和专门机构,促进了科研成果的商业化,构建了连接约克大学与工商业界的桥梁,取得了良好的社会效益和经济效益;另一方面,积极开展校企合作项目,建立校企联合研究平台,加强与工商业界的通力合作,满足企业和社会的需求,为工商界破解技术难题,并努力通过人力资源开发、技术扩散和转让、知识产权保护和认证、初创企业的孵化等方式获得外界捐款和净利息及投资收入,为更高水平和层次的科研注入资金和活力,从而推动其创业精神的形成和技术的企业化。三是约克大学通过高薪聘请知名教授,在建立以技术为基础的创业公司、技术转让中心的过程中引进创业计划和提供其他创业机会,协助教职员工和学生走上创业之路,从而促进教职员工的科研成果商业化、教学服务商业化,把学校的科研优势转化为现实生产力。同时,在此推动下,约克大学的创业竞争力和在社会上的知名度得以提升。社会各界纷纷解囊支持约克大学进行专项研究或推动其在科研上的突破,为教职员工提供大量的科研经费,从而使得约克大学良性循环的经费模式长此发展下去,形成可持续的模式,逐渐走向自力更生的创业道路。

随着一次次的创业计划与创业行动的成功,以创业精神为核心的创业文化逐渐得以形成,推动大学的创新发展。约克大学注重营造一种开放的、富有弹性的创业文化,增强师生促进知识科技成果转化的责任感、使命感和紧迫感,以完成创业使命。如生物技术年轻创业者计划是为提高生物科学研究人员把创意商业化的一项创新性竞争项目,该竞争项目"由诺丁汉大学的海顿绿色创新创业研究所、生科科技和生物科学研究委员会、医学研究委员会共同赞助,致力于营造有益于英国经济的创业文化"[1]。又如"利兹大学、谢菲尔德大学、约克大学组成的白玫瑰协会用从科学挑战基金会赢来的290万欧元建立一个世界一流的创业中心,其关键作用是向科学家和工程师在其职业生涯的不同阶段教授和培训创业技能"[2],目的在于鼓励研究者以商业思维思考问题,在英国科学领域营造出更浓厚的创业文化氛围。

在此影响下,约克大学在学科建设方面也采取了相应的措施来强化这种创业文化氛围。首先,除了加强特色优势学科建设,促进学科交叉融合,更强调学科的实用性,以促进科研成果的转化来提高科技创业和社会服务的能力。其次,注重培养具有创新创业精神的人才。约克大学的教学委员

---

[1]　The Biotechnology Young Entrepreneurs Scheme [EB/OL], http://www. biotechnologyyes. co. uk/biotechnologyyes/index. aspx. 2020-6-13.

[2]　White Rose Wins Again [EB/OL], http://www. york. ac. uk/news-and-events/news/1999/white-rose-win/. 2020-6-13.

会会议明确指出"要鼓励师生创业、加强与企业的合作以培养创业精神和自愿创业的意识"①。由此,约克大学以创业文化形成学科组织特征,以创业中心、大学科技园区、企业孵化园等产学研合作模式促成大学科研转化与区域辐射,以此来激发大学内在学术活力;以创业与创新精神为核心,通过以创业特质为核心的创业文化作为其重要的行动载体来实现组织转型和定位转变,拓展大学基本功能,使其在推动区域经济发展中发挥着愈来愈重要的作用。

第三节　韩国浦项科技大学的治理模式

浦项科技大学,简称 POSTECH,成立于 1986 年,是韩国第一所研究导向型的私立大学,只用了短短的 30 多年的时间便跻身世界一流大学行列,致力于最尖端、最前沿的科学研究,常居英国《泰晤士高等教育增刊》每年的全球最具潜力大学排行榜前十位,更于 2012 年、2013 年、2014 年排名第一位。具体排名情况如表 6.7 所示。

表 6.7　韩国浦项科技大学排名情况表

年份	排名
2015	THE(泰晤士报高等教育,全称为 Times Higher Education) 建校 50—100 年大学第 2 名
2014	THE 建校 50—100 年大学第 1 名,世界大学排名第 66 名
2013	THE 建校 50—100 年大学第 1 名,世界大学排名第 60 名
2012	THE 建校 50—100 年大学第 1 名,世界大学排名第 50 名
2011	世界大学排名第 53 名
2010	世界大学排名第 28 名

来源:Rankings[EB/OL],http://www. 韩国浦项科技大学. ac. kr/eng/about-韩国浦项科技大学/introduction-to-韩国浦项科技大学/competitiveness/. 2017-2-06.

---

① 　Teaching Committee[EB/OL], http://www. york. ac. uk/media/staffhome/learning-andteaching/documents/minutes/cgsp/CGSP％2013％20June％202014％20 minutes. pdf. 2017-2-06.

一、治理结构

韩国浦项科技大学的外部治理结构主体即大学、企业、政府,三者以共同发展为目的,充分发挥各自重要作用,致力于形成战略性合作关系。同时,为推进创新创业,韩国浦项科技大学进一步完善多元利益相关者主体共同治理模式,由校长、大学评议会、理事会、教授会和一系列创业组织共同构成的正式内部治理结构。

第一,韩国政府与韩国浦项科技大学的关系。政府一直以来采取了强有力的控制措施,虽然政府的影响已逐渐减弱,并继续减少它对学校管理条例的直接干预,而它往往依靠间接的竞争性拨款和融资等多项措施来施加其影响。政府对高校的管理应是宏观管理,因为过于微观和具体的管理既不利于高校发挥办学自主权,也不利于政府转变职能、从宏观上协调和推动高等教育的发展。在韩国浦项科技大学的外部治理模式中,韩国政府起着政策推动的重要引领作用。具体而言,政府从政策层面的推动主要以支援和培育为主,即通过相关政策的颁布实施,注重实现对大学与社会合作效果的科学评价,激励社会力量参与大学治理,同时对部分财政薄弱的大学进行直接的支援,但为了减少制度性的限制,加强激励机制,使大学与政府、社会形成良好的协作关系,更多地给予间接的支援,以真正满足大学的合理要求。

首先,注重提升地方高校的创新创业能力。韩国政府于 2003 年制定了《国家均衡发展法》,强制性规定"发展区域高等教育和区域战略企业"[①]。同时于 2004 年颁布了"新大学区域创新"计划(New University for Regional Innovation Project,简称 NURI),决定"教育财政投资将采取绩效拨款机制"[②]。

其次,注重鼓励高校参与产学研合作。韩国政府于 2000 年制定了《技术

---

① 艾宏歌主编:《当代韩国教育政策与改革动向》,北京:社会科学文献出版社,2011 年,第 139 页。

② 艾宏歌主编:《当代韩国教育政策与改革动向》,北京:社会科学文献出版社,2011 年,第 140 页。

转让促进法》,于 2003 年修订了《教育企业化和产学合作促进法》,"政府还出资 20 亿韩元,支持在人力资源开发、技术开发、技术转让和创业支持等方面实施的合作项目"①。同时,韩国政府推出了"高等教育－企业合作－中心大学计划"②,鼓励大学通过技术创新与企业加强合作。同时,政府还设置了专门教授席位,致力于促进产学研合作。此外,为了与经济发展和社会需求保持一致,韩国政府在研发资源配置中不断增加科学技术投资。虽然韩国科技政策是由科学技术部制定和协调的,但其他的政府部门也逐步开发了以社会需求为导向的特定技术的研发项目。大部分研发项目的目的在于通过向研究机构提供研究资金来获得先进技术和知识。特别是在亚洲金融危机期间,韩国政府制定了新政策来鼓励大学和公立研究机构的创业活动,如政府研究机构的教职员工和研究者们可以在特定时期内离开其工作岗位去创建新公司。为了实现大学的技术企业化,韩国政府于 2000 年颁布了技术转移促进法案。在这个法案下,大学和公立研究机构可以建立正式组织团体来处理技术许可和知识产权问题。不久,大部分韩国大学便建立了技术许可办公室(TLO)。该法案在 2005 年得到修正并详细指出发明者的报酬应当多于技术使用费的一半,而发明者的主要动力之一却是实现新技术的转移和企业化。技术转移促进法案在 2006 年 12 月改名为技术转移和企业化促进法案,同时韩国政府进一步鼓励技术许可办公室在其组织内部建立相关协会来获得更多的公司股份。

再次,注重实现大学的特色化发展。韩国教育部在 2005 年颁布了《大学特色化促进方案》,在 2007 年制定了《高等教育的战略性发展方案》,都强调实施大学特色化政策,即"对相对有竞争优势的学科和学术领域集中校内外的资源重点资助"③。其中,"BK21 工程"(全称为 Brain Korea,智力韩国 21世纪工程)是其政策中的重要部分,即通过重点加大对一部分高等教育机构

①　田华:《韩国釜山高等教育与区域互动发展政策及启示》,《高等农业教育》,2008 年第 11 期,第 88-91 页。

②　金振彪:《基于大学特色化办学的高等教育革新方案研究》,《韩国经济政策论丛(韩国)》,2005 年第 1 期,第 129-157 页。

③　교육인적자원부,대학 특성화 추진 방안,서울:교육인적자원부,2005.

的财力、物力、人力等方面的投入,致力于建成世界一流水平的大学。

　　最后,注重促进大学管理机构的自律化。大学界普遍存在着一种自治传统,即大学相对独立于政府。但这种独立性主要表现在学术事务方面,而且是在法律允许的范围内;但在其他方面则必然严格接受法律和法规的调整。1995 年以后,大学与政府的关系转向双方共同促进大学自律化的过程,大学获得了越来越多的自治权。2004 年 12 月的《从规制到自由的大学:大学自律促进计划》中提出了"私立大学法人的自律化任务,加强私立大学理事会(董事会)运营的自主性"①。私立大学的最高决策机构应该为学校的法人。同时,依照《私立学校法》规定,"私立大学在教职员定员、财政方面可享有充分的自主权"②。

　　第二,企业与韩国浦项科技大学的关系。在韩国浦项科技大学的外部治理模式中,企业(尤其是韩国浦项制铁公司)在人力、财力、物力方面是一重要的支持力量。韩国浦项制铁公司(Pohang Steel Co. Ltd,以下简称POSCO)为韩国浦项科技大学每年在人力、财力、物力等各方面都保持连续的资助,如提供研究资金、赞助建设研究设施等。同时韩国浦项科技大学也通过向其提供优秀人才、咨询服务、前沿科研成果等对韩国浦项制铁公司的企业研发报以非常丰厚的回报,形成互相支持、共同发展的双赢关系。同时,韩国浦项制铁公司虽然是韩国浦项科技大学的创始者,但是韩国浦项制铁公司并没有将韩国浦项科技大学作为自己的附属大学,韩国浦项科技大学在韩国浦项制铁公司的技术创新体系中的基础性研究中发挥着重要作用,而通过与韩国浦项制铁公司的密切合作,将基础性研究用于企业实践中,同时在公司相应的研究机构的共同配合下,使基础性研究与实际应用有效结合,也保证了韩国浦项科技大学在基础研究方面的独立性,形成有效的可持续合作体系。

　　为了促进大学技术企业化,韩国浦项科技大学在以下方面做出努力并

---

①　교육인적자운부,대학 특성화 추진계획[EB/OL] , http://www. mest. go. kr/web/1121/ko/board/view. do? bbsId＝159&boardSeq＝8319. 2010-8-12.

②　교육법전편찬회,2000 년 개정판 교육법전,서울:(주) 교학사,2000:1184.

部署了具体行动方案。其一,明确其大学、企业合作的使命,注重应用技术的开发,并与企业保持密切联系。其二,教学和企业的研究开发项目进一步融合,以使大学在教学、科研和为社会服务三个职能上保持平衡。其三,教师的总监角色在实现大学技术企业化方面是非常关键的,可在引领技术企业化和营造创业文化方面发挥积极有效的作用。其四,研究实验室是技术企业化的贮存器。一些实验室创建了很多初创公司。其五,政府提供强有力且一致的支持,来实现技术企业化。其六,创业园、企业孵化器和技术许可办公室等创业环境及制度可有效促进技术转移和实现技术企业化。其七,注重私人企业和研发机构在技术企业化中的重要角色。

第三,韩国浦项科技大学与企业、韩国政府的关系。作为大学,自治是必要条件,大学通过积极发挥其在这之中的重要纽带作用,以在政府与市场之间建立一种平衡关系。一般而言,大学、企业、政府间的关系主要有以下几种类型:大学主导型,即大学对自己的内部事务具有完全的自主和自治权;政府很少干涉大学,对大学采取放任的态度;由于政府权力的退出,大学也有能力抵制市场力量的进入和影响,大学完全可以在不受打扰的状态下从事高深学问的研究和知识的传承工作。政府主导型,即政府对于大学的干预和控制居于首位,远远高于大学的自治程度和市场的影响程度,政府全面介入大学的事务,参与大学的决策,使大学的发展适应国家和社会发展的需要。市场主导型,即市场强势介入大学的运行过程,由市场而不是大学自身或政府来引导大学的发展,在市场引导下,大学积极介入社会,通过其服务职能为社会服务,并以服务换取继续办学所需的部分资源。由表 6.8 可见,韩国浦项科技大学的治理结构体制是 B+D+H,属于市场主导型。

表 6.8　教育治理的简单化模型表

		协调主体(主导)		
		国家	市场	共同体(市民社会)
与大学教育相关的行为	筹措资金	A	B	C
	控制行为	D	E	F
	服务的供给	G	H	I

在韩国浦项科技大学的外部治理模式中，韩国浦项科技大学注重建立大学、企业、政府的战略合作关系，并在多个层面上发挥着重要的纽带作用。第一，构筑高效率的社会合作渠道，通过生产信息、技术信息、市场信息的交流，使大学了解社会对人才和科学技术的需求；也使社会方面了解大学的专业设置、科学研究的基本方向，"有效满足社会的各种需求，形成大学与社会有效合作的良性循环机制"①。第二，韩国浦项科技大学致力于提升教学和科研能力，以实现其在世界范围内扮演科技领导者的目标。因此，韩国浦项科技大学在产学研方面与政府、企业保持密切联系，通过建立各创新创业平台、各创业科研项目的合作，由政府部门代表、研究者、企业代表、投资者、捐赠者等内外部利益相关者共同参与，来促进合作关系的进一步深化。

第四，大学内部治理结构。大学内部治理结构涉及大学内部各利益相关者主体的权力配置关系框架。韩国《教育基本法》规定："要尊重学校运营的自主性，教职员、学生、家长及社区居民依据法律的规定，可以参与学校的运营。"②韩国浦项科技大学的内部治理主体包括校长、大学评议会、理事会、教授会，分别代表不同利益相关者主体并在决策过程中发挥各自的作用，其他的治理要素还包括一系列创业组织等（如图 6.3 所示）。

第一，大学的校长。韩国的《私立学校法》中规定，"所有私立大学的最高长官为校长"③。校长全权代表学校，主要职责包括对与学校运营相关的所有事务拥有决定权，制定并修改校规，对所有教师和学生拥有监督权和指导权等。同时，大学校长也是大学管理委员会的主席，负责召开大学管理委员会。大学管理委员会（仔细考虑大学的教育和运营事务的重要事项）由校长、教务长、执行副校长、研究生院院长、每个办公室的主任、每个系的系主任、人文社科部部长、由校长指定的附属中心和研究中心的主任们、教授会主席等。如有必要，大学校长可以允许委员会外的任何人参加会议或提出意见。大学管理委员会主要讨论以下事项："有关入学、课程完成情况、毕业

①　王康、苏红：《韩国浦项工科大学迈向世界名校之路》，《科学时报》，2011-03-22(B3)。

②　이시우, 대학어 자율성과 고등교육 관련 법 개정의 기본 원칙 및 방향, 고등교육법 총칙 개정을 중심으로. 공법연구 제 37 집 제 1-2 호, 2008, 128 면.

③　교육법전편찬회, 2000 년 개전반 교육법전, 서울: (주)교학사, 2000:43.

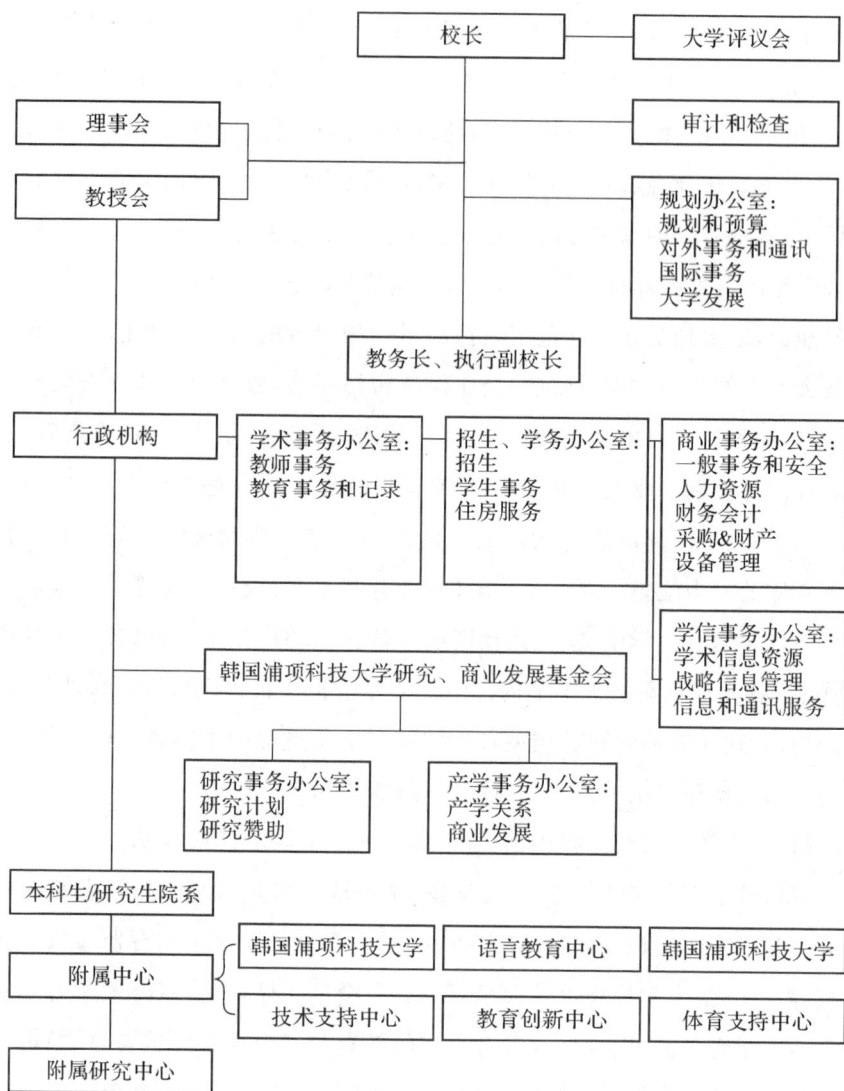

图 6.3 韩国浦项科技大学组织结构

来源：Organization Chart［EB/OL］，http://www. POSTECH. ac. kr/eng/about-POSTECH/administration/administration-chart/. 2017-6-13.

事项的政策；有关学生建议和咨询、奖学金和学生福利的政策；有关学术结构变化的事项；有关课程变化的政策；有关招生进程变化的政策；有关教师关键人事政策的确立和修正的事项；有关关键研究政策的确立和修正的事项;有关教职员工创业的事项;校长提出的其他事项。"[①]

第二,大学评议会。根据《私立学校法》规定,大学评议会是私立大学中的法定机构,也是法律上必须的审议、咨询机构。而根据高等教育法第四条规定,大学评议会为非正式的机构,其相关事项由校规规定,而校长拥有校规的制定和修订权,因此在本质上大学评议会的相关事项取决于校长。大学评议会拥有对理事选任的审议权以及对校长的预算方案进行咨询的权力。同时,大学评议会可以向理事会推荐 1/2 的开放理事推荐委员会成员,而"开放理事推荐委员会"负责推荐理事会中一定比例的理事成员和监事。

韩国浦项科技大学的大学评议会由 11 人组成,包含 5 名教师、2 名职工、2 名学生、2 名对大学发展做出贡献的校外人员。教师成员经教师们的推荐而任命,任期两年;职工经职场发展委员会的推荐而任命,任期两年;学生经学生会的推荐而任命,任期一年;校外人员由大学校长任命,任期两年。评议会对下列事项有审议权,但对第 3—5 项只有建议权:(1)有关大学发展计划的事项;(2)有关大学章程的确立和修改的事项;(3)有关大学法令或条例的确立和修改的事项;(4)有关大学教育运营的事项;(5)有关大学预算和金融关闭报告的事项;(6)有关遴选委员会成员推荐的事项;(7)由校长讨论的其他事项。

第三,理事会。理事会是大学的决策机构,一般由 7 名以上的理事组成,理事的任期一般不超过 5 年,但可以连任。其相关事项在《私立学校法》中有明确的规定:"(1)相当于总数 1/4 的理事(开放理事)在开放理事推荐委员会以 2 倍人数推荐出的人士中选定;(2)理事中有《民法》中所规定的亲属关系者,不能超过理事总数的 1/4;(3)理事中有 3 年以上教育经历者要超过总数的 1/3;(4)理事不能兼任监事或该学校法人设置、经营的学校的教职员。但校长可以兼任理事;(5)理事长不能兼任该学校的校长;(6)监事不能兼任理事长、理事及教职员;(7)监事中的一人在开放理事推荐委员会所推荐的人

---

① Rules & Regulations[EB/OL], http://www. POSTECH. edu/eng/about-POSTECH/administration/rules-regulations/. 2016-9-19.

选中选出。根据定款的规定,在理事中选定一人为理事会主席。"①

　　在韩国浦项科技大学,理事会把基金会运营权赋予理事会主席,把学校的运营权赋予大学校长。理事会主席从理事会成员中选举产生,作为大学的法人代表,负责理事会的召集,对理事会提交的事务作出决定,对理事会的重要政策给出建议,对理事会确立的政策的执行情况实施监督权。若理事会主席因故无法履行相关职责时,可选举其他理事会成员代理理事会主席的职务。理事会副主席监督基金会的运营,并对有关基金会运营、理事会及其主席的政策事项给出建议。理事会成员的主要职责包括按时出席理事会,对于大学运营相关的各项事务拥有审议权、决议权,完成理事会或理事会主席委托的相关事务。理事会成员可以参与理事会会议的讨论,并给出政策形成的建议,但个人不能参与大学管理进程。当理事会主席认为有必要时或超过 1/2 的理事会成员提出召开要求时,可以召开理事会,而只有超过 1/2 的理事会成员一致同意的情况下才能形成决议。大学校长负责理事会所规定范围内的有关大学运营的决策和政策执行;决策和政策执行必须与基金会的发展目标和理事会确立的主要政策保持一致。大学校长就上交理事会的报告、有关学校运营的其他事务与理事会主席进行商量,并提交给理事会其意见。

　　理事会就下列事项进行讨论:(1)有关基金会的预算、结算、贷款和财产的获得、分配、管理事项;(2)有关细则的修订事项;(3)有关基金会的合并或解散事项;(4)有关理事的任命和解聘事项;(5)有关大学校长和教师的任命和解聘事项;(6)有关大学管理的重要事项;(7)有关产生收益的商业事项;(8)其他事项。其中有关大学管理的重要事项包括:改变大学组织结构的任何规划(院系或研究生院的开放和关闭、特定教育课程的开放和关闭);有关能力管理的任何规划;有关设备建设的基础规划;校园总体规划;有关大学预算和结算的事项;有关教师人事管理和教师年度运营规划的主要规章的修改;理事会主席认为必要的其他事项。

　　第四,教授会。根据《私立学校法》规定,教授会是私立大学中的法定机

---

①　　교육법전편찬회,2000 년 개전반 교육법전,서울:(주)교학사,2000:1184.

构,也是法律上必须的学术机构。而根据高等教育法第四条规定,教授会为非正式的机构,其相关事项由校规规定,而校长拥有校规的制定和修订权,因此在本质上教授会的相关事项取决于校长。

在韩国浦项科技大学中,教授会由享受终身教职制度的副教授或教授组成,非终身教职制度的教师可以参加教师会议但没有投票权。教授会是代表教师的群体,其组织和运营是分别规定的。大学校长召开和主持教授会,当教授会要求或1/3及以上的教师要求,校长就应及时召开教授会。除非另有规定,教授会主要讨论以下事项:(1)有关入学、课程完成情况、毕业事项;(2)有关学生建议和咨询、奖学金或学生福利的事项;(3)有关教师津贴和福利的事项;(4)有关院系和短期项目的开发或终止的事项;(5)有关影响整体教师的大学整体运营的其他重要事项。

教授会审议的事项与大学评议会审议的事项有一部分是重复的。教授会的审议事项包括"与教学和科研相关的事项;与教育课程相关的事项;与入学、升级及毕业相关的事项;与学生指导相关的事项;与考试相关的事项;校规中重要部分的修订事项;其他与学事相关的事项"[①]。由此可见,教授会主要对学术相关事项拥有审议权,同时对各相关学事事项拥有监督权,是保障教师权益的重要组织。此外,各私立大学还通过联合设立私立大学教授联合会、全国教授工会等联合组织来扩大教授的影响力,并致力于教授会这一组织机构的正式和合法化。

第五,创业组织。韩国浦项科技大学研究商业发展基金会致力于提供基于韩国教育理念的、以研究为定位的高等教育,以培养科技领域的领袖,并通过基础科学研究和产学合作促进国家发展和人类进步。基金会包含12名理事(含主席,任期4年)和2名审计人员(任期两年)。经理事会主席推荐,理事会最后决议,最多有3名理事拥有预定义的商务职责。理事和审计人员经主管机关同意后由理事会任命,校长和韩国浦项制铁公司主席是当然理事。基金会拥有三个开放理事(如经推荐委员会推荐、理事会任命的理事)推荐委员会应在大学评议会下建立,包含基金会推荐的2个成员;大学评

---

① 김기수, 대학의 자율성 강화를 위한 의사결정구조 개선, 한국교육개발원, 2008.

议会推荐的 3 个成员,主席在成员中选举。大学校长指导大学的所有事务,引导、监督教师,引导学生,代表大学。

同时,《关于振兴企业教育与促进产学合作的法律》提出在大学中设置产学合作团。同时,随着产学研合作的进一步深化及其合作范围的不断扩大,可以设置一系列的委员会组织,如研究和企业关系委员会。就研究和企业关系委员会而言,负责研究与企业事务的副校长为该委员会主席;委员会成员以院系和研究领域为标准,从教职员工中挑选,委员会成员经委员会主席推荐后由校长任命,主要讨论以下事项:(1)有关产学合作的基础运营政策事项;(2)有关产学合作项目和研究项目的提案、评估、结果汇报事项;(3)长短期研究计划开发和研究规章的确立、修改和废除;(4)有关研究项目的认可、调整和改变的事项;(5)有关不同研究项目的执行及其结果的评估和利用事项;(6)有关赞助研究基金、研究费用、其他学术或产学研究资金的管理事项;(7)有关附属研究中心的开放和关闭的事项;(8)有关内部研究资助金的分配和使用事项;(9)有关研究和企业关系事务的其他重要事项;(10)有关员工发明的补偿金事项;(11)有关学校企业和韩国浦项科技大学科技控股公司的运营事项。

韩国浦项科技大学的大学治理结构致力于保障大学的自治,保障多样性,民主与效率的协调,保障专业性,保障公共性与开放性,在政府主导下的改革积极引入了市场竞争机制,其核心的概念是竞争与效益、控制与自主、统一与多样化。从韩国浦项科技大学的内部治理结构上看,校长是行政执行机构的代表,大学评议会与教授会是咨询机构,理事会是最高决策机构。当然,韩国浦项科技大学的治理也处于政府的监督与宏观管控下,如高等教育法和私立学校法等的制定、大学法人的设置、高级行政管理人员的任免等都需要得到教育科学技术部的认可。总的来说,韩国浦项科技大学的内部治理具有相对分权的特点,受政府控制的程度已经大大降低。

二、治理过程

大学治理过程主要涉及内外部各利益相关者治理主体的权力分配过程,不仅包括参与到具体决策中的权力主体,也包括决策参与的具体路径或方式。韩国浦项科技大学的各利益相关者治理主体在职务晋升、教师招聘及任免、校长选任机制上各司其责,学术权力和行政权力得以有效发挥。

其一,职务晋升。在韩国浦项科技大学中,设置教师人事委员会,主要职能是对除校长外的教职人员的相关人事事项,如教师聘用进行审查和评议。教师人事委员会由大学校长任命的9个教师组成,并建立院系人事委员会作为下属委员会,任期为一年。学术事务的副校长任人事委员会主席。教师人事委员会对下列事项进行讨论:(1)有关同意校长任命或解聘教师的事项;有关校长推荐任命副校长或研究生院院长的事项;大学校长要求认识委员会讨论的其他事项;(2)有关教师晋升、任命、转让的事项;(3)有关教师和研究人员的奖励和纪律措施的事项;(4)有关教师终身教职任命的事项;(5)有关同意教师公休假的事项;(6)有关年度薪资系统成就的评估的事项;(7)有关教学助理任命的事项;(8)有关教师人事事务规章制度的确立和修正的事项;(9)有关教师人事事务的其他重要事项。教师的晋升经下列程序由校长执行决定:由院系人事委员会对教师提交成就报告进行考虑决定,再由教师所在院系的系主任推荐,经教师人事委员会考虑决定并经理事会同意确定。

其二,教师招聘及任免。教师招聘有两种办法:常规招聘往往是开放招聘和特殊招聘,特殊招聘即邀请国际优秀学者,一般由院系主任推荐,如有必要由大学校长推荐。常规招聘程序:(1)经院系人事委员会讨论,院系系主任决定有哪些研究领域需要新教师,并在学年开始的两个月内向教师人事委员会报告结果。(2)每个院系推荐的职位须经教师人事委员会讨论并获得大学校长同意才能最后确定。(3)教师人事委员会主席向相关院系告知教师人事委员会的招聘人选决定。

院系教师人事委员会由相关领域的专家组成,以保证招聘的合理性、客观性。委员会委员由该院系拥有副教授或教授职称的教师担任,一般为3—5个人。委员会主席从委员会成员中选出,并由系主任任命。教师任免经教师人事委员会(由校长任命的9名教师组成)审议后由校长任命,任免7日内向理事长报告;教职员的任免由理事长任免,大学所属机构的一般职员的任免要经校长的提请;定款变更、法人解散时要得到教育部的认可;教师通过组成教师人事委员会及部分参与教师惩戒委员会的方式参与决策。

其三,校长选任机制。根据《私立学校法》规定,校长由学校法人任命,任期一般不超过 4 年,可以申请连任。校长的解聘或辞职需要超过 2/3 的理事会成员一致通过。韩国浦项科技大学的校长选举经理事会决定后由理事会主席任命。

在大学校长候选人员推荐方面,韩国浦项科技大学按照《高等教育法》规定,"推荐任用校长时,须在大学校长任期结束 30 日前向教育部长推荐 2 名以上的候选人"①,大学校长任用推荐委员会的构成及运营方面,依照《高等教育法》规定,大学校长任用推荐委员会由 10－50 名委员构成,包含教职员、学生及校外人士,其中外部委员必须占到全体委员的 1/4 以上。委员会的女性委员比率需要达到 1/5 以上。委员会设委员长及副委员长各 1 人,从委员中互选产生。韩国浦项科技大学的推荐委员会委员规模在 11 名以内。推荐委员会的主要职能包括:校长候选人招聘的基本程序和流程的确定;校长候选人的招聘或推荐;校长候选人的资格审查、确定、汇报以及与其相关的各项事务。推荐应在现任校长任期结束 1－2 个月前,推荐委员会构成于 220 日前选定。2 周内确定校长推荐委员会构成及程序,用 1 个月的时间发掘候选人,再 1 个月的时间完成审查,之后在 2 周内选定校长。由此可见,"推荐委员会职务上的独立性得到了保障,推荐委员会对大学校长候选人选定有关整个过程(包含发掘、审查、选定)行使法律上赋予的权限"②。

在韩国浦项科技大学的治理过程中,为了审议与学事运营相关的重要事项而设置的机构是大学评议会或教授会,但其只是形式上的审议机构,实际上大部分是作为咨询机构运行的。实质上,校长拥有任命权和最高的决策权,而大学内部成员只能通过参与校长选任过程或是使大学评议会或教授会成为合法的正式决策机构来参与到大学的决策中。然而,实际情况是,校长虽然由理事会任命,但并没有相关的法律或定款规定把校长的选任权

---

① 韩珥寿,*A Comparative Study of Legal Governance for National University of Korea and the United States University*(全罗北道:圆光大学,2015),12.

② 黄洪圭,*A Comparative Legal Study on University Governance:Japan, USA, Germany, England and Republic of Korea*(首尔:汉阳大学,2010),13.

赋予教师或其他参与者,因此无法得到实质性的保障。

三、治理文化

萨尔米(Salmi)把世界一流大学的优越成果如高质量毕业生、前沿研究、技术转让等归因于三个互补因素:人才的高度集中(教师和学生);丰富的资源以提供优越学习环境来进行先进研究;良好治理,鼓励战略视野、创新、灵活性,使大学不受官僚阶级干涉而制定政策和管理资源(如图 6.4)。

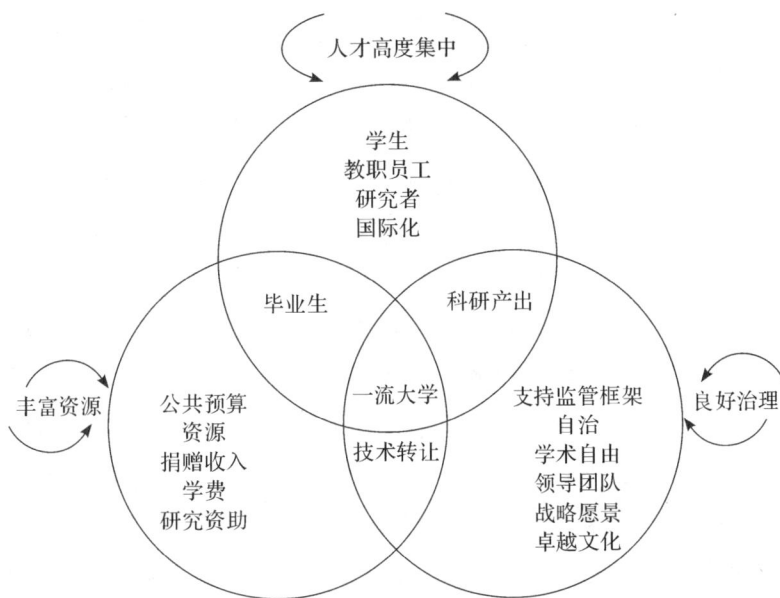

图 6.4　世界一流大学的特点示意图

来源:Salmi. *The Challenge of Establishing World-class Research Universities* (Washington，DC:The World Bank,2009)，32.

一般而言,创建世界一流大学的战略主要有三种:升级现有的卓越研究型大学;合并现有的多个大学;创建全新的大学。而韩国浦项科技大学毫无疑问属于第三种,其迅速崛起的原因包括"优秀师生、韩国浦项制铁公司的支持、前沿的研究(基础研究、应用研究),有效的薪酬方案包含基本工资和考绩制度;专注于特定领域的研究"①。在 2006 年建校 20 周年时韩国浦项科技大学提出了创建世界一流研究型大学的"2020 远景目标":"第一,培养具有创新性、国际视野和领导才能的科学家和工程师;第二,通过学术和企业之间的紧密联系来进行研究以创造社会效益和经济价值;第三,努力在 2020 年之前发展成为世界前 20 名的研究型大学。"②浦项制铁公司的首任执行总裁朴泰俊指出:"我们建立这所研究型大学的原因是我们相信行业和工业研究机构与大学间的密切联系将使我们的梦想得以实现。"③

韩国浦项科技大学以"为未来的世界领导者们提供最好的教育;在科学和工程方面进行最尖端的研究;服务国家,为世界科学事业做贡献"④为办学理念,致力于成为促进国家发展的创业型大学;培养有着卓越的、有创造力的、有健全个人价值系统的全球领袖。其战略是通过培养卓越全球领袖引领未来社会;获得世界知名教师;通过研究创造价值以致力于促进社会企业发展;获得持续发展的增长引擎。而其具体行动计划包括:在教育方面致力于培养全球领袖精英、创新教育方法和环境、发展为未来做好准备的能力;在研究方面致力于进行卓越的研究开发、建立产学合作平台、建立研究成果转化基地;在教师方面致力于吸引优秀教师、引进产学合作职务计划、留住优秀教师;在管理方面致力于管理创新举措、改善基础设施以奠定未来发展基础、改善大学形象以加强大众公众认知。

同时,韩国浦项科技大学也采取了一系列措施来营造创业文化。首先,课程体系层面。韩国浦项科技大学校长金督延指出:"我们会继续实现高影

① Joerg Heber, Building Bridges to North Korea. " *Nature Materials*, 2007(6):711.

② Vision 2020[EB/OL], http://www. POSTECH. ac. kr/about-POSTECH/Vision 2020. 2011-4-20.

③ [美]菲利普·阿特巴赫、贾米尔·萨尔米主编,王庆辉、王琪、周小颖译校:《世界一流大学:发展中国家和转型国家的大学案例研究》,上海:上海交通大学出版社,2011 年,第 77-97 页。

④ Founding Philosophy[EB/OL], http://www. POSTECH. ac. kr/about-POSTECH/ History&Philosophy/Founding Philosophy. 2011-4-20.

响力的研究和高质量的教育并为社会培养精英人才。"① 2008 年,学校成立创业者网络平台,为那些渴望以创新科技实现创业梦想的学生提供一个平台,口号是"创新(帮助学生分析和理解当前科技、企业、市场的发展趋势,以现有商业模式为基础,引导学生寻找新的创业机会,培养从创新、创造、创业的角度审视现存问题的洞察力)、行动(即尝试,倡导学生通过直接尝试,哪怕只是细微的创业想法提高应对各种环境和情景的决策和执行能力)、分享(即联络和沟通,分享经验与教训)",有三类培训活动:旨在培养学生洞察力的活动包括商业洞察力培训计划、风险培训计划、浦项跳板计划;旨在培养学生行动力的活动包括创业起步阶段的商业咨询培训项目和新商业孵化项目;旨在培养学生沟通力的活动,主要分为嘉宾讲座和导师计划两个模块,同时,还成立了浦项创业起步俱乐部,为那些有创业梦想的学生提供交流与互助的场所。

韩国浦项科技大学致力于建立一种鼓励创新、创造、合作的挑战性精神的研究文化。例如,韩国浦项科技大学有着服务于高风险研究项目的内部竞争种子基金机制;成立于 2012 年的总统奖学金颁给那些敢于进行冒险性、变革性的医疗设备方面的研究的本科生和研究生。教师、学生和研究人员目前开发了一系列新的项目和服务使动态的创业文化弥漫整个校园。韩国浦项科技大学的商业发展中心提供技术趋势分析、知识产权状况发展和管理、核心专利和专利战略咨询等服务。2013 年,"韩国政府启动'创业精神校园培养计划',建议高等学校在学生所学习的专业领域之内提供创业课程与讲座"②,将创新教育与创业教育的理念同时注入课程体系。在此建议下,韩国浦项科技大学通过完善课程体系来培养学生的创新创业能力,在课程教学内容中纳入企业经典前沿案例;在课程教学环节中强调实习、事业拓展与能力提高,以提升师生的创新创业经验水平;在创业文化的熏陶中培育师

---

① POSTECH News:Again and Better-POSTECH Ranked Third Best Small University in the World [EB/OL], http://www. POSTECH. ac. kr/eng/again-and-better-POSTECH-ranked-third-best-small-university-in-the-world/. 2017-3-01.

② Government Prods Schools on Entrepreneurs[EB/OL], http://koreajoongangdaily. joins. com/news/article. aspx? aid=2972161. 2014-11-09.

生的创业意识,其渗透的理念是让学生能够提前意识到未来的机遇,熟悉风险不确定性,采用有限资源,通过创新来创造新的价值;以平台机制助推学生创新创业活动。2013 年,韩国浦项科技大学提出"允许创业学生申请最多长达 8 个学期的休学期;同时,允许创业的教学科研人员申请最多长达 6 年的暂时离职期"①。

其次,设施建设层面。韩国浦项科技大学"在校园中建立了一个诺贝尔公园,1989 年 11 月首批 10 位诺贝尔奖得主来访并添种诺贝尔树,目前已栽种有 37 颗诺贝尔树;同时创建了一个名为'未来的韩国科学家'的塑像广场"②。1999 年 1 月,韩国浦项市政府、韩国浦项科技大学、韩国浦项制铁公司共同出资创建了浦项科技园基金会,致力于为大学与企业间的技术转让和知识成果转化提供担保。此外,韩国浦项市政府、韩国浦项科技大学以及150 多家公司联合创建了浦项融合科技区,成为大学与企业合作的重要知识技术中心创业平台。

再次,产学研合作层面。韩国浦项科技大学的前任校长白圣基在谈及研究型大学发展策略时曾强调,"作为韩国领先的高等教育和科研机构,韩国浦项科技大学应将学校的角色拓展到区域创新体系之中,成为知识集群的中心,推动创新和创业"③。浦项制铁公司举办的"思想集市"是企业支持师生创业公司的重要平台,师生可以通过这个平台把其创业理念展示给未来可能的投资者。韩国浦项科技大学携手地方政府以及区域内主要企业(浦项制铁公司),在不到 10 年的时间内成功创建了 50 余家创业公司。而且,学校进一步突破了传统科技园模式的边界,在与创业公司的协同创新中采用了共址模式,"这种在校园内创办企业,将学术界与企业无缝对接的做

---

① Students to be Cut Some Slack to Start-ups [EB/OL], http://koreajoongangdaily. joins. com/news/article. aspx? aid=2975079. 2014-11-09.

② Campus Attractions[EB/OL], http://www. POSTECH. ac. kr/campus life/Campus Attractions. 2011-4-21.

③ Challenges for Research Universities [EB/OL], http://koreatimes. co. kr/www/ news/nation/2010/06/113_68158. html. 2014-11-09.

法,正在成为校企深度合作协同创新的新兴模式"①。

韩国浦项科技大学引领企业所需的创新型技术发展,并基于大学和企业间互惠互利的长期合作关系的基础上建立新的产学合作系统。韩国浦项科技大学发展公司协会包括由大学成员和校友建立的 50 家公司,韩国浦项科技大学通过为创业者提供实质性帮助,如创业教育、培训、创业指导、天使创业基金、管理咨询等,积极促进新兴公司的创建和增长。韩国浦项科技大学建立商业发展团队来处理技术转让、专利注册、专利应用和创业等事务。韩国浦项科技大学研究和商业发展基金会成立于 2004 年 4 月,通过产学合作向社会传播科研成果,以提升国家竞争力。韩国浦项科技大学通过建立大学与企业间系统的、紧密的关系以实现科研成果的商业化。

韩国浦项科技大学校长金督延指出:"在建校 30 周年之际,韩国浦项科技大学进一步重申了其作为知名创业型大学为国家和社会创造价值的使命。"②韩国浦项科技大学是以研究为定位的大学,是科学技术领域的领导者,其目标是通过企业、学术界和研究院的合作促进国家和人类的发展、培训和培养接受全面教育的创造性人才。根据 2017 年泰晤士报高等教育副刊,韩国浦项科技大学在应用科学领域拥有最广泛的企业合作平台,其与企业合作的科研成果在所有科研成果中所占比例是最高的,2016—2017 年与企业合作的科研成果共有 13545 项,占总科研成果的 22.98%,从而在促进与企业合作关系中迈出了巨大的一步。

第四节　个案异同对比分析

大学本身就是一个高度复杂性的组织,形式多样,所处的外部环境也不尽相同,创业型大学通过发挥其对高等教育内外部环境的自适应性,积极寻

---

① Jana Watson-Capps, Thomas Cech., Academia and Industry: Companies on Campus." *Nature*, no. 514(2014): 297-298.

② POSTECH News, POSTECH Is #1 in University-industry Collaboration, According to THE[EB/OL], http://www. POSTECH. ac. kr/eng/POSTECH-is-1-in-university-industry-collaboration-according-to-the/. 2017-3-23.

求组织内外部变革,以寻求真正意义上的可持续发展。由于不同的国情,面临着不同的内外部高等教育环境,不同大学的治理模式也存在着不同。

前面章节在对创业型大学的不同案例进行系统层面的分析之后,有必要对其不同模式间的异同点进行比较分析(如表6.9所示),以期更好地理解创业型大学的治理模式在其成功崛起中所发挥的重要作用。

表 6.9　英国约克大学和韩国浦项科技大学治理模式比较表

大学		英国约克大学	韩国浦项科技大学
治理结构	相同点	大学、企业、政府间的战略合作关系;咨询机构、决策机构、学术机构、创业机构的多元利益利益相关者的共同治理	
	不同点	中介组织的缓冲作用;大学自主自治的办学传统;合议机构是正式的法定机构,有实质性保障	韩国浦项制铁公司的大力支持;倡导大学自主化;更注重大学特色化发展;合议机构是选择性的非正式法定机构,无实质性保障
治理过程	相同点	专门的委员会对相关职务晋升、教师招聘事项进行决议;相似的决议程序	
	不同点	教师及其他利益相关者主体与校长间权力冲突较不明显	教师及其他利益相关者主体与校长间的权力冲突较为明显
治理文化	相同点	独立自主的创业战略;学术文化、行政文化与创业文化的和谐统一	
	不同点	学术自由、自治氛围更为浓厚	更注重鼓励创业的校园实体设施的建设如诺贝尔公园、科学家塑像广场

一、治理结构

就外部治理结构而言,英国约克大学和韩国浦项科技大学都注重发展大学、企业、政府间的战略合作关系。其一,大学政府颁布了一系列鼓励产学研合作的政策法规,并提供资金支持,以绩效为基础的竞争性拨款为主,以提高高校创新创业的能力,同时也保障大学享有充分的自治。相较而言,韩国政府更注重大学的特色化发展,并颁布了专项政策。其二,大学与企业的关系是多重互动合作关系。企业作为大学知识创新与应用的合作者、引导者,在促进创新创业和科技成果层面发挥了关键作用。英国约克大学和韩国浦项科技大学的不同之处在于约克大学、企业、政府三者间的关系主要是通过某一枢纽型的中介组织,通过采取经费拨款、质量监督、绩效管理等措施来提高治理的运行效率,并在政府和大学间起着重要的缓冲作用,以避免政府与大学间的冲突。此外,英国大学一直以来的办学传统是在自主自治的独立体系下形成的自主运行机制,政府不直接干预大学的事务,由此大学享有高度的自主性,而之后英国政府通过政策法规的制定、以绩效为基础的拨款机制、质量评估等手段对大学加强管理。而对韩国浦项科技大学而言,其建立与发展离不开韩国浦项制铁公司,包括其对韩国浦项科技大学的经费投入、人才培养、研究设施建设等方面的支持。同时,韩国浦项科技大学回报其优秀人才、先进的科研成果及咨询等相关服务,以形成互相支持、共同发展的双赢关系。此外,为了适应21世纪教育发展的新形势,韩国政府在20世纪90年代中后期逐步调整了高等教育发展的政策,倡导大学的自主化,以提升大学的自主权,从而增强其社会责任感,政府的角色必须从直接的调控者转变为资源分配的监督者,高等教育管理从国家控制模式到国家监督模式,实行选择性干预。

就内部治理结构而言,英国约克大学和韩国浦项科技大学都拥有咨询机构,即校务委员会或大学评议会,决策机构即理事会,学术机构即学术评议会或教授会及创业机构等治理组织,分别代表着不同利益相关者主体的利益,并在具体大学决策中发挥其应有的作用,形成多元利益相关者主体的共同治理模式,只是在名称上略有不同而已。英国约克大学和韩国浦项科技大学的不同在于,韩国浦项科技大学的大学评议会、教授会是选择性的非正式法定结构,其组成与运营方式由大学自行确定,往往取决于校长的决定。相较而下,英国约克大学的合议机构则是正式的法定结构,有实质性的法律保障。

二、治理过程

英国约克大学和韩国浦项科技大学在治理过程呈现出的共同特征如下:晋升方面,都成立了相关的学术晋升委员会或教师人事委员会来决定相关职务晋升事项,只是在名称上略有不同而已。同时,程序也大致相同:申请人申请后,由院系推荐审核再提交委员会决议,最后由理事会同意决定。

在教师招聘方面,都成立了相关的招聘委员会或人事委员会来决定教师招聘事项,只是在名称上略有不同而已。同时,程序也大致相同:院系委员会讨论决定后,再经国际同行专家评审复核后,交上级委员会讨论,并由校长根据评审结果决定是否聘任。此外,也可以采取特殊招聘的形式吸引邀请国际优秀学者前来任职。

值得一提的是,韩国浦项科技大学没有其他的法律,把校长的选任权或参与的权利通过相关合议机构赋予给大学的教师及其他利益相关者主体,因此教师及其他参与者所享有的选任校长的权利并没有得到实质性的保障,与理事会的校长选任权之间的冲突较为明显。相较之下,英国约克大学的教师及其他利益相关者主体所享有的权利借助其合议机构有实质性的法律保障,得以更有效地发挥作用,与校长间的权力冲突较不明显。

三、治理文化

英国约克大学和韩国浦项科技大学都注重形成浓厚的创业文化氛围,强调创业导向,将教学、研究、社会服务和创业融合在一起,主动走出一条创新的、降低对国家资金依赖的独立自主的发展之路。这一治理文化不仅在二者的大学使命、目标定位方面得以有力体现,更是在大学战略及具体践行的大学规划中也得以明显呈现,都是以创业价值观为引领,将知识创新与传授知识、科研成果转化有效地联系起来,在注重基础研究的同时更注重应用研究,并依据内外部环境及时作出反应,以一种创业的自主姿态参与到市场的生存竞争中,走向可持续发展之路。

同时,同为研究型大学,英国约克大学和韩国浦项科技大学都注重发挥其科学研究优势、有效利用自身科研竞争力,积极促进科研成果商业化、知识技术经济化,以构建大学与企业的紧密联系,善于从多渠道获取资金、降低对国家政府资金的依赖,保障自身的独立自主性。此外,英国约克大学和韩国浦项科技大学都注重营造开放的、负有弹性的创业文化氛围,不仅在人才培养上,也在各设施建设、各平台建设上大力推进创业活动的开展,以促进学术文化、行政文化、创业文化三者间的和谐发展。

但是,英国约克大学作为公立大学,其学术自由、自治的氛围更为浓厚,而韩国浦项科技大学作为私立大学,而且是韩国浦项制铁公司一手支持创建的,无可避免受到其影响较大。另外,在鼓励创业方面,韩国浦项科技大学更注重鼓励创业的校园实体设施的建设,如诺贝尔公园、"未来韩国科学家"塑像广场的建立等。

小 结

案例研究作为一种社会科学研究方法,强调通过对特定案例的调查分析,进一步提炼总结出结论,以对研究对象的整体性把握来揭示研究对象现象背后隐藏的深层次的本质。而本书选择英国约克大学和韩国浦项科技大学作为研究案例,主要因为这两所大学通过引入创业型大学的理念,并践行了创业办学、自力更生的理念来使大学自身在短时间内成功崛起,无疑是创业型大学的典范;此外,二者都是研究型大学,但分属欧洲的英国和亚洲的韩国,分属公立大学和私立大学,对这两所大学的比较分析更具有典型性和代表性。

英国约克大学成立于1963年,是研究导向型的公立大学。在治理结构层面上,其创业治理模式离不开大学、企业、政府间的创业合作关系的构建,而在这三者关系中,中介组织的作用也是举足轻重的。其中,英国政府以政策为导向来保障大学的自治权,同时拨出专款促进大学与企业的合作;约克大学与企业的关系是双向交互合作关系,大学通过为企业提供咨询服务、前沿科学技术、培养企业所需要的各式人才、与企业共同参与科研项目、订立合同等方式向企业提供人才、知识、技术的支持,来换取企业对大学在财(主要表现为科研经费)、物等方面的回报;中介组织在经费拨款、质量监督、绩效管理等方面发挥着重要作用。同时,为推进创新创业,约克大学构建了由校务委员会、理事会、学术评议会和一系列创业组织构成的多元利益相关者主体共同治理结构。校务委员会拥有监督学校活动及资源使用、人事任命、财政管理等权力;理事会拥有决策权力;学术评议会拥有纯学术问题上的权力;创业组织包括工业和创新办公室、专利办公室等。在治理过程层面上,约克大学的教师职务晋升秉承"公开、公平、公正"原则,按照既定程序进行评审;制定了程序公正、流程清晰的教师招聘制度,并写入了员工手册,建立了一整套完整、公正的教师考核制度;建立科学有效的知识成果转化机制,以促进师生创业;建立了以效率和质量为导向的有效激励机制、学术创业的相关配套制度以及知识资本化的专利制度。在治理文化层面上,注重动态平衡大学内外环境压力,强化创业导向,重视学校层面的协调引导和必要集权,将研究、教学、社会服务和创业融合在一起,主动走出一条新的、较少依赖国家资金支持的独立发展之路。

韩国浦项科技大学成立于 1986 年,是韩国第一所研究导向型的私立大学。在治理结构层面上,大学、企业、政府以共同发展为目的,充分发挥各自的重要作用,致力于形成战略性合作关系。其中韩国政府注重提升地方高校的创新创业能力、鼓励高校参与产学研合作、实现大学的特色化发展、促进大学管理机构的自律化;企业(尤其是韩国浦项制铁公司)在人财物方面是一股重要的支持力量,为韩国浦项科技大学每年在人财物等各方面都保持连续的资助,如提供研究资金、赞助建设研究设施等;同时韩国浦项科技大学也通过向其提供优秀人才、咨询服务、前沿科研成果等对韩国浦项制铁公司的企业研发报以非常丰厚的回报,形成互相支持、共同发展的双赢关系。同时,韩国浦项科技大学构建了由校长、大学评议会、理事会、教授会及一系列创业组织构成的多元利益相关者主体共同治理结构。其中,校长对与学校运营相关的所有事务拥有决定权,制定并修改校规,对所有教师和学生拥有监督权和指导权等;大学评议会是私立大学中的法定机构,也是法律上必须的审议、咨询机构;理事会是大学的决策机构;教授会是私立大学中的法定机构,也是法律上必须的学术机构;创业组织包括韩国浦项科技大学研究商业发展基金会、产学合作团、研究和企业关系委员会等。在治理过程层面上,韩国浦项科技大学的各利益相关者治理主体在职务晋升、教师招聘及任免、校长选任机制上各司其责,学术权力和行政权力得以有效发挥。实质上,校长拥有任命权和最高的决策权,而大学内部成员只能通过参与校长选任过程或是使大学评议会或教授会成为合法的正式决策机构来参与到大学的决策中;而且校长虽然由理事会任命,但并没有相关的法律或定款规定把校长的选任权赋予教师或其他参与者,因此无法得到实质性的保障。在治理文化层面上,韩国浦项科技大学在课程体系、设施建设、产学研合作等层面上致力于建立一种鼓励创新、创造、合作的挑战性精神的创业文化。

通过英国约克大学和韩国浦项科技大学的个案对比研究,二者在治理结构层面上,都注重发展大学、企业、政府间的战略合作关系;都寻求咨询机构、决策机构、学术机构、创业机构的多元利益相关者的共同治理;但约克大学注重中介组织的缓冲作用;拥有大学自主自治的办学传统;其合议机构是正式的法定机构,有实质性保障;而韩国浦项科技大学拥有浦项制铁公司的大力支持;提倡大学的自主化;其合议机构则是选择性的非正式法定机构,无实质性保障。在治理过程层面上,都有专门的委员会对相关职务晋升、教师招聘事项进行决议;有着相似的决议程序;但约克大学的教师及其他利益相关者主体与校长间的权力冲突较不明显,而韩国浦项科技大学的教师及其他利益相关者主体与校长间的权力冲突较为明显。在治理文化层面上,二者都注重发展独立自主的创业战略;寻求学术文化、行政文化与创业文化的和谐统一;但约克大学的学术自由、自治氛围更为浓厚,而韩国浦项科技大学更注重鼓励创业的校园实体设施的建设,如诺贝尔公园、"未来韩国科学家"塑像广场等。

第七章　比较与借鉴

为了更好研究和凸现创业型大学的治理模式,有必要对创业型大学和研究型大学在治理层面上作个比较。

第一节　治理模式比较

在比较创业型大学的治理模式和研究型大学的治理模式之前,有必要进一步在概念、理念及主要特征上对创业型大学和其他研究型大学进行区分。

一、创业型大学与研究型大学

"研究型大学向创业型大学的变革不是适应现在的反应型或观察未来的预测型变革,而是创造未来的能动型变革"[①],是适应内外部变化环境之需、不断调整组织结构的过程,是承担新的使命并不断与传统的大学职能相互交融的过程。然而,创业型大学和研究型大学并不是完全对立的,也不是包含关系,而是存在着交叉关系,本书的研究对象特指创业型大学与研究型大学的交叉部分,二者存在着以下不同(如表 7.1 所示)。

其一,与研究型大学相比,创业型大学的组织性质发生了变化。虽然它仍然是以学术知识为核心要素的组织,仍然有着学术规范性的组织性质,但

---

① 易高峰:《崛起中的创业型大学:基于研究型大学模式变革的视角》,上海:上海交通大学出版社,2011 年,第 50 页。

是,当大学组织自身成为一个创业者的时候,其内在的组织特性自然更加强调功利性特点,即经济意义上的创收,也就是在研究基础上的知识创新和在知识创新基础上的创业。当然,它也注重发挥教学、科研和服务的职能,但更注重知识的创造及其市场化活动,即注重通过发展高科技、催生新企业,更直接地参与研究成果商业化活动,以发挥其创业的功能。

其二,与研究型大学相比,创业型大学的组织过程发生了变化。它是学术创新创业的组织过程,即在冒险、开拓和创业思维的引导下,根据具体的内外部环境的变化作出及时的重构,从以学科导向为主转而强调社会需求导向,崇尚解决现实问题,以突破传统的象牙塔而走向自主创业之路。

其三,与研究型大学相比,创业型大学的组织文化也发生了变化。随着一次次的创业计划与创业行动的成功,组织文化与学术文化一起被逐渐凝练为整个机构的信念,形成一种新的组织文化——高度整合的创业信念与文化。创业型大学组织中以创业精神——对机遇的把握和富有效率的创造为象征的创业文化,正成为大学组织内部文化的第三种实力,形成新的冲突协调氛围,即创业文化、学术文化与行政文化共存。

其四,与研究型大学相比,创业型大学的组织目标发生了变化。它由学术人文主义转向学术资本主义,由学术化生存转向市场化生存。在知识经济与全球化的双重冲击下,当学术资本主义直接将知识创新与传授知识的活动与商业价值联系在一起时,大学开始重视知识的实用价值,并迫切需要建立起充分的市场反应模式,以一种创业的自主姿态参与到市场的生存竞争中。

其五,与研究型大学相比,创业型大学的组织关系发生了变化。目前,虽然政府的投入仍是其最主要的办学依靠,但随着政府拨款的下降,大学迫切需要开拓多种资金来源,并建立起大学、企业、政府间的新型战略性合作关系。

其六,与研究型大学相比,创业型大学的组织机制发生了变化。它由强调学术自治、学术自由及科研能力转向强调学术与社会间的密切联系,并提倡学术能力和创业能力并重,不仅拥有商业潜力的跨学科研究基础,而且具备在大学里创建公司的能力,这需要建立学术团体间的有效沟通机制,并在管理上实现产学研合作统筹规划。

表 7.1　研究型大学与创业型大学比较表

变化因素	研究型大学	创业型大学
组织性质	学术知识核心、学术规范	知识的创新创业、经济意义上的创收和商业价值
组织过程	以学科导向为主	强调社会需求导向、强调开拓、冒险、创业思维
组织文化	学术文化	学术文化、行政文化与创业文化并重,强调创业精神
组织目标	学术人文主义、学术化	学术资本主义、市场化
组织关系	政府为主要资金来源(公立)学费、捐赠等资金来源(私立)	多种资金来源、大学—企业—政府新型战略性合作关系
组织机制	学术自治、学术自由、科研能力	学术与社会紧密联系、产学研合作的统筹规划、创业能力

二、两种类型大学治理模式的异同

追求更高的学术地位、争取更多来自政府的经费、开展基础研究是研究型大学发展的主要原动力,同时教学、研究和社会服务是其主要的三项职能(如图7.1所示)。

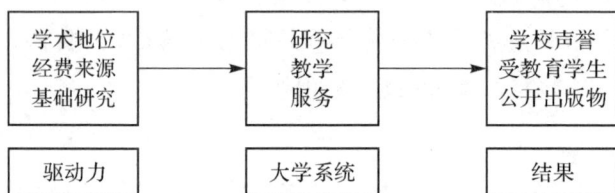

图 7.1　研究型大学模式

来源:Gibbons,Limoges,Nowotny, Schwartzman, Scott, Trow, *The New Production of Knowledge:The Dynamics of Science and Research in Contemporary Societies* (London:Sage,1994).

大学模式的变革是大学内外部种种因素综合作用的结果,及时调整整体模式是大学可持续发展的重要条件。"变化着的环境条件是第一驱动力,它形成了学校管理挑战,间接地影响着大学和学院的运行机制"①,知识经济时代和经济全球化背景下,大学承担新的使命,需要对整体模式进行重新定位,建构新的组织与外部发展环境相衔接。新形势下,各国政府减少对高等教育的干涉,并将市场机制逐渐引入高等教育领域。在面临财政危机和获得更多办学自主权的情况下,一些大学积极变革,利用自身优势,通过知识市场化实现向创业型大学的转型。面对这些挑战,有待大学激发创业精神,鼓励教授、学生崇尚实际问题的解决,致力于经济社会的发展,由此,大学传统的教学、科研和社会服务职能外兴起了第四职能:创业职能。同时,创业型大学也成为了知识经济社会中大学发展的一种新范式。创业型大学模式的基本内容包括:一是创业型大学作为知识创新的主体,注重构建大学、企业、政府间的战略性合作关系,同时也巩固了其在大学、企业、政府三螺旋关系中的独立中心地位。二是创业型大学的职能不仅包括教学、科研、社会服务这三项职能,还通过科研成果的商业化、学术创业、创业文化的营造呈现其创业职能。三是创业型大学开始探索实行独立自主的创业战略、实行多元利益相关者的共同治理模式、营造学术文化、行政文化、创业文化相互融合的和谐氛围,以实现其有效治理(如图 7.2 所示)。

传统大学治理模型在许多地方受到挑战,取代以新的治理模式,即"强调大学行政管理更强有力的控制、外部利益相关者更多地参与已成为大势所趋"②。大学正面临着动态环境,必须通过构建新的治理模式,即通过组织或其组成成分的修改和交替,形成自适应性,即"机构积极的、甚至是主动的反应以更好地适应新形势"③,以适应内外部环境的变化和维持平衡状态,从而在环境的机会和威胁下依然能幸存。即使很难建立一套非常有效的治理标准体系,但是可以尝试构建一个有效治理的可能模式,即创业型大学的治

---

①　[美]马文・彼得森:《大学和学院组织模型:历史演化的视角》,《北京大学教育评论》,2007 年第 1 期,第 109-138 页。

②　Tracy L. R. , Lightcap. "Academic Governance and Democratic Processes:The Entrepreneurial Model and Its Discontents." *New Political Science*, no. 4(2014):474.

③　Cameron, K. "Organizational Adaptation and Higher Education." *Journal of Higher Education*, no. 2(1984):122-144.

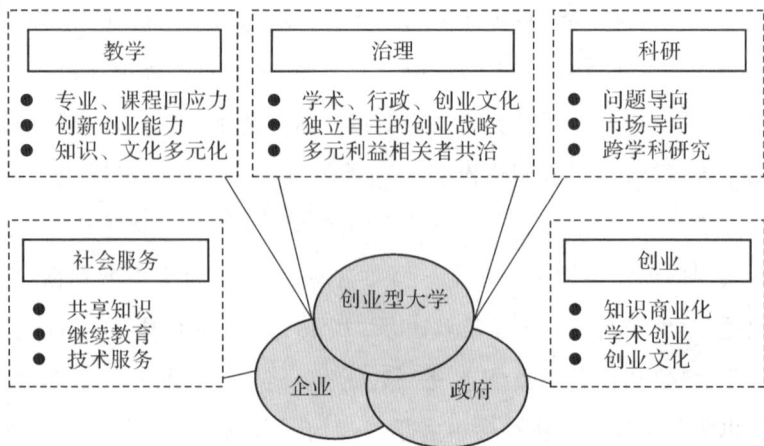

图 7.2　创业型大学模式

理模式,它既是大学内外部环境变化的结果,更是适应内外部环境变化的有效手段。创业型大学治理模式强调组织对外部关系的反应性、适应性,往往对社会需求更为敏锐、对环境变化的适应性更强。它的理想模型是根据以变化为定位的使命和提供自适应支持的大学治理结构来运行,其"专业管理和创业精神能促进创业活动的整合和自适应结构的创建"①,具有自适应性的创业型大学寻求创新,并以市场为导向以适应内外部变化。

　　而为了对大学内外部各种环境力量的影响作出及时反应,具有自适应性的创业型大学治理模式正在形成。在该模式下,政府通过政策引导、法律制度保障、资金支持等手段;企业因其技术需求提供经费支持;大学通过践行独立自主的创业战略形成大学、企业、政府间的战略性合作关系。同时,大学在构建多元利益相关者主体共同治理结构的基础上,通过制度制约机制、程序制约机制、柔性化协同机制和有效激励机制等实现权力间的有效制衡。此外,学术文化、行政文化、创业文化得以有效融合形成强有力的治理文化保障(如图 7.3 所示)。

　　然而,在高等教育机构多样化、社会需求多元化的时代,研究型大学的

---

① Barbara Sporn. "Towards More Adaptive Universities: Trends of Institutional Reform in Europe." *Higher Education in Europe*, no. 1(1999):27-28.

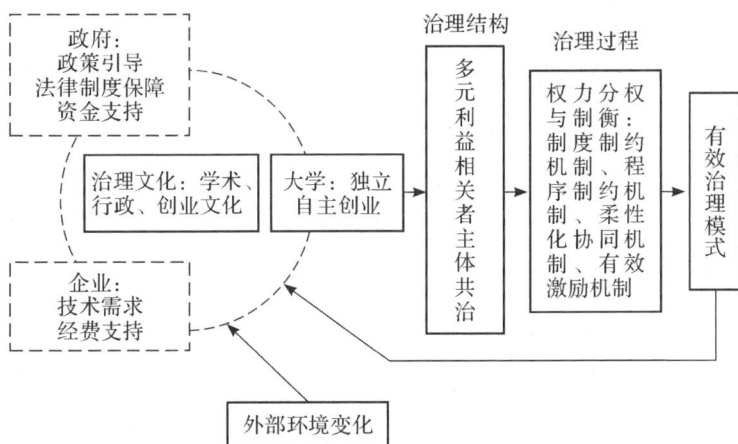

图 7.3 创业型大学治理模式示意图

变革模式也可以是多元化的,并不是每一所研究型大学都有必要或是有能力转型成为创业型大学。一部分研究型大学可以仍以传统的学术观为发展理念,注重学术创新,坚守象牙塔;另一部分研究型大学可以以独立自主的创业精神为价值取向,注重创新创业,走出象牙塔。而适合发展成为创业型大学的研究型大学,主要是那些敢于冒险、能积极主动应对环境变化和社会需求,而不是被动接受、具备转型基本条件、正努力走出象牙塔的研究型大学。适合转型的条件是:提供高质量的教学、科研与社会服务,并能进行有效的科研成果转化和参与创业;具有独立自主的创业战略计划;与政府、企业形成创新的三螺旋战略性合作关系;有充足的来自政府、企业、私人捐赠等多种渠道的资金来源;强有力的驾驭领导核心;营造学术文化、行政文化、创业文化的和谐氛围。

第二节 我国创业型大学建设模式及治理现状

在新的高等教育环境下,我国大学也通过开展创业教育、为师生提供创业资金支持、创建校办公司等来尝试创业型大学的可能性。在中国特色国情的大背景下,创业转型是政府拉动下的自我选择;创业型演变是居于学科特点的非线性路径;校办企业是中国创业型大学的暂时性发展策略。

　　而决定中国创业型大学转型成功的主要因素包括:办学定位与特色的改变,即创业型大学应成为区域经济发展的引领者、创新性人才的输送者和创业型企业的辅助者;内在需求与外在动力的驱动;外部政策的支持,包含政府的市场政策、资金扶持政策、合作互利机制。一般而言,我国创业型大学主要有五种建设模式:"服务社会发展模式、学术创业模式、专业创业模式、创业教育模式、企业经营模式。"①

　　目前中国创业型大学的治理还存在着一系列问题。其一,在大学使命、目标定位层面,大学往往把学生的创业当成学校创业,对创业精神还没有清晰的认识,尚停留于表面,尚未形成统一的对创业型大学的认识;政府仍然是主要的资金来源,还不善于从第三渠道获得资金;大学内部成员对创业的态度并不一致,创业文化氛围不浓。

　　其二,在管理体制层面上,校长等高级行政管理人员仍以政府任命为主,"官本位"思维依然存在,多为"官员型领导",缺乏冒险创新创业精神,离创业型领导的标准还有很大距离;其科研产出和人才输出与社会经济需求还存在一定的差距,由此导致与企业的合作存在一定的阻碍;教育管理制度没有为高校教师科研创新提供有利的政策环境;缺乏专业的相关创业机构。在党委领导下的校长负责制下,对中国创业型大学而言,主要体现为政府领导与管理下的大学和企业结合,政府居于领导和优势地位,大学和企业成了从属者,然而三螺旋理论强调大学、企业和政府的关系是相互作用的平等促进关系。

　　就我国创业型大学而言,其建设实践还停留在初步阶段,需要借鉴他国的成功实践并结合我国具体的国情、校情进行改革。首先,创业型大学应善于利用其强大的科学研究实力优势进行成果转化,形成具有重大意义的创新创业成果;通过完善技术转移的组织和运行机制,加速科研成果的转化,加快大学科技园建设,积极孵化催生高科技企业,建设创业服务机构,重视技术转移;形成良好的创业风气和创业文化。其次,创业型大学应在构建大

---

① 陈霞玲:《中国创业型大学建设的实践与分析》,《国家教育行政学院学报》,2015 年第 11 期,第 25 页。

学企业政府战略合作关系中发挥重要作用;除了努力争取来自政府的资金,也注重通过向企业提供优秀人才和前沿创新的科学技术来加强与企业的合作,拓宽自身的资金来源渠道。再次,创业型大学应致力于培养创业型人才特别是创业型领导,为师生提供创业平台,营造创业文化氛围。

第三节　我国创业型大学外部治理的建设重点

在高等教育现代化进程中,借鉴和吸收创业型大学特别是短时间内成功崛起的创业型大学,如英国约克大学、韩国浦项科技大学的治理成果和经验,对我国创建有特色的、世界一流水平的高校具有重要的启示意义。

一、构建新型的战略合作关系

三螺旋理论认为,"大学、企业、政府都可以成为创新的领导性机构范围,三者相互作用,实现动态平衡"①。由此,创业型大学与企业、政府间的战略性合作关系的建立就变成了必要之举。

第一,政府职能的转变。《国家中长期教育改革和发展规划纲要(2010—2020年)》指出:"明确各级政府责任,规范学校办学行为,促进管办评分离,形成政事分开、权责明确、统筹协调、规范有序的教育管理体制。"②而韩国政府正是在政策层面上(以支援、培育为主)采取一系列措施积极推动韩国浦项科技大学迈向世界一流大学的行列。此外,2015年《中华人民共和国促进科技成果转化法》中指出"对科技成果转化项目,国家通过政府采购、研究开发资助、发布企业技术指导目录、示范推广等方式予以支持"③。而英国政府则是充分利用中介机构的调节作用以保障其客观公正性。无论

---

① ［美］亨利·埃茨科威滋著,周春彦译:《三螺旋:大学、企业、政府三元一体的创新战略》,北京:东方出版社,2005年,第16页。

② 《国家中长期教育改革和发展规划纲要(2010—2020年)》,北京:人民出版社,2010年,第1页。

③ 《中华人民共和国促进科技成果转化法(2015年修订)》［EB/OL］,http://www.most.gov.cn/fggw/fl/201512/t20151203_122619.htm.2015-8-31.

是韩国政府的做法还是英国政府的做法,都无疑在推进大学与企业的合作中发挥着重要作用。

第二,企业的积极参与与支持。为了更好地开展与企业的合作、更大程度上获得企业的支持,创业型大学设立了专门的服务于经济发展的科学技术转移中心或科学技术转移办公室,成为当地科技成果转化的中介机构,并建立科技成果转化的机构及其经济影响的信息采集和公布系统。对我国来讲,2015 年《中华人民共和国促进科技成果转化法》中指出"国家鼓励企业与研究开发机构、高等院校及其他组织采取联合建立研究开发平台、技术转移机构或者技术创新联盟等产学研合作方式,共同开展研究开发、成果应用于推广、标准研究与制定等活动"①。由此,企业可以通过大学的跨学科研究中心、实验室、孵化器、科技园等产学研合作平台为大学的科学研究提供资金支持,共同参与到科技成果商业化活动中,同时也充分利用大学的科研优势来使知识产权的经济化成为可能。

第三,赋予大学更多的自主权。创业型大学的应有之义中,自主权是必不可少的元素,特别是在专利、知识产权等方面的自主权更是激励大学创业行为的重要保障。如 2017 年《国家创新驱动发展战略纲要》指出"加快中国特色现代大学制度建设,深入推进管办评分离,扩大学校办学自主权,完善学校内部治理结构","构建专业化技术转移服务体系","提高知识产权的创造、运用、保护和管理能力"②等。而创业型大学要获得真正意义上的自治和自主,摆脱先前受资助的自治,关键在于从创业活动中获得多渠道的资金支持,降低对政府资金的依赖性,可以自主制订独立的、不受政府影响的发展战略。2014 年《北京市人民政府办公厅关于印发加快推进高等学校科技成果转化和科技协同创新若干意见(试行)》中指出"支持高等学校拥有科技成

---

① 《中华人民共和国促进科技成果转化法(2015 年修订)》[EB/OL],http://www.most.gov.cn/fggw/fl/201512/t20151203_122619.htm.2015-8-31.

② 《国家创新驱动发展战略纲要》[EB/OL],http://www.most.gov.cn/kjzc/gjkjzc/gjkjzczh/201701/t20170117_130531.htm.2017-1-17.

果的科技人员离岗创业,高等学校可在一定期限内保留其原有身份和职称"①。自主除了在资金上不受政府这个第一渠道的影响这层意思,还有大学成为真正的自我主导的组织的含义。"由赞助者授予大学形式上的自治,并不能保证大学主动自治。"②创业型大学的出现,在大学自治与自主方面,提供了另一种可能的方向,大学不是外在目的的属物和附庸,它有可能可以按照自己养活自己的原则建立起来。创业型大学所表现出的正是这个更高层次的、更高度的自治权力,"具备把国家财政拨款以及其他形式的资金投入看做整合资金的自信心"③。

通过借鉴英国约克大学和韩国浦项科技大学的办学特色,高等院校可以根据具体的国情和校情,充分利用自身的办学优势,制定符合自身办学条件的创业战略,包括使命、目标定位和价值观,以更好地践行创业型大学的办学理念。英国约克大学和韩国浦项科技大学的大学章程都明确规定了大学权力、责任、组织架构和制度,为大学自治和自主权的获得提供了有力保障。英、韩政府主要通过政策规章制度、以绩效为基础的拨款制度、监督等方式对大学进行宏观管理(其中英国政府还通过中介组织机构对受政府资助的院校实行间接的宏观管理),并不直接对大学事务进行干预,充分保障了大学的办学自主权和维护了大学自治。英国约克大学和韩国浦项科技大学一般享有五个方面的自主管理权:自主聘任教员;自主招生;自主控制课程内容和学术水准;自主确定研究计划;自主分配与使用校内经费。总之,英国约克大学和韩国浦项科技大学的成功离不开其办学自主权和大学自治的保障。

而就我国大学而言,仍然实行的是党委领导下的校长负责制,政府的作

---

① 《北京市人民政府办公厅关于印发加快推进高等学校科技成果转化和科技协同创新若干意见(试行)的通知》[EB/OL],http://zhengwu. beijing. gov. cn/gzdt/gggs/t1339772. htm. 2014-1-09.

② [美]伯顿·克拉克著,王承绪译:《建立创业型大学:组织转型上的途径》,北京:人民教育出版社,2003 年,第 3 页。

③ [英]迈克尔·夏托克著,范怡红主译:《成功大学的管理之道》,北京:北京大学出版社,2006 年,第 165 页。

用依然居于主导地位,虽然政府也多次颁布相关政策法规,提出赋予大学更多的办学自主权,然而在现实的管理体制中,政府的作用依然起着决定性作用,还有待进一步转变政府职能。在这种情况下,高校内部权力之间的博弈本身就处于不同的起跑线,又何谈博弈结果。毕竟大学的发展若过于依附于政治,又何谈办学自主权。

二、实施科学有效的权力制衡

大学应积极推进教学、科研的产学研合作,使大学成为其三重螺旋结构的推进器,而政府可以通过相关的政策法规来促进大学与企业的合作。从政府制定政策与法律保护大学研究成果的知识产权及其转让制度来促进人们对科技创新的投入来看,存在着明显的法律和政策的缺失。政府应利用其政策导向功能为创业型大学创建有利于各种创业行为和方式的政策环境,并提供相应的政策支持;进一步完善创业型大学的关于产学研合作和知识成果转化的相关规章制度,并保障其有力执行;同时政府可以通过在一些科研项目上与创业型大学合作,执行以绩效为基础的竞争性拨款机制,为创业型大学提供资金支持。

企业一方面期望大学具有解决社会问题和矛盾的良方,能够发现解决社会发展中困难的对策,并希望大学主动为它们服务;另一方面,企业又是非常现实的,他们希望看到产出后才给予资助,他们对产出的希望往往都是有形的,对知识的潜在价值并不十分理解。因此,大学与企业之间既有张力也有合力,主要表现为一种竞争性的合作关系,社会外部给大学自由是有条件的,大学获得自由也是有代价的,这样它们之间就达成了一种契约关系,即大学必须最大程度地尽自己的社会责任,社会才能最大程度地为大学提供支持。目前,我国综合国力有了很大提高,但从整体上来讲,我国的自主创新能力依然比较薄弱,大学的潜力也没有充分发挥出来,还存在着大学与社会合作层次较低,动力不足,缺乏完善金融支持体系等问题。因此,英国约克大学和韩国浦项科技大学的成功模式对我国有着重要的借鉴意义。

高校需要享有充分的办学自主权,免受不必要的行政干预,才能激发办学活力。就当前而言,国家和教育主管部门正在改革中逐步下放办学自主权,这种下放后的权力分配模式也可以法律形式固定下来。高校一方面应积极争取更多的办学自主权,为改革和发展赢得更多的制度动力,另一方面应用好现有或即将下放的权力,找准突破口,稳步推进改革。

三、践行独立自主的创业战略

尽管创业型大学被赋予了新的职能,即创业,但这并不是对教学、科研和社会服务职能的否定,四者是紧密结合在一起的。创业型大学开始承担起促进社会经济发展的重任,是集教学、科研、社会服务和创业于一体的大学,其最终目的是摆脱对外部限制性资金的依赖,践行其独立自主的创业战略。在整体上,市场化生存必然要求创业型大学以创业精神为主导的价值标准,按市场竞争的现实情况规划自己的发展战略。

英国约克大学和韩国浦项科技大学通过以创业精神制定独立自主的发展战略来与大学外部大系统发生关系,科学地支配管理其人力、物力、财力资源,合理配置其行政权力和学术权力,从而形成可持续循环系统,以达到现代大学制度的核心要求。同时,随着知识经济的到来,经济知识化和知识经济化成为推动大学走向社会的两大动力,而过度需求的增长、财政紧缩政策和大学财政压力、政府政策的推动以及内在变革的要求使创业型大学的理念日益受到重视和有效践行。英国约克大学和韩国浦项科技大学作为一所在50年内成功崛起的创业型大学,其治理战略的重点在于政府、大学、社会三者间关系和不同权力主体间关系的规范、高效、和谐,并突出依靠企业来办大学的理念,积极与企业紧密合作并促进技术创新与经济发展,这是一种符合高等教育发展规律、适合国情校情、满足现代大学制度双重构建需求的管理体制和运行机制。同时,英国约克大学和韩国浦项科技大学积极为学生、教职员工等各利益相关者提供一个有利于知识、意见和创新理念交换的开放环境和良好氛围,从而形成同心合力、各司其职、良性和谐的办学环境,为推动大学的可持续、自力更生的创业发展奠定了重要基础。

新时代下,提高自主创新能力,建设创新型国家已成为我国国家发展战略的重要部分。而创业型大学作为创新创业活动的摇篮,通过原创性知识成果的转化、创建高技术公司等创业行为,不仅克服了以往"等靠要"的依赖性,而且在社会经济发展中发挥着日益重要的作用,为创新性国家的建设提供了重要支持。

第四节　我国创业型大学内部治理的完善策略

大学治理是各种权力和权利互动博弈的过程,营造公开、开放、透明的治理环境,完善治理结构、优化治理过程、营造和谐治理文化氛围是其最终目标。当前统筹推进世界一流大学和一流学科建设已上升为国家意志和时代强音,学习借鉴创业型大学的积极因素,真正结合中国社会的特征,构建中国特色的现代大学内部治理模式已成必要之举。

一、完善治理结构

创建世界一流大学是我国高等教育改革与发展的重要战略,是建设创新型国家的重要举措。当前我国正处于高等教育改革与发展的关键时期,正在全球不断出现的创业型大学,特别是那些在短时间内成功崛起的创业型大学,其内部治理结构可为我国的大学进军世界一流大学提供一种可供借鉴的实践范式。

第一,鼓励师生广泛参与,健全决策监督与信息反馈系统。为了实现大学的可持续发展,"不仅需要政府和高等院校,而且需要学生、教师、工商界等的积极参与"①。英国约克大学和韩国浦项科技大学实行多元利益相关者共同治理,搜集来自各方的决策信息反馈,执行民主决策,使大学的内外部各利益相关者的利益表达得以实现,由此决策的有效性得以保障。然而,就我国而言,作为大学的重要利益相关者,教师和学生在大学决策中的参与范围和程度还比较有限,基本上处于主体缺位状态,由此,广泛吸纳师生参与大学共同治理已成为必要之举。

第二,建立完善的法人治理机构,激发大学办学活力。英国约克大学和

---

① 赵中建:《21 世纪世界高等教育的展望及其行动框架:98 世界高等教育大会概述》,《上海高教研究》,1998 年第 12 期,第 6-10 页。

韩国浦项科技大学独立自主运营和发展的关键是大学内部的民主管理,其基础是建立了科学完善的法人治理结构。就我国创业型大学而言,可以探索在党委的领导下,创建大学法人治理结构的可能性,由拥有决策权的理事会、拥有行政权的以校长为首的高级行政管理人员、拥有学术权的学术委员会以及各创业组织机构共同治理的治理结构。同时,通过明确的权责规定和有效的制衡机制,形成决策系统、执行系统和监督系统及相对独立、相互制约的内部治理模式。

二、优化治理过程

创建世界一流大学,更需要优化治理过程,创业型大学的独特治理过程可为我国的大学提供一定程度上的借鉴。

第一,创建决策权力机制的最优配置。英国约克大学和韩国浦项科技大学通过建立各利益相关者主体共同参与大学治理的科学平台与有效沟通渠道,充分让各利益相关者正确合理地使用自己的权利和执行自己的职责,做到真正意义上的权责明确。"大学实行权力共享管理模式对于促进大学核心事务的成功是最有效的手段"①,毕竟大学的核心事务是攸关大学发展的大事,需要群策群力,而信任感恰恰是大学治理过程中各利益相关者间人际关系的关键。

第二,明晰学术权力与行政权力的权责界限。英国约克大学和韩国浦项科技大学的咨询机构、决策机构、学术机构和创业机构等治理主体间的权力界限规定明确,并有相关机制加以制衡,从而保证了治理的有效性。对我国而言,学校学术事务决策权力应按照学校、学院、系、教授逐渐递增来进行设计,教授主导学术事务、破除非学术因素对学术事务的影响。优化学科设置,改革学术评价,突出原创学术追求,赋予教授聘任相关人员的权力,提高学生在教师、教学评价中的作用。行政体系围绕服务师生进行设计,行政部门以精简、高效、服务原则来设置,行政权力按照学校、学院、教授逐渐递减

---

① ［英］迈克尔·夏托克著,范怡红主译:《成功大学的管理之道》,北京:北京大学出版社,2008 年,第 97 页。

进行设计,优化学院设置,取消大学行政级别。合理构建大学行政权力体系,依法建立校、院的权力清单和负面清单,各权力主体按照清单开展工作。大学行政权力依法行使,如果需要改变应该通过法定程序予以批准。

第三,实现学术权力与行政权力的有效制衡。根据相关法律规定,我国现行的学术委员会,其主要作用是评定和审议高校内部学术事务,其权力主要表现为治学。借鉴英国约克大学和韩国浦项科技大学的经验,内部高校应该让教师更多地参与教学管理,不仅能够审议和管理学术事务,还能参与与学术相关的重大事项的决议,不能游离于行政组织以外。凡是与学术相关的事务,都由学术机构来决定,教师可在学术事务中合理表达自己的意见,充分行使自己的权利。

英国约克大学和韩国浦项科技大学的校长不仅要在学术上有卓越成就,而且在行政上担任领导人,双重身份使其在作出决策时,要注重实现学术权力与行政权力的有效制衡。此外,在理事会和学术评议会中均有教师代表参与。处理好学术权力与行政权力之间的关系,有利于形成良好的内部治理制度环境和提高学校科研水平,这也成为英国约克大学跻身世界一流大学行列的重要条件。英国约克大学和韩国浦项科技大学不仅在很大程度上给予了教师较大的学术自治权,而且其行政权力为学术自由保驾护航,不仅不加以干涉,而且为教师创造更多的条件。

三、营造和谐文化

大学文化是一所大学思想观念的集中体现,是大学的软实力,对一所大学的发展起到凝聚办学力量、规范办学行为和激励办学意志的重要作用。创业型大学给高等教育系统注入一股全新的组织文化元素,并形成了特殊的创业文化,以创新创业精神为主导,进一步形成了师生创业的原动力。在全世界已经掀起的创新创业浪潮中,这对于我国高等教育组织的文化转型有着重要的借鉴价值。

就我国大学而言,随着高等教育大众化进程的推进,许多大学都面临着办学资金紧张的局面,各项创业活动、行为屡见不鲜,创业文化在大学中开始显现。但由于长期在计划体制下以及我国高等教育机构市场竞争的不完整性,高等教育机构中的创业文化还非常薄弱,大学组织中的创业文化还受官僚主义与学术腐败的影响,创业文化容易演变为赤裸裸的功利文化,甚至有些大学完全放弃了自己的学术尊严去追求庸俗文化。同时,学校在科研人员身份、时间、经费、实验设备等方面予以实际支持,支持学术人员身份的多样化,并对有着良好创业实践的创业代表予以宣传,促使科研人员主动参与大学技术转移。然而,我国大学对科研成果的技术价值的重视程度高于其商业价值和市场价值,对科研成果价值的评价多停留在科研人员的学术地位、发表论文的数量、获得经费的多少、获奖的数量和级别等指标上。由此,这种对学术价值和学术地位的单纯追求,还很难内化为创业文化上的追求。创业文化意味着对其教学与研究活动的评价不仅仅有传统意义上的科研价值,还可以激励他们挖掘商业价值和创新价值,并给与他们的创业行为以支持和资助。当然,要求大学培育创业文化,鼓励高等教育与科技的创新,以此来提升国家的竞争力,创业文化只是达到大学更具创新意识及更具竞争力的工具。

　　总之,我国创业型大学的治理模式仍是党委领导下的校长负责制,其外部治理迫切要求政府尊重创业型大学的法人地位、遵从市场规律,通过制度创新、政策规范等政策手段引导我国创业型大学的发展;制定相关的法律法规;构建以绩效为基础的竞争性拨款机制;把创业和带动经济发展的能力纳入评价标准。同时,大学应对自身进行准确定位,根据大学发展的实际,提出较为明确的发展目标,制定独立自主的创业战略规划;构建大学、企业、政府间的战略性合作关系;构建多元治理主体间动态灵活的治理结构;通过有效治理机制的建立实现权力间的有效制衡;形成创业文化氛围,使大学有效发挥其创业职能,成为独立自主的"站起来"的、可持续发展的大学(如图7.4所示)。

小　结

　　大学正面临着动态环境,传统大学治理模型面临着诸多挑战,有必要尝试构建一个有效治理的可能模式,即创业型大学的治理模式,通过组织或其

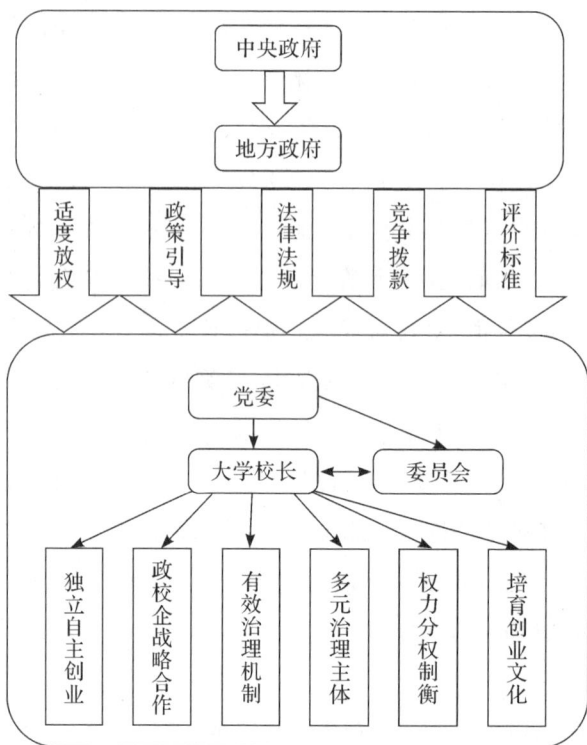

图 7.4　中国创业型大学治理模式的构建示意图

组成成分的修改和交替,形成自适应性,以适应内外部环境的变化和维持平衡状态,从而在环境的机会和威胁下依然能幸存。本书的研究对象特指创业型大学与研究型大学的交叉部分。与研究型大学相比,创业型大学在组织性质方面强调知识的创新创业、经济意义上的创收和商业价值;在组织过程方面强调社会需求导向、强调开拓、冒险、创业思维;在组织文化方面强调学术文化、行政文化与创业文化并重,强调创业精神;在组织目标方面强调学术资本主义、市场化生存;在组织关系方面注重建立大学、企业、政府间的新型战略性合作关系;在组织机制方面强调学术与社会紧密联系、产学研合作的统筹规划、学术能力和创业能力并重。

　　创业型大学模式的基本内容包括:一是创业型大学作为知识创新的主体,注重构建大学、企业、政府间的战略性合作关系;同时也巩固了其在大学、企业、政府三螺旋关系中的独立中心地位。二是创业型大学的职能不仅包括教学、科研、社会服务这三项职能,还通过科研成果的商业化、学术创业、创业文化的营造呈现其创业职能。三是创业型大学开始探索实行独立自主的创业战略、实行多元利益相关者的共同治理模式、营造学术文化、行政文化、创业文化相互融合的和谐氛围以实现其有效治理。而为了对大学内外部各种环境力量的影响作出及时反应,具有自适应性的创业型大学治理模式正在形成。在该模式下,政府通过政策引导、法律制度保障、资金支持等手段;企业因其技术需求提供经费支持;大学通过践行独立自主的创业战略形成大学、企业、政府间的战略性合作关系。同时,大学在构建多元利益相关者主体共同治理结构的基础上,通过制度制约机制、程序制约机制、柔性化协同机制和有效激励机制等实现权力间的有效制衡。此外,学术文化、行政文化、创业文化得以有效融合,形成强有力的治理文化保障。

目前中国创业型大学的治理层面上还存在着一系列问题。其一,在大学使命、目标定位层面,尚未形成统一的对创业型大学的认识;政府仍然是主要的资金来源,还不善于从第三渠道获得资金;大学内部成员对创业的态度并不一致,创业文化氛围不浓。其二,在管理体制层面上,“官本位”思维依然存在,多为“官员型领导”;缺乏冒险创新创业精神,离创业型领导的标准还有很大距离;其科研产出和人才输出与社会经济需求还存在一定的差距;教育管理制度没有为高校教师科研创新提供有利的政策环境;缺乏专业的相关创业机构。

我国创业型大学的建设实践道路还处于起步阶段,还需要在国外创业型大学的经验基础上,结合我国国情和高等教育大环境的具体情况来进行改革。其中,我国创业型大学外部治理的建设重点在于构建新型的战略合作关系,既需要政府的政策、资金支持,转变政府职能,也需要争取企业的积极参与与支持,获得与企业的各种合作和资金赞助,更离不开大学自身自主自治权的保障。同时,对大学、企业、政府三股力量实施科学有效的权力制衡,以保障创业型大学独立自主的创业战略的有力践行。

我国创业型大学内部治理的完善策略包括:在治理结构方面,鼓励师生广泛参与,健全决策监督与信息反馈系统;建立完善的法人治理机构,激发大学办学活力。在治理过程方面,创建决策权力机制的最优配置;明晰学术权力与行政权力的权责界限；实现学术权力与行政权力的有效制衡。在治理文化方面营造学术文化、行政文化和创业文化的和谐氛围。

总之，我国创业型大学的治理模式仍是党委领导下的校长负责制，其外部治理迫切要求切实转变政府职能，赋予创业型大学更多的办学自主权；政府应尊重创业型大学的法人地位、遵从市场规律，通过制度创新、政策规范等手段引导我国创业型大学的发展；制定相关的法律法规；构建以绩效为基础的竞争性拨款机制；把创业和带动经济发展的能力纳入评价标准。同时，大学应对自身进行准确定位，根据大学发展的实际，提出较为明确的发展目标，制定独立自主的创业战略规划；构建大学、企业、政府间的战略性合作关系；构建多元治理主体间动态灵活的治理结构；通过有效治理机制的建立实现权力间的有效制衡；形成创业文化氛围，使大学有效发挥其创业职能，成为独立自主的"站起来"的、可持续发展的大学。

第八章　结　论

对创业型大学的研究日益增多，而本书主要从创业型大学的内外部治理模式分析入手，有其特定的创新点，但也存在着不足，并期待在以后的研究中能有新的进展。

第一节　主要结论

在第二次学术革命的"催生"、政府政策和激励措施的"推力"及市场机会的"拉力"下，创业型大学成功崛起，成为继研究型大学之后的一种全新的大学模式。为了对大学内外部各种环境力量的影响作出及时反应，为了回应知识经济提出的新要求，创业型大学除了教学、研究和为社会服务的职能，还呈现出新的职能即创业职能，并结合大学、企业、政府的三重力量、以强烈的创新创业精神、通过将研究成果商业化来促进社会经济发展，进一步改善大学经营模式，以创新创业的新姿态来获得多元化的资金来源，以达成大学自力更生、可持续发展的最终目标。综述以上几章内容，主要结论概述如下。

一、创业型大学与研究型大学的异同

创业型大学和研究型大学并不是完全对立的概念，同时二者也不是包含关系，而是存在着交叉关系。而本书的研究对象特指创业型大学与研究型大学的交叉部分，与其他研究型大学和其他创业型大学相对应，并区分开来。与研究型大学相比，创业型大学在组织性质方面强调知识的创新创业、

经济意义上的创收和商业价值；在组织过程方面强调社会需求导向，强调开拓、冒险、创业思维；在组织文化方面强调学术文化、行政文化与创业文化并重，强调创业精神；在组织目标方面强调学术资本主义、市场化生存；在组织关系方面注重建立大学、企业、政府间的新型战略性合作关系；在组织机制方面强调学术与社会紧密联系、产学研合作的统筹规划、学术能力和创业能力并重。

大学正面临着动态环境，传统研究型大学治理模型在许多地方受到挑战，可以尝试构建一个有效治理的可能模式，即创业型大学的治理模式，通过组织或其组成成分的修改和交替，形成自适应性，以适应内外部环境的变化，从而在环境的机会和威胁下依然能幸存，由此具有自适应性的创业型大学治理模式正在形成。在该模式下，政府通过政策引导、法律制度保障、资金支持等手段；企业因其技术需求提供经费支持；大学通过践行独立自主的创业战略形成大学、企业、政府间的战略性合作关系。同时，大学在构建多元利益相关者主体共同治理结构的基础上，通过制度制约机制、程序制约机制、柔性化协同机制和有效激励机制等实现权力间的有效制衡。此外，学术文化、行政文化、创业文化得以有效融合，进而形成强有力的治理文化保障。

二、创业型大学的外部治理模式

外部治理模式的改变既是大学适应外部环境变化的有效手段，也是其必然结果，而创建科学有效的外部治理模式是创业型大学成功崛起的一个关键因素。治理结构、治理过程、治理文化和环境变量通过机构的自适应性发生相互作用，创业型大学的自适应性要求在治理结构、治理过程、治理文化中作出修改，以回应不断变化着的外部环境。

首先，创业型大学的外部治理结构涉及大学、企业、政府间相互促进的战略合作关系。其中，创业型大学秉持着创业精神和竞争、冒险意识，注重拓展多元资金来源渠道，善于获得各竞争性研究项目资金，在资金自筹能力有较大程度的提升。同时政府在对大学的政策与法令管控及干预方面，以促进性政策为主，并强调成果的问责性；在资金投入方面，以绩效为基础的竞争性项目资助为主，并进行远程调控。同时，大学与企业基于知识生产与转化的联盟基础,致力于形成促进创新与创业的良好互动机制。企业承担了创业创新发动者的角色,而创业型大学通过充分发挥知识成果的转化作用,为企业提供服务,从而成为大公司创新的合作者;通过建立专门组织机构以促进与企业的合作。

其次,创业型大学的外部治理是外部利益相关者间决策制订和博弈的一个复杂的、不可控的动态过程,并总是受到人的因素、文化的因素、人际关系的因素等多方面的影响,致力于使不同外部利益相关者主体的权责利益得到有效实现。企业、政府作为创业型大学的关键外部利益相关者,在对组织活动产生影响的过程中,三者权力间存在着高相互依赖性;同时,三者形成了一种双重权力制衡关系:第一重制衡表现为政府控制与大学自治之间的制衡;第二重制衡表现为企业与大学间的制衡关系。简而言之,大学享有较大程度的自治,但政府可以通过立法、财政等手段对大学施加影响和控制(其中中介组织起着一定的协调作用),企业可以通过资金赞助、决策参与等手段对大学进行制衡。

再次,创业型大学的外部治理文化涉及以创业精神为核心的一套理念体系,主要包含创业价值观和创业战略两个方面。创业型大学在整体战略层面上,注重把创业精神融入其中;在具体策略实施中,注重明晰和统一其使命、目标,使其人、系统和结构都能支持大学的创业价值观。创业型大学的新使命包括知识的资本化、创业能力的培养,应同时注重研究、教学和创业活动,把大学和知识使用者更紧密地联系在一起,并使大学成为经济参与者,同时注重经世致用的创新与创业文化的培育。此外,创业战略意味着对全局的统筹和管理、综合组织的优势和劣势、面临的发展机遇及其威胁等一系列新的因素,来积极主动感应内外部环境的变化;并由此以整个大学和大学的长远发展为目标,来进行一系列相互联系的改变或调整活动,从而为大学承担起风险,并推动大学整体工作的顺利进行。同时,创业战略体现着灵活性和统一性相结合的特征,注重各利益相关者的利益诉求,并具备自上而下与自下而上相结合的战略规划流程,是一种动态的、创造性的、弹性的和开放性的战略模式,通过与外部环境的协调实现大学治理目标,能够为大学治理提供空间。

三、创业型大学的内部治理模式

创业型大学的内部治理模式可以看成是一个有效组合,由治理结构、治理过程和治理文化三个核心因素组成。

首先,治理结构是构建创业型大学的内部治理模式的基石。在创业型大学治理结构中,除了存在咨询机构、决策机构、学术机构等组织,还存在着一系列创业组织机构,其各利益相关者成为这些机构的成员来参与到大学的共同治理和共同决策中。其中,咨询机构如顾问委员会,一般不参与实际管理工作,其拥有咨询权、监督权,提供政策性建议;决策机构如理事会,拥有决策权,任免校长、副校长,决定大学未来的发展方向,对大学各项事务有着最终决策权,并把大学的运营权授予校长;学术机构如学术评议会,负责管理、指导、规范、促进和监督教育、教学、科研,确保大学的学术质量和标准;创业机构如技术转移中心、创业中心、大学有限公司、科技园、对外联络办公室等致力于大学科研成果的市场化、商业化,更好地促进教学、科研和知识的转移,为创业建立一个知识转化平台,以更好地践行创业精神和促进创业活动的顺利开展。

其次,治理过程是大学有效治理形成的关键。创业型大学的内部治理过程究其本质而言,体现为权力在咨询机构、决策机构、学术机构、创业机构中的分配,以及他们相互间的博弈、竞争制衡。由于咨询机构往往只发挥其咨询作用,并没有实际参与到大学的管理事务中,因此在此不再赘述。若从权力的性质分析,主要体现为行政权力和学术权力。二者在权力性质、运行规则、来源、运行目标方面存在着不同,但都是为大学的良性运转服务,且二者的权力主体也存在一定的重合。若从权力的分权和制衡分析,创业型大学内部治理结构的第一重制衡表现为决策机构,即理事会与以校长为首的高级行政人员之间的权力制约;第二重制衡表现为以校长为首的高级行政管理人员与学术机构间,即行政权力与以教授为核心的学术权力间的相互制约;第三重制衡表现为以学术机构与创业机构间的相互制约。由此,创业型大学内部就形成了决策机构、学术机构、创业机构间的分权制衡治理结构。此外,创业型大学有效治理过程的实现还需要有效治理机制,如制度制约机制、程序制约机制、柔性化协同机制、有效激励机制的保障。

再次,治理文化是大学有效治理形成的保障。创业型大学的治理文化目标是形成学术文化、行政文化、创业文化的和谐文化氛围,这一目标的实现要求创业型大学应使创业的理念尽快被组织成员接受,并内化为人们日常的行为,从而为满足环境需求的创新和创造力提供良好的氛围。学术文化是一种基于学术自由、追求真理、崇尚科学的文化。行政文化是在行政实践活动基础上形成的,是与行政相关的文化。创业文化是指大学以知识的实用性为导向,通过知识的创新和应用来促进知识成果转化、创新创造知识的经济价值的过程中所形成的一套得到各成员共同认可的行为准则和价值观。此外,在不同的内外部环境背景下,大学在组织变革、创业文化方面存在着差别,并在创业活动的态度和参与度上也存在着异同,由此形成了不同的治理文化模型:Ⅰ型、Ⅱ型、Ⅲ型、Ⅳ型、Ⅴ型。当然,并不是每个大学的治理文化模型都是线性发展的,即从Ⅰ型向Ⅴ型转变,而Ⅴ型是创业型大学治理文化创新模型的理想模型,其主要特征包括:大学拥有较大程度上的自治权和自力更生的能力;大学在各创业活动中风险共担、权责明晰;行政文化、学术文化和创业文化得以有效融合。

四、英国约克大学和韩国浦项科技大学的治理模式对比

就英国约克大学而言,首先,在治理结构层面上,其创业治理模式离不开大学、企业、政府间的创业合作关系的构建,而在这三者的关系中,中介组织的作用也是举足轻重的。其中,英国政府以政策为导向来保障大学的自治权,同时拨出专款促进大学与企业的合作;约克大学与企业的关系是双向交互合作关系,大学通过为企业提供咨询服务、前沿科学技术支持、培养企业所需要的各式人才、与企业共同参与科研项目、订立合同等方式向企业提供人才、知识、技术的支持,来换取企业对大学在财(主要表现为科研经费)、物等方面的回报;中介组织在经费拨款、质量监督、绩效管理等方面发挥着重要作用。同时,为推进创新创业,约克大学进一步完善多元利益相关者主体共同治理模式,即由校务委员会、理事会、学术评议会和一系列创业组织共同构成的正式内部治理结构。校务委员会拥有监督学校活动及资源使

用、人事任命、财政管理等权力;理事会拥有决策权;学术评议会拥有纯学术问题上的权力;创业组织包括工业和创新办公室、专利办公室、知识转让合作组织、技术转移中心、创业中心等。其次,在治理过程层面上,约克大学的教师职务晋升秉承"公开、公平、公正"原则,按照既定程序进行评审;制定了程序公正、流程清晰的教师招聘制度,并写入了员工手册,建立了一整套完整、公正的教师考核制度;建立了科学有效的知识成果转化机制,并提供相关平台和服务以促进师生创业;建立了以效率和质量为导向的有效激励机制、学术创业的相关配套制度以及有关知识资本化的专利制度。再次,在治理文化层面上,注重动态平衡大学内外环境压力,强化创业导向,重视学校层面的协调引导和必要集权,有效地将研究、教学、社会服务和创业融合在一起,主动走出一条新的、较少依赖国家资金支持的独立发展之路。

就韩国浦项科技大学而言,首先,在治理结构层面上,大学、企业、政府间以共同发展为目的,充分发挥各自的重要作用,致力于形成战略性合作关系。其中韩国政府注重提升地方高校的创新创业能力、鼓励高校参与产学研合作、实现大学的特色化发展、促进大学管理机构的自律化;企业(尤其是韩国浦项制铁公司)在人、财、物方面是一股重要的支持力量,为韩国浦项科技大学每年在人、财、物等各方面都保持连续的资助,如提供研究资金、赞助建设研究设施等;同时韩国浦项科技大学也通过向其提供优秀人才、咨询服务、前沿科研成果等对韩国浦项制铁公司的企业研发报以非常丰厚的回报,二者形成互相支持、共同发展的双赢关系。同时,为推进创新创业,韩国浦项科技大学进一步完善多元利益相关者主体共同治理模式,其内部治理主体包括校长、大学评议会、理事会、教授会,分别代表不同利益相关者主体,并在决策过程中发挥各自的作用,其他的治理要素还包括一系列创业组织等。校长对与学校运营相关的所有事务拥有决定权,制定并修改校规,对所有教师和学生拥有监督权和指导权等;大学评议会是私立大学中的法定机构,也是法律上必须的审议、咨询机构;理事会是大学的决策机构;教授会是私立大学中的法定机构,也是法律上必须的学术机构;创业组织包括韩国浦项科技大学研究商业发展基金会、产学合作团、研究和企业关系委员会等。其次,在治理过程层面上,韩国浦项科技大学的各利益相关者治理主体在职务晋升、教师招聘及任免、校长选任机制上各司其责,学术权力和行政权力得以有效发挥。实质上,校长拥有任命权和最高的决策权,而大学内部成员只能通过参与校长选任过程或是使大学评议会或教授会成为合法的正式决策机构来参与到大学的决策中;而且校长虽然由理事会任命,但并没有相关的法律或条款规定把校长的选任权赋予教师或其他参与者,因此无法得到实质性的保障。再次,在治理文化层面上,韩国浦项科技大学在课程体系、设施建设、产学研合作等层面上致力于建立一种鼓励创新、创造、合作的挑战性精神的创业文化。

通过英国约克大学和韩国浦项科技大学的个案对比研究,首先,二者在治理结构层面上,都注重发展大学、企业、政府间的战略合作关系;都寻求咨询机构、决策机构、学术机构、创业机构的多元利益相关者的共同治理;但约克大学更注重中介组织的缓冲作用;拥有大学自主自治的办学传统;其合议机构是正式的法定机构,有实质性保障;而韩国浦项科技大学则拥有浦项制铁公司的大力支持;提倡大学的自主化;其合议机构则是选择性的非正式法定机构,无实质性保障。其次,在治理过程层面上,都有专门的委员会对相关职务晋升、教师招聘事项进行决议;有着相似的决议程序;但约克大学的教师及其他利益相关者主体与校长间的权力冲突较不明显;而韩国浦项科技大学的教师及其他利益相关者主体与校长间的权力冲突较为明显。再次,在治理文化层面上,二者都注重发展独立自主的创业战略;寻求学术文化、行政文化与创业文化的和谐统一;但约克大学的学术自由、自治氛围更为浓厚;而韩国浦项科技大学更注重鼓励创业的校园实体设施的建设,如诺贝尔公园、"未来韩国科学家"塑像广场等。

五、我国创业型大学内外部治理模式的改进建议

就外部治理模式而言,我国创业型大学的建设重点在于构建新型的战略合作关系,既需要政府的政策、资金支持和转变政府职能,也需要争取企业的积极参与与支持,以及获得与企业的各种合作和其资金赞助,更离不开大学自身自主自治权的保障。同时,对大学、企业、政府三股力量实施科学有效的权力制衡,以保障创业型大学独立自主的创业战略的有力践行。就

内部治理模式而言,我国创业型大学的完善策略包括:在治理结构方面,鼓励师生广泛参与,健全决策监督与信息反馈系统;建立完善的法人治理机构,激发大学办学活力。在治理过程方面,创建决策权力机制的最优配置;明晰学术权力与行政权力的权责界限;实现学术权力与行政权力的有效制衡。在治理文化方面,营造学术文化、行政文化和创业文化的和谐氛围。

　　总之,我国创业型大学的治理模式仍是党委领导下的校长负责制,其外部治理迫切要求切实转变政府职能,赋予创业型大学更多的办学自主权;政府应尊重创业型大学的法人地位、遵从市场规律,通过制度创新、政策规范等手段引导我国创业型大学的发展;制定相关的法律法规;构建以绩效为基础的竞争性拨款机制;把创业和带动经济发展的能力纳入评价标准。同时,大学应对自身进行准确定位,根据大学发展的实际,提出较为明确的发展目标,制定独立自主的创业战略规划;构建大学、企业、政府间的战略性合作关系;构建多元治理主体间动态灵活的治理结构;通过有效治理机制的建立实现权力间的有效制衡;形成创业文化氛围,使大学有效发挥其创业职能,成为独立自主的"站起来"的、可持续发展的大学。

第二节　主要创新点

　　本书的创新点主要体现在以下两个方面:

　　其一是较新的研究视角。在第二次学术革命的"催生"、政府政策和激励措施的"推力"及市场机会的"拉力"下,创业型大学应运而生,并引起国内外学界的广泛关注,但就当前而言,尚未出现系统的、专门研究创业型大学的治理模式的著作。创业型大学作为一种新的办学模式,其异军突起的因素固然很多,但本书从大学治理视角入手,基于创业型大学治理的二维分析框架,即以外部治理和内部治理为纵向维度及以治理结构、治理过程、治理文化为横向维度,尝试构建具有自适应性的创业型大学治理模式。在该模式下,政府通过政策引导、法律制度保障、资金支持等手段进行调控,企业因其人才、知识和技术的需求提供经费支持,大学践行独立自主的创业战略,从而形成大学、企业、政府间的战略性合作关系,使得大学主动拓展多元资金渠道,降低对政府资金的依赖程度,进一步提升办学自主性。同时,创业型大学注重形成多元治理主体共同治理的动态灵活的治理结构,通过制度制约机制、程序制约机制、柔性化协同机制和有效激励机制等致力于维持各权力间的分权与制衡,以及营造学术文化、行政文化和创业文化的包容性氛围,以形成强有力的治理文化保障。

其二是多元的研究方法。本书综合运用文献分析法、案例分析法、比较分析法来开展研究。本书以建校时间仅有50年左右却跻身世界一流大学行列的创业型大学为重点研究对象,通过对英国约克大学、韩国浦项科技大学这两所代表性的创业型大学的案例分析,结合应用教育学、管理学、社会学等多学科研究理论,主要是利益相关者共同治理理论,大学、市场、政府关系理论以及委托代理理论,从治理结构、治理过程和治理文化三个层面来具体展现它们的内外部治理模式,并进行异同比较。同时,通过对大学治理与大学管理、创业(研究)型大学与(其他)研究型大学、不同创业型大学的治理模式的比较分析来进一步概括和凸现创业型大学的治理模式,并基于对我国创业型大学建设与治理现状的梳理分析,提出了我国创业型大学外部治理的建设重点和内部治理的完善策略。

第三节　研究不足与展望

本书在取得一些创新性结论的同时,也存在一些不足,需要今后以大学教育工作者应有的使命感和责任感,继续加强创业型大学治理问题的研究。

一、实证研究有待加强

研究的基础是收集掌握丰富的一手材料。创业型大学治理模式的研究涉及内外部各利益相关者的权力运行和利益分配活动,而这些权力和利益活动又具有私密性和敏感性,在收集相关一手资料的过程中总是会碰到层层阻碍。此外,本书的研究对象都是国外的大学,尽管通过国家公派联合培养博士生的项目平台,笔者前往美国威斯康星大学麦迪逊分校进行交流访问,获得了部分一手资料,但是对这些大学的深入研究依然存在着一定的难度。不得不说，一手材料的相对不足，问卷、访谈等实证研究方法的缺少，影响了本书中对于主观与客观、实证研究与逻辑思辨之间关系的把握。在考察创业型大学内部治理模式和外部治理模式的章节中，本书采用了基于经验材料的个案分析方法，个案的特殊性能为研究提供深度，但很难判断这种深度是否具有普遍性，也在一定程度上简化了创业型大学治理模式的丰富形态。

二、治理模式的差异性尚待细究

"高等教育机构过去之所以有卓越的顺应性和适应变化的能力，是因为有强烈的企业家式的管理和执行的文化。现在的挑战是，如何利用企业活动的创造性和活力来保存大学的基本使命。"[①]由于中外环境不同、层次不同、类型不同，在如何利用企业活动的创造性和活力来保存大学的基本使命上，不同创业型大学有着不同的做法。由此，在成功转型为创业型大学之后，如何平衡创业与教学、科研、社会服务的职能成为后续研究的重要课题。同时，不同创业型大学的治理模式也呈现出不同的特征，且每一种治理模式的形成都有其复杂的原因，不能一概而论。由于研究时间和条件限制，本书主要以英国约克大学和韩国浦项科技大学为个案研究，而对其他国家、其他层次和类型的大学的研究不够充足，对这两所大学治理模式中存在的潜在特征还有待进一步深度挖掘。因此，应选取更多国家的创业型大学作为研究对象，在考察更多创业型大学的治理模式的基础上，归纳出更具一般意义的有效治理模式。此外，创业型大学治理模式是多元的、复杂的、特殊的，也是动态发展的；尽管在写作过程中，笔者尝试构建了创业型大学的可能的有效治理模式，但还需要在实践中得到检验并需不断完善。另外，本书所构建的创业型大学模式，是基于研究型大学的一般现状而提出来的，而对于其他类型、层次的大学，如何科学看待创业型大学的模式，有选择性吸收新的要素，需要进一步探讨。

---

① ［美］詹姆斯·杜德斯达、弗瑞斯·沃马克著，刘济良译，王定华校：《美国公立大学的未来》，北京：北京大学出版社，2008 年，第 167 页。

参考文献

一、中文文献

（一）著作类

[1] 艾宏歌主编:《当代韩国教育政策与改革动向》,北京:社会科学文献出版社,2011年。

[2]《辞海》,上海:上海辞书出版社,2002年。

[3] 戴晓霞、莫家豪、谢安邦主编:《高等教育市场化》,北京:北京大学出版社,2004年。

[4]《国家中长期教育改革和发展规划纲要(2010—2020年)》,北京:人民出版社,2010年。

[5] 何维达:《企业委托代理制的比较分析:制衡机制与效率》,北京:中国财政经济出版社,1998年。

[6][加]约翰·范德格拉夫等编著,王承绪等译:《学术权力:七国高等教育管理体制比较》,杭州:浙江教育出版社,1989年。

[7] 李福华:《大学治理的理论基础与组织架构》,北京:教育科学出版社,2008年。

[8][美]弗里曼著,王彦华、梁豪译:《战略管理:利益相关者方法》,上海:译文出版社,2006年。

[9][美]埃德加·沙因著,马红宇等译:《组织文化与领导力:如何以最有效的方式认识和打造组织》,北京:中国人民大学出版社,2011年。

[10][美]布鲁贝克著,王承绪译:《高等教育哲学》,杭州:浙江教育出版社, 1998年。

[11][美]伯顿·克拉克著,王承绪译:《大学的持续变革:创业型大学新案例 和新概念》,北京:人民教育出版社,2008年。

[12][美]伯顿·克拉克著,王承绪译:《建立创业型大学:组织上转型的途 径》,北京:人民教育出版社,2003年。

[13][美]伯顿·R.克拉克著,王承绪等译:《高等教育系统:学术组织的跨国 研究》,杭州:杭州大学出版社,1994年。

[14][美]道格拉斯·C·诺斯著,陈郁、罗华平等译:《经济史中的结构与变 迁》,上海:上海人民出版社,1994年。

[15][美]德里克博克著,徐小洲、陈军译:《走出象牙塔:现代大学的社会责 任》,杭州:浙江教育出版社,2001年。

[16][美]菲利普·G·阿特巴赫著,人民教育出版社教育室译:《比较高等教 育:知识、大学与发展》,北京:人民教育出版社,2001年。

[17][美]菲利普·阿特巴赫、贾米尔·萨尔米主编:《世界一流大学:发展中 国家和转型国家的大学案例研究》,上海:上海交通大学出版社, 2011年。

[18][美]弗兰克·H.T.罗德斯著,王晓阳、蓝劲松等译:《创造未来:美国大 学的作用》,北京:清华大学出版社,2007年,第26页。

[19][美]亨利·埃兹科威茨、[荷]劳埃特·雷德斯多夫编,夏道源等译,胡 新和等校:《大学与全球知识经济》,南昌:江西教育出版社,1999年。

[20][美]亨利·埃兹科威茨著,周春彦译:《国家创新模式:大学、产业、政府 "三螺旋"创新战略》,北京:东方出版社,2014年。

[21][美]亨利·埃兹科威茨著,王孙禹、袁本涛等译:《麻省理工学院与创业 科学的兴起》,北京:清华大学出版社,2007年。

[22][美]亨利·埃兹科威茨、[荷]劳埃特·雷德斯多夫编,夏道源等译,胡 新和等校:《大学与全球知识经济》,南昌:江西教育出版社,1999年。

[23][美]亨利·埃茨科威滋著,周春彦译:《三螺旋:大学、产业、政府三元一 体的创新战略》,北京:东方出版社,2005年。

[24][美]亨利·罗索夫斯基,谢宗仙、周灵芝、马宝兰译:《美国校园文化:学生、教授、管理》,济南:山东人民出版社,1996年。

[25][美]乔治·凯勒著,别敦荣译:《大学战略与规划、美国高等教育管理革命》,青岛:中国海洋大学出版社,2005年。

[26][美]罗伯特·伯恩鲍姆著,别敦荣主译:《大学运行模式:大学组织与领导的控制系统》,青岛:中国海洋大学出版社,2003.

[27][美]罗伯特·K·殷著,周海涛主译,李永贤、张蘅参译:《案例研究:设计与方法》,重庆:重庆大学出版社,2010年。

[28]罗纳德·G.艾伦伯格主编,沈文钦、张婷姝、杨晓芳译:《美国的大学治理》,北京:北京大学出版社,2010年。

[29][美]西蒙·马金森、马克·康西丹著,周心红译:《澳大利亚企业型大学的权力结构、管理模式与再创造方式》,杭州:浙江大学出版社,2007年。

[30][美]希拉·斯劳特、拉里·莱斯利著,梁骁、黎丽译:《学术资本主义:政治,政策和创业型大学》,北京:北京大学出版社,2008年。

[31][美]约翰·W·纽斯特罗姆、基斯·戴维斯著,陈兴珠、罗继等译,王垒校:《组织行为学》,北京:经济科学出版社,2000年。

[32][美]詹姆斯·杜德斯达、弗瑞思·沃马克著,刘济良译:《美国公立大学的未来》,北京:北京大学出版社,2008年。

[33]世界银行、联合国教科文组织特别工作组编著,蒋凯主译,马万华校:《发展中国家的高等教育:危机与出路》,北京:教育科学出版社,2001年。

[34]王雁:《创业型大学:美国研究型大学模式变革的研究》,杭州:浙江大学出版社,2005年。

[35]王雁:《创业型大学:美国研究型大学模式变革的研究》,上海:同济大学出版社,2011年。

[36]温正胞:《大学创业与创业型大学的兴起》,杭州:浙江大学出版社,2011年。

[37][英]迈克尔·夏托克著,范怡红主译:《成功大学的管理之道》,北京:北京大学出版社,2008年。

[38]张国庆主编:《行政管理学概论》,北京:北京大学出版社,1990 年。

[37]张维迎:《大学的逻辑》,北京：北京大学出版社,2005 年。

[38]赵跃宇主编:《世界一流大学内部治理体系研究》,北京:高等教育出版社,2016 年。

（二）学位论文类

[1]龙献忠:《从统治到治理:治理理论视野中的政府与大学关系研究》,华中科技大学博士学位论文,2005 年。

（三）期刊论文类

[1]陈汉聪、邹晓东:《发展中的创业型大学：国际视野与实施策略》,《比较教育研究》,2011 年第 9 期。

[2]陈娴、顾建民:《大学治理与大学管理的概念辨析:西方学者的观点》,《高教探索》,2017 年第 4 期。

[3]陈伟、韩孟秋:《欧洲创业型大学的组织转型及其启示》,《理工高教研究》,2003 年第 2 期。

[4]丁学良:《什么是世界一流大学》,《高等教育研究》,2001 年第 3 期。

[5]龚怡祖:《现代大学治理结构:真实命题及中国语境》,《公共管理学报》,2008 年第 5 期。

[6]顾建民:《大学治理的内涵建设》,《苏州大学学报》,2015 年第 4 期。

[7]顾建民、刘爱生:《 超越大学治理结构——关于大学实现有效治理的思考》,《高等教育研究》2011 年第 9 期。

[8]和震:《大学自治研究的基本问题》,《清华大学教育研究》,2005 年第 6 期。

[9]胡春光、黄文彬:《创业型大学的组织转型及其启示》,《北京教育(高教版)》, 2005 年第 7 期。

[10]金振彪:《基于大学特色化办学的高等教育革新方案研究》,《韩国经济政策论丛(韩国)》,2005 年第 1 期。

[11]雷蒙德·迈尔斯等:《组织战略、结构和过程》,《管理学会评论》,1978 年第 3 期。

[12]李福华:《利益相关者理论与大学管理体制创新》,《教育研究》,2007 年第 7 期。

[13]李立国:《学术权力的特征与运行机制》,《学术界》,2004 年第 1 期。

[14]李奇:《美国大学治理的边界》,《高等教育研究》,2011 年第 7 期。

[15]刘献君:《大学共同治理的意义及其实现方式》,《山东高等教育》,2015 年第 3 期。

[16][美]伯顿·克拉克:《自主创新型大学:共治、自治和成功的新基础》,《清华大学教育研究》,2000 年第 4 期。

[17][美]菲利普·G.阿特巴赫:《全球化驱动下的高等教育与 WTO》,《比较教育研究》,2002 年第 11 期。

[18][美]雷蒙德·迈尔斯等:《组织战略、结构和过程》,《管理学会评论》,1978 年第 3 期。

[19][美]马文·彼得森:《大学和学院组织模型:历史演化的视角》,《北京大学教育评论》,2007 年第 1 期。

[20]潘懋元:《走向社会中心的大学需要建设现代制度》,《现代大学教育》,2001 年第 1 期。

[21]眭依凡:《大学的使命及其守护》,《教育研究》,2011 年第 1 期。

[22]田华:《韩国釜山高等教育与区域互动发展政策及启示》,《高等农业教育》,2008 年第 11 期。

[23]金振彪:《基于大学特色化办学的高等教育革新方案研究》,《韩国经济政策论丛(韩国)》,2005 年第 1 期。

[24]王洪才:《论大学内部治理模式与中位原则》,《江苏高教》,2008 年第 1 期。

[25]谢凌凌:《大学学术权力行政化及其治理、基于权力要素的视角》,《高等教育研究》,2015 年第 3 期。

[26]薛娇:《在产学研结合中不断提升研究型大学的品质:访英国约克大学副校长克里斯·亨舍尔教授》,《中国高校科技与产业化》,2008 年第 4 期。

[27]赵中建:《21 世纪世界高等教育的展望及其行动框架:98 世界高等教育

大会概述》,《上海高教研究》,1998 年第 12 期。

[28]周春彦、[美]亨利·埃茨科威滋:《三螺旋创新模式的理论探讨》,《东北大学学报(社会科学版)》,2008 年第 4 期。

(四)电子文献类

[1]北京市人民政府办公厅关于印发加快推进高等学校科技成果转化和科技协同创新若干意见(试行)的通知[EB/OL],http://zhengwu.beijing.gov.cn/gzdt/gggs/t1339772.htm,2014-1-09.

[2]国家中长期科学和技术发展规划纲要(2010—2020 年)[EB/OL],http://www.gov.cn/jrzg/2010-07/29/content_1667143.htm,2010-7-29.

[3]国家创新驱动发展战略纲要[EB/OL],http://www.most.gov.cn/kjzc/gjkjzc/gjkjzczh/201701/t20170117_130531.htm.2017-1-17.

[4]全球最具潜力大学排行榜公布[EB/OL],http://www.chinanews.com/edu/2013/06-20/4947695.shtml,2013-6-20.

[5]新自由主义[EB/OL],http://en.wikioedia.org/wiki/Neoliberalism.2013-6-20.

[6]中华人民共和国促进科技成果转化法(2015 年修订)[EB/OL],http://www.most.gov.cn/fggw/fl/201512/t20151203_122619.htm.2015-8-31.

(五)报纸文章类

[1]上海交通大学 21 世纪发展研究院和高等教育研究所:《我们离世界一流大学有多远》,《中国教育报》,2002-03-12。

[2]王康、苏红:《韩国浦项工科大学迈向世界名校之路》,《科学时报》,2011-03-22(B3)。

(六)论文集

[1]吕达、周满生主编:《当代外国教育改革著名文献(英国卷,第一册)》,北京:人民教育出版社,2004 年。

[2][美]罗纳德·G·埃伦伯格主编,沈文钦、张婷姝、杨晓芳译:《美国的大学治理》,北京:北京大学出版社,2010 年。

二、英文文献

（一）著作类

[1] Alain Fayolle, Dana T. Redford, *Handbook on the Entrepreneurial University* (Massachusetts：Edward Elgar Publishing，2014).

[2] Anne Corbett, *Universities and the Europe of Knowledge*；*Ideas, Institutions and Policy Entrepreneurship in European Union Higher Education Policy* 1955—1987 (Basingstoke：Palgrave Macmillan, 2005).

[3] Arsteh H. , Jahed H, *Organizational Structure Fits The Entrepreneurial University*：*Total of Articles in First International Management*, *Futurism*, *Entrepreneurship and Technology in Higher Education* (University of Kurdistan，2011).

[4] Ashby E. , Anderson M, *Universities：British, Indian, African. A Study in the Ecology of Higher Education* (London，Weidenfeld and Nicolson，1966).

[5] Attila Varga, *Universities, Knowledge Transfer and Regional Development：Geography Entrepreneurship and Policy* (Cheltenham, UK and Northampton, MA, USA：Edward Elgar Publishing Limited, 2009).

[6] Shattock Michael, *The Structure and Governance of Higher Education*，*Society for Research into Higher Education*，1983.

[7] Carnegie, *Foundation on Higher Education：New Students and New Places*：*Policies for the Future Growth and Development of American Higher Education* (New York：McGraw-Hill，1971).

[8] Clark Kerr, Marian L. Gade, *The Many Lives of Academic Presidents：Time, Place and Character* (Washington, DC：Association of Governing Boards of Universities and Colleges，2003).

[9] David D. Dill, Frans A. Van Vught, *National Innovation and the Academic Research Enterprise* (New York: Johns Hopkins University Press,2009).

[10] Dennis John Gayle, Tewarie, Bhoendradatt, White A. Quinton, Jr, *Governance in the Twenty-first-century University: Approaches to Effective Leadership and Strategic Management* (San Francisco, California: Wiley Subscription Services, 2003).

[11] DFES, *The Future of Higher Education* (London:HMSO,2003).

[12] Etzkowitz H, *The Second Academic Revolution: MIT and the Rise of Entrepreneurial Science* (New York: Gordon&Breach, 2002).

[13] Evan W. M. Freeman R. A, *Stakeholder Theory of the Modern Corporation: Kantian Capitalism* (Englewood Cliffs: Prentice Hall, 1997).

[14] Gareth L Williams, *Changing Patterns of Finance in Higher Education* (SRHE and Open University Press,1992).

[15] Freeman, R. E. , *Strategic Management: A Stakeholder Approach* (Boston: Pitman Publishing,1984).

[16] Gibbons, Limoges. , Nowotny. , Schwartzman. , Scott. , Trow, *The New Production of Knowledge: The Dynamics of Science and Research in Contemporary Societies* (London:Sage,1994).

[17] Holden Throp. , Buck Goldstein, *Engines of Innovation: The Entrepreneurial University in the Twenty-first Century* (New York:The University of North Carolina Press,2010).

[18] James J. F. Forest and Philip G. Altbach, *International Handbook of Higher Education* (Springer,2007).

[19] James L. Fisher, James V Koch, *The Entrepreneurial College President* (Westport, CT: American Council on Education and Praeger Publishers,2004).

[20] Jean Jacques Laffont, David Martimort, *The Theory of Incentives:*

The Principal-Agent Model (Princeton University Press,2001).

[21] Jurgen Kohler and Josef Huber, *Higher Education and Governance*: *Between Democratic Culture*, *Academic Aspirations and Market Forces* (Stasbourg,France:Council of Europe, 2006).

[22] John J. Corson, *The Governance of Colleges and Universities*: *Modernizing Structure and Process* (New York: McGraw-Hill Book Co. , 1975).

[23] John P. Kotter, *What Leaders Really Do* (Boston:Harvard Business Press, 1999).

[24] Kenneth P. Morimer, T. R. McConnell, *Sharing Authority Effectively: Participation*, *Interaction*, *and Discretion* (San Francisco: Jossey-Bass,1978).

[25] Kotter J P, Heskett J L, *Corporate Culture and Performer* (New York: The Free Press,1992).

[26] Manuel Trajtenberg, *Entrepreneurial Universities*: *The View from Israel*, *The Future of the Research University*: *Meeting the Global Challenges of the 21st Century* (Kansas City, Missouri: Kauffman Foundation,2008).

[27] Marianne Bauer, Berit Askling, *Transforming University*: *Changing Patterns of Governance*, *Structure and Learning in Swedish Higher Education* (Jessica Kingsley Publishers. 1999).

[28] Mc Cormick, Alexander C. ,ed. , *The Carnegie Classification of Institutions of Higher Education*(2000 *Edition*) (Menlo Park,CA:The Carnegie Foundation for the Advancement of Teaching,2001).

[29] Michael Gibbons, *The New Production of Knowledge*: *The Dynamics of Science and Research in Contemporary Societies* (SAGE Publications,1994).

[30] Michael Shattock, *International Trends in University Governance Autonomy*, *Self-government and the Distribution of Authority*

(London,Newyork:Routledge, Taylor and Francis Group,2014).

[31] OECD. , *Redefining Tertiary Education* (Paris: Organization for E-conomic Co-operation and Development,1998).

[32] Rhodes, F. H. T, *The Creation of the Future: The Role of the Ameri-can University* (Ithaca, N. Y. : Cornell University Press,2001).

[33] Shattock, M. , *Managing Good Governance in Higher Education* (Maidenhead:Open University Press. 2006).

[34] Salmi, Jamil, *The Challenge of Establishing World-Class Universi-ties* (Washington, D. C. :World Bank,2009).

[35] Simon Marginson, Mark Considine, *The Enterprise University: Power, Governance and Reinvention in Australia* (Cambridge Uni-versity Press,2000).

[36] Slaughter, S. &. Leslie, L, *Academic Capitalism: Politics, Policies, and the Entrepreneurial University* (Baltimore:John Hopkins Uni-versity Press, 1997).

[37] Squire, W, *University Fundraising in Britain: A Transatlantic Part-nership* (Troubador Publishing Ltd, 2014).

[38] Wernner Z. Hirsch, Luc E. Weber, *Governance in Higher Education: The University in a State of Flux* (London: Economica, 2001).

[39] W. Locke et al. , *Changing Governance and Management in Higher Education* (Springer Netherlands, 2011).

[40] Tony Becher, *British Higher Education* (London:Allen and Unwin Ltd. ,1987).

(二)期刊论文类

[41] Aidin Salamzadeh, Yashar Salamzadeh, Mohammad Reza Daraei. "Toward a Systematic Framework for an Entrepreneurial University: A Study in Iranian Context with an IPOO Model. " *Global Business and Management Research : An International Journal* ,no. 1(2011).

[42] Barbara A. Lee. "Campus Leaders and Campus Senates ." *New Directions for Higher Education*, no. 75(1991).

[43] Barbara Sporn. "Towards More Adaptive Universities: Trends of Institutional Reform in Europe." *Higher Education in Europe*, no. 1 (1999).

[44] Bjorn Stensaker and Mats Benner. "Doomed to be Entrepreneurial: Institutional Transformation or Institutional Lock-ins of New Universities." *Minerva*, no. 4(2013).

[45] Burton Clark. "Sustaining Change in Universities: Continuities in Case Studies and Concepts." *Tertiary Education and Management*, no. 9(2003).

[46] Cameron. K. "Organizational Adaptation and Higher Education." *Journal of Higher Education*, no. 2(1984).

[47] Cohen, W. M. , Nelson, R. R. & Walsh, J. P. "Links and Impacts: The Influence of Public Research on Industrial R&D ." *Management Science*, no. 1(2002).

[48] Dale D. Mc Conkey. "Are You an Administrator, a Manager or a Leader." *Business Horizons*, no. 5(1989).

[49] Del Favero. M. "Faculty-Administrator Relationships as Integral to High Performing Governance Systems: New Frameworks for Study ." *American Behavioral Scientist*, no. 6(2003).

[50] Eckel P. D. "The Role of Shared Governance in Institution Hard Decisions: Enabler or Antagonist?." *International Handbook of Higher Education*. no. 1(2000).

[51] Etzkowitz. H. "Entrepreneurial Scientists and Entrepreneurial Universities in American Academic Science." *Minerva*, no. 2(1983).

[52] Etzkowitz. H. ,Leydesdorff. L. "The Triple Helix of University-Industry-Government Relations: A Laboratory for Knowledge-based Economic Development ." *European Society for the Study of Sci-*

ence and Technology Review, no. 1(1995).

[53] Etzkowitz. H. , Leydesdorff. L. "The Dynamics of Innovation: From National Systems and 'Mode 2' to a Triple Helix of University-Industry-Government Relations." *Research Policy*, no. 2(2000).

[54] Etzkowitz. H. "The Triple Helix of University-Industry-Government: Implications for Policy and Evaluation." *Working Paper*, no. 11(2002).

[55] Frooman. J. "Stakeholder Influence Strategies." *Academy of Management Review*, no. 24(1999).

[56] Gabriel E. Kaplan. "Do Governance Structures Matter?" *New Directions for Higher Education*, no. 127(2004).

[57] Gibb. A. , Hannon. P. "Towards the Entrepreneurial University." *International Journal of Entrepreneurship Education*, no. 4(2006).

[58] Hannon. P. "Why is the Entrepreneurial University Important." *Journal of Innovation Management*, no. 1(2013).

[59] Henry Etzkowitz. European Entrepreneurial University: An Alternative to the US model." *Industry and Higher Education*, no. 5(2003).

[60] Henry Etzkowitz. The Entrepreneurial University Wave from Ivory Tower to Global Economic Engine." *Industry & Higher Education*, no. 4(2014).

[61] Henry. Etzkowitz. The Second Academic Revolution and the Rise of Entrepreneurial Science." *IEEE Technology and Society*, no. 2 (2001).

[62] Henry Etzkowitz, Andrew Webster, Christiane Gebhardt, Branca Regina Cantisano Terra. "The Future of the University and the University of the Future: Evolution of Ivory Tower to Entrepreneurial Paradigm." *Research Policy*, no. 29(2000).

[63] Henry Etzkowitz, Magnus Klofsten. "The Innovation Region: Toward a Theory of Knowledge-based Regional Development." *Re-*

search and Development，no. 3(2005).

[64] James T. Minor. "Understanding Faculty Senates：Moving from Mystery to Models." *The Review of Higher Education*，no. 3 (2004).

[65] Joerg Heber. "Building Bridges to North Korea." *Nature Materials*，no. 6(2007).

[66] John Carver. "Is There a Fundamental Difference Between Governance and Management." *Board Leadership*，no. 6(2003).

[67] John R. Boatright. "Contractors as Stakeholders：Reconciling Stakeholder Theory with the Nexus-of-contracts Firm." *Journal of Banking and Finance*，no. 9(2002).

[68] Julius Cherny. The Governance and Management of Risk and Uncertainty." *International Journal of Disclosure and Governance*，no. 11 (2014).

[69] Ka Ho Mok. "Fostering Entrepreneurship：Changing Role of Government and Higher Education Governance in Hong Kong." *Research Policy*，no. 34(2005).

[70] Karl E. Weick. "Educational Organizations as Loosely Coupled Systems." *Administrative Science Quarterly*，no. 1(1976).

[71] Kirby，D. A. "Creating Entrepreneurial Universities in the UK：Applying Entrepreneurship Theory to Practice." *The Journal of Technology Transfer*，no. 5(2006).

[72] Matthew Hartley. "The Promise and Peril of Parallel Governance Structures." *American Behavioral Scientist*，no. 7(2003).

[73] McAdam R. ，Miller K. ，McAdam M. and Teague S. "The Development of University Technology Transfer Stakeholder Relationships at a Regional Level：Lessons for the Future." *Technovation*，no. 32 (2012).

[74] Mitchell，Agle and Wood. "Towards a Theory of Stakeholder Identi-

fication and Salience; Defining the Principal of Who and What Really Counts. " *Academy of Management Review*, no. 22(1997).

[75] Myron L. Pope. "A Conceptual Framework of Faculty Trust and Participation in Governance. " *New Direction for Adult and Continuing Education*, no. 127(2004).

[76] Nells. J & Vorley. T. "Constructing an Entrepreneurial Architecture; An Emergent Framework for Studying the Contemporary University Beyond the Entrepreneurial Turn. " *Innovation of Higher Education*, n. 35(2010).

[77] Peter Schulte. "The Entrepreneurial University; A Strategy for Institutional Development. " *Higher Education in Europe*, no. 2(2004).

[78] Robert Birnbaum. "The End of Shared Goverhance; Looking Aheacl or Looking Back. " *New Divection for Higher Eedcation*, no. 127 (2004);1.

[89] Schartinger. D. , Rammer. C. , Fischer. M. and Frohlich. J. "Knowledge Interactions Between Universities and Industry in Austria; Sectoral Patterns and Determinants . " *Research Policy*, no. 3 (2002).

[80] Schulte P. "The Entrepreneurial University; A Strategy for Institutional Development. " *Higher Education in Europe*, no. 2(2004).

[81] Shattock Michael. "Rebalancing Modern Concepts of University Governance. " *Higher Education Quarterly*, no. 3(2002).

[82] Slaughter, Leslie. "Expanding and Elaborating the Concept of Academic Capitalism. " *Organization*, no. 2(2001).

[83] Sorin. E. Zaharia and Ernest Gibert. "The Entrepreneurial University in the Knowledge Society. " *Higher Education in Europe*, no. 1 (2005).

[84] Terri Kim. "Changing University Governance and Management in the U. K. and Elsewhere Under Market Conditions; Issues of Quality

Assurance and Accountability. " *International Economics*, no. 4 (2008).

[85] Tierney. W. G. "A Cultural Perspective on Communication and Governance. " *New Directions for Higher Education*, no. 127(2004).

[86] Tracy L. R. Lightcap. "Academic Governance and Democratic Processes: The Entrepreneurial Model and Its Discontents. " *New Political Science*, no. 4(2014).

[87] Vassilis S. Moustakis. "A Framework of Reform in Governance and Management of Higher Education in Serbia. " *GOMES Project*, no. 1 (2009).

[88] William Tierney. "A Cultural Analysis of Shared Governance: The Challenges Ahead. " *Higher Education: Handbook of Theory and Research*, no. 19(2004).

[89] William G. Tierney, James T. Minor. "A Cultural Perspective on Communication and Governance. " *New Directions for Higher Education*, no. 127(2004).

[90] Ylijoki. "Entangled in Academic Capitalism? A Case Study on Changing Ideals and Practices of University Research. " *Higher Education*, no. 45(2003).

[91] Yokoyama. K. "Entrepreneurialism in Japanese and UK Universities: Governance, Management, Leadership, and Funding. " *Higher Education*, no. 3(2006).

(三)电子文献类

[91] American Association of University Professors(AAUP), Statement on Government of Colleges and Universities [EB/OL], http://www. aaup. org/statements/Redbook/Govern. htm, 2005-11-12.

[92] Archive of Annual Funding Allocations[EB/OL], http://www. hefce. ac. uk/funding/annallocns/Archive/, 2017-04-19.

[93] Annual Report and Financial Statements[EB/OL]，http：//www. york. ac. uk/communications/publications/corporate—publications/ ♯ report.

[94] Awards and Achievements，About the University，The University of York[EB/OL]，http：//www. york. ac. uk/about/awards/.

[95] Campus Attractions[EB/OL]，http：//www. POSTECH. ac. kr/campus life/Campus Attractions,2011-04-21.

[96] Challenges for Research Universities [EB/OL]，http：//koreatimes. co. kr/www/news/nation/2010/06/113_68158. html,2014-11-09.

[97] Community Businesses and Partnership [EB/OL]，http：//www. york. ac. uk/about/community/business/.

[98] Cooke P. University Research and Regional Development[EB/OL]，A Report to EC—DG Research，http：//europa. eu. int/comm/research/conferences/2004/univ/pdf/univ _ regional% 20 dimension _ en. pdf.

[99] Difference Between Management and Governance[EB/OL]，http：// www. differencebetween. net/business/difference-between-management-and-governance/,2011-10-12.

[100] Eileen Hogan. Background on Governance Models in Higher Education [EB/OL]，http：//lash3612094. blog. 163. com/blog/static/51134539201183042642823/,2011-09-30.

[101] Founding Philosophy[EB/OL]，http：//www. POSTECH. ac. kr/about-POSTECH/History&Philosophy/Founding Philosophy，2011-04-20.

[102] Government Prods Schools on Entrepreneurs[EB/OL]，http：//koreajoongangdaily. joins. com/news/article. aspx? aid ＝ 2972161，2014-11-09.

[103] HEFCE，Higher Education Reform[EB/OL]，http：//www. hefce. ac. uk/，2016-12-20.

[104] How University is Run[EB/OL]，http：//www. york. ac. uk/about/

organisation/.

[105] James S. Economou, Remarks on Entrepreneurship at UCLA to the University of California Board of Regents[EB/OL], http://vcr. ucla. edu/documents/VCR Remarks to the UC Board of Regents Jan192012. pdf/view,2012-01-19.

[106] Knowledge Transfer Partnerships[EB/OL], http://www. york. ac. uk/business/funding/ktp/♯tab—1.

[107] Membership of Council[EB/OL], http://www. york. ac. uk/about/ organisation/governance/council/members/.

[108] Organization Chart[EB/OL], http://www. POSTECH. ac. kr/eng/a-bout-POSTECH/administration/administration-chart/, 2017-06-13.

[109] Organisational Structures of Support Services,[EB/OL], http://www. york. ac. uk/about/departments/support-and-admin/background/, 2016-6-13.

[110] POSTECH News, Again and Better- POSTECH Ranked Third Best Small University in the World [EB/OL], http://www. POSTECH. ac. kr/eng/again-and-better-POSTECH-ranked-third-best-small-university-in-the-world/, 2017-03-01.

[111] POSTECH News, POSTECH is ♯1 in University-industry Collabo-ration, According to THE[EB/OL], http://www. POSTECH. ac. kr/eng/POSTECH-is-1-in-university-industry-collaboration-according-to-the/, 2017-03-23.

[112] POSTECH Research:Promoting Academia-Industry Cooperation and Start-Up Ventures [EB/OL], http://www. POSTECH. ac. kr/eng/research/research-activities/abstract/, 2016-10-05.

[113] Publications&Reports[EB/OL], http://s. hefce. ac. uk/s/search. html? collection=website-meta&profile=publication.

[114] Rankings [EB/OL], http://www. POSTECH. ac. kr/eng/about-POSTECH/introduction-to-POSTECH/competitiveness/, 2017-02-06.

[115] Research Strategy 2015—2020[EB/OL]，http：//www. york. ac. uk/ research/strategy/.

[116] Rules&Regulations[EB/OL]，http：//www. POSTECH. edu/eng/a- bout-POSTECH/administration/rules-regulations/，2016-09-19.

[117] QS World University Rankings 2015/2016[EB/OL]，http：//www. topuniversities. com/university-rankings/world-university-rankings/ 2015 # sorting ＝ rank ＋ region ＝ ＋ country ＝ ＋ faculty ＝ ＋ stars ＝ false＋search＝，2015-11-10.

[118] Students to be Cut Some Slack to Start-ups [EB/OL]，http：//koreajoon- gangdaily. joins. com/news/article. aspx? aid＝2975079，2014-11-09.

[119] Teaching Committee[EB/OL]，http：//www. york. ac. uk/media/ staffhome/learningandteaching/documents/minutes/cgsp/CGSP％ 2013％20June％202014％20minutes. pdf.

[120] The Biotechnology Young Entrepreneurs Scheme [EB/OL]，http：// www. biotechnologyyes. co. uk/biotechnologyyes/index. aspx.

[121] The Carnegie Classification of Institutions of Higher Education[EB/ OL]，http：//carnegieclassifications. iu. edu/downloads. php.

[122] The Times Higher Education World University Rankings 2015— 2016. [EB/OL]，https：//www. timeshighereducation. com/world— university—rankings/2016/world—rankings # ! /page/0/length/25 /country/114＋93/sort_by/rank_label/sort_order/asc/cols/rank，2015-11-10.

[123] University Court [EB/OL]，http：//www. york. ac. uk/about/organ- isation/governance/court/.

[124] University of York[EB/OL]，http：//www. york. ac. uk/.

[125] University of York，Mission and Strategies：the University Plan 2009-2019[EB/OL]，http：//www. york. ac. uk/about/mission-strat- egies/.

[126] University Senate [EB/OL]，http：//www. york. ac. uk/about/or-

ganisation/governance/senate/.

[127] University Strategy 2014-2020 [EB/OL], http://www. york. ac. uk/about/mission—strategies/universitystrategy2014—2020/.

[128] University Trading Companies [EB/OL], http://www. york. ac. uk/about/departments/companies/.

[129] Vision 2020[EB/OL], http://www. POSTECH. ac. kr/about-POS-TECH/ Vision 2020,2011-04-20.

[130] White Rose Wins Again[EB/OL], http://www. york. ac. uk/news—and—events/news/1999/white—rose—win/.

（四）报告类

[131] Benjamin R,Carroll S et al, *The Design of Governance in Higher Education* (Santa Monica,CA:Rand,1993).

[132] Center for Higher Education Policy Analysis, *Challenges for Governance: A National Report* (Los Angeles: Chepa, University of Southern California,2003).

（五）论文集

[133] Berdahl Robert. "Coordinating Structures: The UGC and US State Coordinating Agencies. " in Shattock, Michael, *The Structure and Governance of Higher Education*, *Society for Research into Higher Education*, 1983.

[134] Dietmar Braun. "New Managerialism and the Governance of Universities in a Comparative Perspective. " Braun,D. & Merrien, F. , *Towards to a New Model of Governance for University* (London: Falmer Press,2000).

[135] Gareth L. Willams. "The Marketization of Higher Education: Reforms and Potential Reforms in Higher Education Finance. " D. D. Dill, B. Sporn, *Emerging Patterns of Social Demand and University Reform: Through a Glass Darkly* (Oxford: Pergarmon Press,

1995).

[136] Ian McNay. "Changing Cultures in UK Higher Education: The State as Corporate Market Bureaucracy and the Emergent Academic Enterprise." Braun,D. & Merrien, F. , *Towards to a New Model of Governance for University* (London:Falmer Press,2000).

[137] John. "Changing cultures in UK Higher Education: The State as Corporate Market Bureaucracy and the Emergent Academic Enterprise." Braun,D. & Merrien, F. , *Towards to a New Model of Governance for University* (London:Falmer Press,2000).

[138] Tierney,W. G. "Improving Academic Governance: Utilizing a Cultural Framework to Improve Organizational Performance." Tierney, *Competing Conceptions of Academic Governance* (The Johns Hopkins University Press,2004).

三、韩文文献

[1] 교육법전편찬회, 년 개정판 교육법전[M], 서울: (주) 교학사. 2000

[2] 김기수, 대학의 자율성 강화를 위한 의사결정구조 개선, 한국교육개발원, 2008.

[3] 이시우,대학어 자율성과 고등교육 관련 법 개정의 기본 원칙 및 방향. 고등교육 법 총칙 개정을 중심으로, 공법연구 제 37 집 제 1-2 호,2008.

[4] 교육인적자운부, 대학 특성화 추진계획[EB/OL], http://www. mest. go. kr/web/1121/ko/board/view. do? bbsId = 159 & boardSeq = 8319 2010-8-12.

[5] 교육인적자운부, 대학 특성화 추진 방안, 서울:교육인적자운부, 2005.

附录一

CHARTER OF INCORPORATION
(University of York)

WHEREAS an humble Petition has been presented unto Us by the York University Promotion Committee praying Us to constitute and found a University within Our County of York for the advancement of learning and knowledge by teaching and research and to enable students to obtain the advantages of University education and to grant a Charter with such provisions in that behalf as shall seem to Us right and suitable;

AND WHEREAS WE have taken the said Petition into Our Royal consideration and are minded to accede thereto;

NOW THEREFORE KNOW YE that We by virtue of Our Prerogative Royal and of Our especial grace, certain knowledge and mere motion have willed and ordained and by these Presents for Us, Our Heirs and Successors do will and ordain as follows:

1. There shall be and there is hereby constituted and founded in Our County of York a University with the name and style of 'The University of York'.

2. The Chancellor, the Chair of Council, the Pro-Chancellors, the Vice-Chancellor, the Deputy Vice-Chancellor, the Pro-Vice- Chancellors,

the Treasurer, the members for the time being of the Court, the Council, the Senate, the Graduates of the University, the Undergraduate and Graduate students of the University and all others who shall, pursuant to this Our Charter and the Statutes, be Members of the University are hereby constituted and from henceforth for ever shall be one Body Politic and Corporate, with perpetual succession and a Common Seal, by the name and style of 'The University of York' (hereinafter called 'the University') with power, subject to the Customs and Laws of Arms, to acquire armorial bearings (which shall be duly recorded in Our College of Arms) and in that name to sue and be sued.

3. The objects of the University shall be to advance learning and knowledge by teaching and research, and to enable students to obtain the advantages of University education.

4. The University shall be both a teaching and an examining body and, subject to the provisions of this Our Charter and the Statutes, shall have the following powers:

4. a. To prescribe in its Statutes or Ordinances the requirements for Matriculation and the conditions under which persons shall be admitted to the University or to any particular course of study therein.

4. b. To grant and confer under conditions laid down in its Statutes or Ordinances Degrees, Diplomas, Certificates and other academic distinctions to and on persons who shall have pursued a course of study approved by the University and passed the examinations or other tests prescribed by the University.

4. c. To confer Honorary Degrees and other distinctions on approved persons, provided that all Honorary Degrees and other distinctions so conferred shall be conferred and held subject to any provisions which are or may be made in reference thereto by the Statutes or Ordinances.

4. d. On what the University shall deem to be good cause to deprive

persons of any Degrees or other distinctions conferred on them and to re-voke any Diplomas or Certificates granted to them by the University.

4. e. To prescribe in the Statutes and Ordinances the disciplinary pro-visions to which students of the University shall be subject.

4. f. To provide instruction in such branches of learning as the Univer-sity may think fit and to make provision for research and for the advance-ment and dissemination of knowledge in such manner as the University may determine.

4. g. To provide such lectures and instruction for persons not Members of the University as the University may determine and to grant Diplomas and Certificates to such persons.

4. h. To prescribe in its Statutes or Ordinances the conditions under which the examinations, periods of study or other attainments of students of the University completed prior to registration at the University may be accepted as equivalent to examinations and periods of study in the Universi-ty.

4. i. To affiliate other institutions or branches or departments thereof and to admit members thereof to any of the privileges of the University, and to accept attendance at courses of study in such institutions or branches or departments thereof in place of such part of the attendance at courses of study in the University and upon such terms and conditions and subject to such regulations as may from time to time be determined by the University.

4. j. To co-operate by means of Joint Boards or otherwise with the au-thorities of other institutions for the conduct of examinations and for such other purposes as the University may from time to time determine.

4. k. To institute Professorships, Readerships and Lectureships and any other offices of any kind and whether academic or not as may be re-quired by the University; to appoint persons to and remove them from such offices and to prescribe their conditions of service.

4. l. To institute and award Fellowships, Studentships, Scholarships, Exhibitions, Bursaries and Prizes.

4. m. To establish and maintain and to administer and govern colleges and institutions for the residence of the students of the University and to license and supervise such colleges and institutions and other places of residence whether maintained by the University or not so maintained.

4. n. To make provision for research and advisory services, and with these objects to enter into such arrangements with other institutions or bodies as may be thought desirable.

4. o. To provide for the printing and publication of research and other works which may be issued by the University.

4. p. To provide for reward or otherwise such goods and services for Members of the University and their families and guests as may be deemed expedient and consistent with the objects of the University as a place of education and learning.

4. q. To maintain, manage, deal with, dispose of and invest all the property, money, assets and rights of the University and to enter into engagements and to accept obligations and liabilities in all respects without any restriction whatsoever and in the same manner as an individual may manage his or her own affairs.

4. r. To demand and receive fees.

4. s. To take such steps as may from time to time be deemed expedient for the purpose of procuring contributions to the funds of the University, and to raise money in such other manner as the University may deem fit.

4. t. To act as trustees or managers of any property, legacy, endowment, bequest or gift for purposes in furtherance of the work and welfare of the University, and to invest any funds representing such property, legacy, endowment, bequest or gift, if not immediately required on such security as the University may deem fit.

4. u. To enter into any agreement for the incorporation in the University of any other institution and for taking over its rights, property and liabilities and for any other purpose not repugnant to this Our Charter.

4. v. To do all such other acts and things (including the promotion of a Bill or Bills in Parliament) whether incidental to the powers aforesaid or not as may be requisite in order to further the objects of the University as a place of education and learning.

5. There shall be a Chancellor of the University, who shall be the Head of the University and shall preside over Meetings of its Court.

6. There shall be a Chair of the Council who shall preside over meetings of the Council.

7. a. There shall be Pro-Chancellors of the University not exceeding three in number, one of whom shall, subject to the Statutes, in the absence of the Chancellor or during a vacancy in that office exercise and perform all the functions of the Chancellor except the conferring of Degrees.

7. b. In the absence of the Chancellor or during a vacancy in that office a Pro-Chancellor nominated by the Council shall act in the Chancellor's place, except as aforesaid.

8. There shall be a Vice-Chancellor of the University, who shall be the Chief Academic and Administrative Officer of the University and shall preside over Meetings of the Senate, and who shall in the absence of the Chancellor or during a vacancy in that office confer Degrees.

9. There shall be a Deputy Vice-Chancellor of the University who shall, subject to the Statutes, during the absence of the Vice-Chancellor exercise and perform such of the functions and duties of the Vice- Chancellor as may be delegated by the Vice-Chancellor or, if the Vice- Chancellor should be incapacitated, the Council.

10. There shall be Pro-Vice-Chancellors, the number to be determined by the Council from time to time in consultation with the Senate, who shall

perform such duties and functions as the Vice- Chancellor may determine.

11. There shall be a Treasurer and other appropriate officers of the University.

12. There shall be a Court of the University which shall have the right to receive reports on the working of the University and to offer its advice on any matters which it considers appropriate for the well- being of the University and shall have such other powers as shall be prescribed in the Statutes.

13. There shall be a Council of the University which, subject to the provisions of this Our Charter and the Statutes, shall have the custody and use of the Common Seal and shall be responsible for the management and administration of the revenue and property of the University and, except as may otherwise be provided in this Our Charter, shall have general control over the University and its affairs, purposes and functions and all such other powers and duties as may be conferred upon it by Statute or Ordinance.

14. There shall be a Senate of the University which, subject to the provisions of this Our Charter and the Statutes and to the control and approval of the Council, shall be responsible for the academic work of the University, both in teaching and in research, for the regulation and superintendence of the education of the students of the University and for advising the Council upon all academic appointments.

15. 1. Subject to the provisions of this Our Charter, the Statutes may prescribe or regulate as the case may be:

15. 1. a. The status, election, appointment and continuance in office of the Chancellor, Chair of Council, Pro-Chancellors, Vice-Chancellor, Deputy Vice-Chancellor, Pro-Vice-Chancellors, Treasurer and other officers of the University.

15. 1. b. The constitution, powers and business of the Court, the election, appointment and continuance in office of the members of the Court,

the filling of vacancies among the members and all other matters relative to the Court.

15. 1. c. The constitution, powers and duties of the Council, the election, appointment and continuance in office of the members of the Council, the filling of vacancies among the members and all other matters relative to the Council.

15. 1. d. The constitution, powers and duties of the Senate, the election, appointment and continuance in office of the members of the Senate, the filling of vacancies among the members and all other matters relative to the Senate.

15. 1. e. Such other provisions as the Council may deem fit and meet with respect to or for the governing of the University, its Members and constituent parts or otherwise for the promotion of the objects of this Our Charter.

15. 2. a. The Statutes shall be those set out in the Schedule to this Our Charter and shall remain in force until they shall have been added to, amended or repealed in the manner hereinafter prescribed.

15. 2. b. The Council may by Special Resolution make Statutes adding to, amending or repealing the Statutes; provided that no such Statutes shall be either repugnant to the provisions of this Our Charter or shall have effect until approved by the Lords of Our Most Honourable Privy Council of which latter approval a Certificate under the hand of the Clerk of Our Most Honourable Privy Council shall be conclusive evidence.

16. a. The Statutes may direct that any of the matters authorised or directed in this Our Charter to be prescribed or regulated by Statutes shall be prescribed or regulated by Ordinances.

16. b. Ordinances shall be made by resolution of the Council and shall have effect when such resolution has been confirmed at a subsequent Meeting of the Council held not less than one calendar month nor more than

three calendar months after the Meeting at which the resolution was first passed; provided that in cases certified to be urgent by a vote of not less than three-fourths of the members of the Council present and voting at a Meeting of the Council, Ordinances may be made and shall have immediate effect but shall lapse after the expiration of three calendar months unless previously confirmed at a subsequent Meeting of the Council held in manner hereinbefore provided; and provided further that Ordinances dealing with courses of study, the conditions of award of Degrees, Diplomas and Certificates, examinations, the powers and duties of the Senate or the Boards of Studies, the affiliation or incorporation of other institutions and the recognition of teachers shall not be made, added to, amended or repealed except on the recommendation of the Senate.

16. c. Ordinances may subject to the foregoing provisions of this Article be added to, amended or repealed.

17. Subject to the provisions of this Our Charter and the Statutes the Court, the Council and the Senate respectively may make Regulations for governing their proceedings and may add to, amend or repeal any Regulations theretofore made.

18. The University shall not make any dividend, gift, division of bonus in money unto or between any of its Members except by way of prize, reward or special grant.

19. a. The Council may by resolution at any time amend or add to this Our Charter, provided that such resolution shall be passed by a majority of not less than three-fourths of the members of the Council present and voting and so that such amendment or addition when approved by Us, Our Heirs or Successors in Council shall have effect so that this Our Charter shall thenceforward continue and operate as though it had been originally granted and made as so added to or amended.

19. b. This Article of these Presents shall apply to this Our Charter as

amended or added to in manner aforesaid.

20. For the purposes of this Our Charter a Special Resolution means a resolution passed at a meeting of the Council provided that notice of the Meeting shall be given to each member of the Council not less than fourteen days before the Meeting be held and that the resolution be passed at the Meeting by a majority of not less than three-fourths of the members of the Council present and voting.

21. We reserve unto Ourself, Our Heirs and Successors, the right, on representation from the Council made in pursuance of a resolution passed by a simple majority of the members of the Council present and voting, to appoint by Order in Council a Visitor of the University for such period and with such duties as We, Our Heirs and Successors shall see fit. The Visitor's decision on matters within his or her jurisdiction shall be final.

22. Our Royal Will and Pleasure is that this Our Charter shall ever be construed benevolently and in every case most favourably to the University and the promotion of the objects of this Our Charter.

IN WITNESS whereof We have caused these Our Letters to be made Patent.

WITNESS Ourself at Westminster the first day of October in the twelfth year of Our Reign.

附录二

THE SCHEDULE STATUTES OF THE UNIVERSITY
(University of York)

1. DEFINITIONS

In these Statutes:

'University' means the University of York 'Charter' means the Charter of the University.

'Court' means the Court of the University. 'Council' means the Council of the University.

'Senate' means the Senate of the University.

'Nominations Committee' means the Nominations Committee appointed by the Council in accordance with paragraph 11. 9. a.

'Head of Academic Department' means a person appointed to such office by the Council, in consultation with the Senate.

'Ordinances' means Ordinances made pursuant to the Charter or Statutes.

'Regulations' means Regulations made pursuant to the Charter, Statutes or Ordinances.

'Joint Committee' means a Committee, the members of which shall be appointed by the bodies referred to in the context and so that the number of members to be appointed by each of such bodies shall be determined by the Council, except where the Council is itself one of such bodies, when the members shall unless otherwise provided in these Statutes be appointed e-qually.

Words importing the masculine shall include the feminine and, unless the context otherwise requires, words in the singular shall include the plural and words in the plural shall include the singular.

2. MEMBERS of the UNIVERSITY

2. 1. The following persons shall be Members of the University: The Officers of the University, viz. : The Chancellor, the Chair of Council, the Pro-Chancellors, the Vice-Chancellor, the Deputy Vice-Chancellor, the Pro-Vice-Chancellors and the Treasurer.

The Members of the Court. The Members of the Council. The Members of the Senate.

The Members of the Academic Staff. The Registrar and Secretary.

The Director of Finance.

The Director of Facilities Management. The Librarian.

The Honorary Professors. The Emeritus Professors.

Such other teachers and officers as shall, under Ordinances or Regulations made by the Council, be granted the status of Members.

The Graduates of the University.

The Graduate students of the University.

The Undergraduate students of the University.

2. 2. Membership of the University shall continue as long only as one at least of the qualifications above enumerated shall continue to be possessed by the individual Member.

2. 3. The Council, on the recommendation of the Senate, shall have

power to declare such other persons members of the University as it shall deem fit.

3. The CHANCELLOR

3.1. The successors to the first Chancellor shall be appointed by the Court on the nomination of the Council at a Meeting specially called for the purpose and held as soon as conveniently possible after the occurrence of a vacancy. Not less than four weeks' notice of the date of such Meeting shall be given by the Secretary of the Court to each member of the Court.

3.2. The Chancellor shall hold office for a period of five years or until resignation, or until removal in accordance with Statute 23, and unless so removed shall be eligible for re-appointment.

3.3. The Chancellor may resign by writing addressed to the Secretary of the Court.

4. The CHAIR of COUNCIL

4.1. The Chair of Council shall be elected in accordance with the provisions of Statute 11.7.a.

5. The PrO-CHANCELLORS

5.1. The Pro-Chancellors shall be appointed by the Court on the nomination of the Council and shall hold office from the date on which they are appointed until the Annual Meeting of the Court in the third year thereafter, or until earlier resignation or removal in accordance with Statute 23, and unless so removed shall be eligible for re-appointment; provided that the Court may, on the appointment of any Pro-Chancellor, provide that that person's period of office shall be shorter than the period otherwise provided for such office.

5.2. If an office of Pro-Chancellor becomes vacant by death or resignation or from any other cause before the expiration of the period of office, the vacancy shall be filled at the next Meeting of the Court or at any subsequent Meeting until the expiration of the office becoming vacant.

5.3. A Pro-Chancellor may resign by writing addressed to the Secretary of the Court.

6. The VICE-CHANCELLOR

6.1. The successors to the first Vice-Chancellor shall be appointed by the Council, at a Meeting specially called for the purpose, after consideration of a Report from a Joint Committee of the Council and the Senate.

6.2 The Vice-Chancellor shall hold office until retirement or until resignation or removal in accordance with Statute 24.

6.3. The Vice-Chancellor may, subject to Statute 25.2, resign by writing addressed to the Secretary of the Council.

6.4 The Vice-Chancellor shall, subject to such rules as may be framed by the Council, exercise general supervision over the University and shall be generally responsible for maintaining and promoting the efficiency and good order of the University.

6.5. The Vice-Chancellor may refuse to admit any person as a student of the University without assigning any reason, and may suspend any student from any class or classes, and may exclude any student from any part of the University or its precincts; provided that any such suspension or exclusion shall be reported to the Council and the Senate at their next meetings and shall cease not later than three months from the date of such suspension or exclusion unless extended by the Council.

7. The DEPUTY VICE-CHANCELLOR

7.1. The Deputy Vice-Chancellor shall be appointed by the Council, in consultation with the Senate, and shall hold office for a period of three years, or such shorter period as the Council, in consultation with the Senate, may determine, commencing on the first day of August in the year of appointment, or until resignation or removal in accordance with Statute 24, and unless so removed shall be eligible for reappointment.

7. 2. If the office of the Deputy Vice-Chancellor becomes vacant from any cause before the expiration of the period of office, the Council shall, in consultation with the Senate, appoint a successor, who shall hold office during the unexpired portion of that period of office.

7. 3. The Deputy Vice-Chancellor may, subject to Statute 25. 2, resign by writing addressed to the Secretary of the Council.

8. The Pro-VICE-CHANCELLORS

8. 1. The Pro-Vice-Chancellors shall be appointed by the Council, in consultation with the Senate, and shall hold office for a period of three years commencing on the first day of August in the year in which they are respectively appointed, or until resignation or removal in accordance with Statute 24, and unless so removed shall be eligible for re-appointment; provided that the Council may, on the appointment of any Pro-Vice-Chancellor, determine that that person's period of office shall be shorter than the period otherwise prescribed for such office.

8. 2. If the office of a Pro-Vice-Chancellor becomes vacant from any cause before the expiration of the period of office, the Council shall, in consultation with the Senate, appoint a successor, who shall hold office during the unexpired portion of that period of office.

8. 3. A Pro-Vice-Chancellor may, subject to Statute 25. 2, resign by writing addressed to the Secretary of the Council.

9. The TREASURER AND the DEPUTY TREASURER

9. 1. The Treasurer shall be appointed by the Council and shall hold

office for a period of three years commencing on the first day of August in the year of appointment, or until resignation or removal in accordance with Statute 23, and unless so removed shall be eligible for re-appointment.

9.2. The powers and duties of the Treasurer shall be as prescribed by the Council.

9.3. The Council may appoint a Deputy Treasurer who shall hold office for such period and upon such terms and conditions and with such powers and duties as may be prescribed by the Council.

9.4. The Treasurer and the Deputy Treasurer or either of them may resign by writing addressed to the Secretary of the Council.

9.5. The receipt of the Treasurer, or of the Deputy Treasurer, or of the Director of Finance, or of any other person appointed for the purpose by the Council or by the Treasurer, the Deputy Treasurer or the Director of Finance, shall be a sufficient discharge to any person paying any moneys or delivering any property to the University.

10. The COURT

10.1. The Court shall consist of the following persons, namely:

10.1.a. *Ex officio Members*:

1. The Chancellor.

2. The Chair of Council.

3. The Pro-Chancellors.

4. The Vice-Chancellor.

5. The Deputy Vice-Chancellor.

6. The Pro-Vice-Chancellors.

7. The Treasurer.

8. Her Majesty's Lieutenants of and in the County of North Yorkshire and the County of the East Riding of Yorkshire.

9. The Lord Mayor of York.

10. The Lord Archbishop of York.

11. The Members of the Commons House of Parliament for the York and Selby Constituencies.

12. The Chair of the County Council of North Yorkshire.

13. The Chairs of the Education Committees of North Yorkshire and the City of York.

10. 1. b. *Representative members*:

1. Nine members of the Senate, elected by the Senate.

2. One person appointed by the Headmasters' and Headmistresses' Conference and one person appointed by the Secondary Heads' Association.

3. One person appointed by the British Academy.

10. 1. c. *Other persons*:

1. Such other persons as may be appointed by the Council.

10. 2. Except as may be otherwise provided in paragraph 1, a person who is appointed by a body, or to represent a body, on the Court need not be a member of that body.

10. 3. a. *Ex officio* members of the Court shall hold office so long as they continue to occupy the positions by virtue of which they became members.

10. 3. b. All other members of the Court shall hold office for a period of five years, beginning on the first day of August in the year in which they are appointed, and shall be eligible for re-appointment provided that such members who are required to hold some particular qualification or appointment shall be members of the Court only so long as they hold that qualification or appointment.

10. 4. The Court shall hold at least one meeting (the Annual Meeting) each year at which they shall receive the audited financial statements of the University for the previous year and a report by the Vice- Chancellor on the

working of the University during the year. Not more than fifteen months shall elapse between the date of one Annual Meeting of the Court and that of the next.

10. 5. Notice of the Annual Meeting or Additional Meeting shall be sent by the Secretary of the Court to all members of the Court at least four weeks before the date of such Meeting. A further notice setting out the business to be transacted at the Meeting, and in the case of the Annual Meeting accompanied by copies of the financial statements and report referred to in paragraph 10. 4, shall be sent by the Secretary to all members of the Court at least one week before the date of the Meeting.

11. The COUNCIL

11. 1. The Council shall consist of the following persons, namely:

11. 1. a. The Pro-Chancellors, the Vice-Chancellor, the Deputy Vice-Chancellor and the Treasurer.

11. 1. b. Four members of the Senate elected by the Senate including one Pro-Vice-Chancellor.

11. 1. c. Two members of the non-academic staff of the University elected by the non-academic staff.

11. 1. d. The President of the Students' Union.

11. 1. e. The President of the Graduate Students' Association.

11. 1. f. Such other persons, not exceeding six in all and not being members of the staff of the University, as may be co-opted by the Council.

11. 1. g. Two persons, not being members of the staff of the University, appointed by the Court on the recommendation of the Nominations Committee.

11. 2. The member or members of the Council referred to in 11. 1. g. above shall be appointed at a Meeting of the Court.

11. 3. a. The members of the Council referred to in 11. 1. a. above shall

hold office so long as they continue to occupy the positions named respectively.

11. 3. b. The members of the Council referred to in 11. 1. b. above shall hold office for a period of three years commencing on the first day of August in the year in which they are elected, and shall not be eligible for re-election until the expiration of one year from the end of their term of office.

11. 3. c. The members of the Council referred to in 11. 1. c. above shall hold office for a period of three years commencing on the first day of August in the year in which they are elected, and shall not be eligible for re-election until the expiration of one year from the end of their term of office.

11. 3. d. The member of the Council referred to in 11. 1. d. above shall hold office for a period of one year commencing on the first day of August in the year in which he/she is elected.

11. 3. e. The member of the Council referred to in 11. 1. e. above shall hold office for a period of one year commencing on the first day of August in the year in which he/she is elected.

11. 3. f. The members of the Council referred to in 11. 1. f. above shall hold office for such period, not exceeding ten years of continuous service and commencing on the date of their appointment, as the Council may determine in each case on the recommendation of the Nominations Committee.

11. 3. g. The members of the Council referred to in 11. 1. g. above shall hold office for such period, not exceeding ten years of continuous service and commencing on the date of the meeting of the Court at which they are appointed, as the Council may determine in each case on the recommendation of the Nominations Committee.

11. 4. Subject to the provisions of the Charter and these Statutes the Council in addition to all other powers vested in it by the Charter and these

Statutes shall have the following powers and functions:

11. 4. a. To institute, on the advice of the Senate, Professorships, Readerships, Lectureships and other teaching offices.

11. 4. b. To institute senior offices designed to permit the organisation of the student body into groups suitable for residence and pastoral care, the holders of such offices to be known as Provosts.

11. 4. c. To make provision for research within the University.

11. 4. d. To review, amend, refer back, control or disallow any act of the Senate, provided that any act of the Senate which is amended by the Council shall be referred again to the Senate as the case may be for consideration and report before being put into effect.

11. 4. e. To establish, on the advice of the Senate, Colleges, Departments, Schools, Institutes or Centres, to prescribe their organisation, constitution and functions, and to modify or revise the same.

11. 4. f. To confer, in consultation with the Senate, the title of Emeritus Professor, Honorary Professor, Honorary Reader, Honorary Lecturer or Honorary Fellow.

11. 4. g. To fix all University fees.

11. 4. h. In consultation with the Senate, to institute, subject to any conditions made by the Founders, Fellowships, Studentships, Scholarships, Exhibitions and Prizes.

11. 4. i. To provide for the welfare of the students of the University.

11. 4. j. To govern, manage and regulate the finances, accounts, investments, property, business and all affairs whatsoever of the

University and for that purpose to appoint Bankers and any other officers or agents whom it may seem expedient to appoint.

11. 4. k. To invest any moneys belonging to the University, including any unapplied income, in the purchase of or subscription for or at interest upon the security of such stock, funds, shares or securities as it shall think

fit, whether within or outside the United Kingdom, or in the purchase of freehold or leasehold hereditaments in the United Kingdom, including rents, with the like power of varying such investments.

11.4.l. To sell, buy, exchange, lease and accept leases of real and personal property on behalf of the University.

11.4.m. To provide and maintain the buildings, premises, furniture and apparatus, and other means needed for carrying on the work of the University and to license lodgings, apartments and other places of residence, whether maintained by the University or not so maintained, and upon and subject to such terms and conditions as the Council shall think fit.

11.4.n. To borrow money on behalf of the University and for that purpose, if the Council shall think fit, to mortgage or charge all or any part of the property of the University, whether real or personal, and to give such other security as the Council shall think fit.

11.4.o. To enter into, vary, carry out or cancel contracts on behalf of the University.

11.4.p. To make provision for schemes of superannuation, pensions or retirement benefits for all salaried officers and, so far as the Council shall think fit, for other employees of the University, or their dependants or relatives.

11.4.q. To expel any student who having been suspended or excluded by the Vice-Chancellor appears to the Council to have been guilty of gross misconduct.

11.4.r. To enter into contracts for the purpose of reducing the risk of loss arising from changes in interest rates, currency rates, index of retail prices, index of residential prices or index of the prices of securities which affect the University.

11.5. The Council shall have the general power on behalf of the University to give security by way of mortgage, charge or otherwise for the performance by the University of its obligations and liabilities howsoever a-rising whether or not such obligations or liabilities arise in connection with the borrowing of or agreeing to borrow money or otherwise in connection with the raising of finance by the University.

11. 6. The Council shall hold a Meeting at least once during each academic term of the University. Notice of each Meeting setting out the business to be transacted shall be sent by the Secretary of the Council to each member of the Council at least seven days before the date of the Meeting.

11. 7. There shall be a quorum when at least one-third of all the members of the Council are present at a Meeting. In the absence of a quorum no business shall be transacted other than the adjournment of the Meeting. At the adjourned Meeting the business for which the original Meeting was called may be completed in the absence of a quorum. The manner of summoning the adjourned Meeting, and the period of notice to be given, shall be prescribed in the Regulations.

11. 7. a. At its last ordinary Meeting before the end of the term of office of the then Chair or Vice-Chair of the Council, as the case may be, the Council shall elect from among such of its members as are not members of the staff of the University a Chair or a Vice-Chair, who shall hold office for three years commencing on the first day of August in the year in which they are elected whether or not otherwise qualified to remain a member of the Council, and who shall be eligible for re-election.

11. 7. b. If a vacancy occurs in the offices of Chair or Vice-Chair, through death or resignation or any other cause, before the expiration of the period of office, the Council shall elect from among its members a successor or successors who shall hold office for the remainder of such period.

11. 8. a. The Council may establish Committees of its members, and may appoint as additional members of such Committees persons who are not members of the Council, but so that the membership of any member of

such Committee may at any time be determined by the Council, and the Committee may at any time be suspended or dissolved by the Council.

11. 8. b. The Council may from time to time appoint representatives to joint Committees comprising persons appointed by the Council and persons appointed by the Court, the Senate or by any Board of Studies or by any one or more of them, but so that the membership of any representative appointed by the Council may be determined by the Council, and so that the Council may at any time withdraw from such Joint Committee.

11. 8. c. The Council may delegate to any Committee of the Council established under 11. 8. a. above or, while the Council is represented thereon, to any Joint Committee referred to in 11. 8. b. above any powers or functions which it is itself competent to perform, but so that the Council may at any time revoke any such delegation that the delegation shall lapse after the expiration of a period of one year from the commencement thereof unless renewed by the Council and that the Council may review, amend, refer back, control or disallow any exercise by such Committee or Joint Committee of any such power delegated to it provided that no such review, amendment, reference back, control or disallowance shall affect the validity of any act done under the authority of such delegated power; provided that nothing in this paragraph shall enable the Council to delegate its power to reach a decision under paragraph 10(2) of Statute 24.

11. 8. d. Unless otherwise specifically provided in these Statutes the Chair of Council, the Vice-Chancellor and the Treasurer shall be *ex officio* members of all Committees of the Council referred to in 11. 8. a. above and of all Joint Committees of the Council referred to in 11. 8. b. above, but shall not be counted as members representing the Council for the purpose of establishing the number of representatives the Council may appoint to such Joint Committees. The nominated deputies of the Chair of Council, the Vice-Chancellor and the Treasurer may attend meetings in their absence.

11. 9. The student members of the Council referred to in 11. 1. d. and 11. 1. e. shall not be present nor receive papers for any business regarding the appointment, promotion or personal affairs of any individual staff member or regarding the admission, academic assessment or personal affairs of any individual student.

12. The SENATE

12. 1. The Senate shall consist of the following persons, namely:

12. 1. a. The Vice-Chancellor.

12. 1. b. The Deputy Vice-Chancellor.

12. 1. c. The Pro-Vice-Chancellors.

12. 1. d. The Librarian.

12. 1. e. The Director of the Computing Service.

12. 1. f. The Head (or named alternate) of each academic Department.

12. 1. g. The Dean of the Hull York Medical School.

12. 1. h. Not more than fifteen other persons as may be elected from amongst themselves by all members of the academic staff of the University whose terms of appointment as such are limited in duration (or will, on satisfactory completion of a period of probation, become so limited) only by the provision of Statutes 24 and 25; provided always that the Council shall have the power, by Ordinance and on the advice of the Senate, to vary the provisions of this sub-clause and that the Senate shall have the power by Regulation to prescribe the manner of the elections herein provided.

12. 1. i. Not more than three other persons, elected from amongst themselves by all those members of the academic staff of the University who are not entitled to elect members of the Senate under the preceding provisions of this Statute.

12. 1. j. A Provost as may be elected from amongst the Provosts of the University.

12. 1. k. Not more than six student members who shall be: the President of the Students' Union; the President of the Graduate Students' Association; not more than three undergraduates elected from amongst themselves by all registered students of the University, and one graduate elected from amongst themselves by the members of the Graduate Students' Association.

12. 2. The Senate shall, in addition to all the other powers vested in it by the Charter and these Statutes, have the following powers and functions:

12. 2. a. To express an opinion on any matter or thing pertinent to the University and its affairs.

12. 2. b. To consider and advise upon all matters referred by the Council.

12. 2. c. To advise the Council upon all academic appointments.

12. 2. d. To transmit to Council for enaction Ordinances and Regulations relating to courses of study.

12. 2. e. To appoint internal and external examiners.

12. 2. f. To formulate, modify and revise schemes of organisation of Boards of Studies and Schools.

12. 2. g. To regulate, subject to the Ordinances of the University, the admission of persons to the University.

12. 2. h. To grant Degrees, Diplomas, Certificates and other academic distinctions to persons who have pursued in accordance with the Ordinances and Regulations a programme of study approved by the Senate and have passed the examinations or other tests prescribed in that connection, and to direct their conferment on those persons by the University.

12. 2. i. To grant Degrees, Diplomas, Certificates and other academic distinctions jointly with any other institution recognised by the Senate for that purpose to persons who have pursued in accordance with the Ordi-

nances and Regulations a programme of study approved by the Senate and have passed the examinations or other tests prescribed in that connection, and to direct their conferment on those persons by the University.

12. 3. The Senate may establish Committees of its members, and may appoint as additional members of such Committees persons who are not members of the Senate, and may delegate to any such Committee any powers and functions which it is itself competent to perform.

12. 4. The student members of the Senate referred to in 12. i. k shall not be present nor receive papers for any business regarding the appointment, promotion or personal affairs of any individual staff member or regarding the admission, academic assessment or personal affairs of any individual student.

13. APPOINTMENT OF ACADEMIC STAFF

13. 1. The Council may, in consultation with the Senate, appoint such members of the academic staff as may be required to fill the offices instituted under Statute 11. 4. a. and such members of the staff as may be required to fill the offices instituted under Statute 11. 4. b.

13. 2. The procedure for the appointment of members of the academic staff shall be as prescribed by the Council.

13. 3. Subject to Statute 24 the conditions of service of members of the academic staff shall be as prescribed by the Council.

14. THE REGISTRAR AND SECRETARY

14. 1. The Council shall appoint a Registrar and Secretary on the nomination of a Joint Committee of the Council and of the Senate.

14. 2. The powers and duties of the Registrar and Secretary shall be as prescribed by the Council.

14. 3. The Registrar and Secretary shall be *ex officio* the Secretary of

the Court, the Council and the Senate.

14. 4. The provisions of Statutes 13. 2 and 13. 3 shall also apply, *mutatis mutandis*, to the post of Registrar and Secretary.

15. THE LIBRARIAN

15. 1. The Council shall appoint a Librarian in consultation with the Senate.

15. 2. The powers and duties of the Librarian shall be as prescribed by the Council.

15. 3. The provisions of Statutes 13. 2 and 13. 3 shall also apply, *mutatis mutandis*, to the post of Librarian.

16. OTHER ADMINISTRATIVE STAFF

16. 1. The Council may appoint such other members of the staff as it may deem necessary for the efficient functioning of the University, with such duties and conditions of service including remuneration as the Council may prescribe.

16. 2. The Council may delegate to one of its members, for such period and on such conditions as it may think fit, the power to appoint any such member of the staff or any class of such members.

17. THE AUDITORS

17. 1. The Council shall appoint an Auditor or Auditors who shall hold office for such period and on such remuneration as may be determined by the Council.

17. 2. Every such Auditor shall be a member of a body of accountants established in the United Kingdom and for the time being recognised for the purposes of Section 389 of the Companies Act, 1985, by the Secretary of State, but no person shall be appointed as Auditor who is, or any member

of whose firm is, a member of the Court, the Council or the staff of the U-
niversity.

17. 3. The Auditor or Auditors shall audit the annual statement of in-
come and expenditure, the balance sheet and the other accounts of the Uni-
versity, and shall make a report to the Council at least once in each year.

17. 4. The Auditor or Auditors shall have a right of access at all rea-
sonable times to the books, records, accounts and vouchers of the Univer-
sity and shall be entitled to require from the Officers of the University such
information and explanations as may be necessary for the performance of
their duties.

17. 5. If the office of Auditor or Auditors shall become vacant before
the expiration of the period of office, the Council shall forthwith appoint a
new Auditor or Auditors.

17. 6. An Auditor or Auditors may resign by writing addressed to the
Secretary of the Council.

18. ACADEMIC DEPARTMENTS

18. 1. The Council may by Regulation establish, on the advice of the
Senate, academic Departments; and may prescribe and modify their organi-
sation, constitution and functions.

18. 2. Each Department shall have a Head of Department who shall be
appointed in accordance with procedures approved by the Council. Each
Head of academic Department has overall responsibility for leading and
managing that department, supported by relevant academic and administra-
tive staff teams.

18. 3. Each Head of academic Department shall be a member of the
Senate.

18. 4. The Senate may by Regulation constitute Boards of Studies to
provide governance and oversight in relation to the teaching, the curricula

and the examination of subjects or groups of subjects, and may in like manner specify the number of Boards of Studies to be constituted and prescribe which subjects shall belong to which Board of Studies and so that a subject may belong to more than one Board of Studies, and may in like manner alter the constitution of or dissolve such Boards of Studies or any of them.

18. 5. Each Board of Studies shall have such powers and functions as are determined by the Senate and which may be amended by the Senate from time to time.

18. 6. Each Board of Studies shall consist of those members of the staff appointed to posts established under Statute 11. 4. a. to teach any of the subjects prescribed for the Board and such other persons as the Senate may direct.

19. HONORARY DEGREES

19. 1. The University may, without examination, confer an Honorary Degree of Master or Doctor in any subject on any person whom it may deem worthy of such a distinction; provided that the holder of such an Honorary Degree shall not be entitled to practise any profession by virtue of such conferment.

19. 2. No person shall be admitted by the University to an Honorary Degree unless that person's name has been approved for that purpose by the Council on the nomination of a Joint Committee of the Council and the Senate.

19. 3. The Council in consultation with the Senate, may make Regulations for governing the procedure to be followed in dealing with a proposal to confer an Honorary Degree.

20. CONGREGATIONS

20. 1. For the purpose of conferring Degrees of the University there

shall be held a meeting of the whole University, which shall be called a Congregation.

20.2. A Congregation shall be held at least once every year at such time and place as shall be determined by the Council, and shall be presided over by the Chancellor, or in the absence of the Chancellor by the Vice-Chancellor, one of the Pro-Chancellors or the Deputy Vice- Chancellor.

20.3. The procedure for summoning a Congregation for the presentation of graduands and for the conferring of Degrees in absentia, and all other matters relating to Congregations, shall be determined by the Council.

21. PERIODS OF STUDY BEFORE GRADUATION

21.1. The period of study necessary to qualify any undergraduate of the University for the degree of Bachelor shall not, except as provided in paragraph 2 of this Statute, be less than nine terms of full-time registration, or the equivalent period of part-time registration, beginning with the term of first registration; provided that the Senate may grant remissions.

21.2. The Senate, under conditions prescribed by Ordinance, may accept the examinations, periods of study or other attainments of undergraduates of the University completed prior to registration as exempting them from part of the attendance at courses of study in the University necessary to qualify them for an award of the University.

21.3. The period of study necessary to qualify a person for an award of the University, other than the degree of Bachelor, shall be prescribed by Ordinance.

22. ORDINANCES

In addition to the matters which may, by virtue of the provisions of the Charter or of these Statutes, be dealt with by Ordinances, the following matters shall be prescribed or regulated by Ordinances:

22. 1. The requirements to be complied with by students before qualifying for the award of Degrees, Diplomas, Certificates and other distinctions of the University.

22. 2. The conduct of the examinations or other tests for the Degrees, Diplomas, Certificates and other distinctions of the University, the admission of students thereto, exemptions therefrom and all other matters relating to examinations and tests.

22. 3. The conditions under which members of other Universities or other Institutions of like standing may be admitted to equal or similar rank in the University.

22. 4. The conditions under which a person may be deprived of a Degree or other distinction conferred by the University; or under which any Diploma or Certificate awarded by the University may be revoked.

22. 5. Such other matters, not otherwise dealt with in the Statutes and Ordinances, as the Council may deem fit to prescribe or regulate by Ordinance.

23. REMOVAL OF CertAIN OFFICERS AND MEMBERS

23. 1. The Chancellor, the Pro-Chancellors and any member of the Court (other than an *ex officio* member or a member of the academic staff to whom Statute 24 applies) may be removed for good cause by the Court; and the Treasurer and any member of the Council (other than an *ex officio* member or a member of the academic staff to whom Statute 24 applies) may be removed from their respective offices for good cause by the Council. No person shall be removed by the Court or the Council unless he has been given a reasonable opportunity of being heard by the Court or the Council (as the case may be).

23. 2. "Good cause" in this Statute means

23. 2. a. Conviction for an offence which may be deemed by the Court

or the Council (as the case may be) to be such as to render the person con-
victed unfit for the execution of the duties of the office; or

23. 2. b. Conduct of an immoral, scandalous or disgraceful nature in-
compatible with the duties of the office; or

23. 2. c. Conduct constituting failure or persistent refusal or neglect or
inability to perform the duties or comply with the conditions of office
whether such failure results from mental or physical incapacity or other-
wise.

24. CONDUCT, DISCIPLINE, DISMISSAL, SUSPENSION AND GRIEVANCES OF EMPLOYEES

24. 1. *Application and Scope*

This Statute relates to the conduct and discipline, dismissal, suspen-
sion and grievances of employees and shall apply to all employees of the U-
niversity (except the Vice-Chancellor).

24. 2. *General Principles of Construction and Application*

24. 2. 1 This Statute shall be construed in every case to give effect to
the following guiding principles: -

24. 2. 1. 1 to ensure that staff who are engaged in teaching and/or re-
search at the University of York have freedom within the law to question
and test received wisdom, and to put forward new ideas and controversial
or unpopular opinions, without placing themselves in jeopardy of losing
their jobs or privileges;

24. 2. 1. 2 to enable the University to provide education, promote
learning and engage in research efficiently and economically; and

24. 2. 1. 3 to apply the principles of justice and fairness.

24. 2. 2 In the case of conflict the provisions of this Statute shall pre-
vail over those of any other Statute or of any procedures made under this
Statute.

24. 2. 3 Nothing in any appointment made or contract entered into shall override or exclude the provisions of this Statute.

24. 3. *Procedures*

24. 3. 1 In relation to the staff referred to in paragraph 1 above, Council shall ensure that there are in place procedures for: -

- The handling of disciplinary cases.
- The dismissal of employees.
- The handling of grievances raised by employees.

24. 3. 2 Such procedures shall be set out and shall provide for: -

24. 3. 2. 1 the resolution of complaints at as early a stage as possible and within a reasonable timescale;

24. 3. 2. 2 the right of employees to be accompanied at any formal meetings held under the procedures by a work colleague or trade union representative;

24. 3. 2. 3 the University to have the power to suspend any employee from duty for alleged misconduct or for other good or urgent reason.

24. 4 Where the procedures adopted by Council under this Statute have been agreed between the University and the recognised trade unions, they shall have the status of collective agreements and may be amended by agreement with the recognised trade unions.

24. 5 The University will through its approach to the matters defined in the Statute seek to advance the principles of equality and diversity.

24. 6 Council shall be the body responsible for overseeing the operation of the above procedures.

25. RETIREMENT

25. 1. The Vice-Chancellor, the Professors, the Registrar and Secretary, the Librarian, the Provosts and such other members of the Staff of the University as the Council may prescribe shall retire from office not later

than the thirtieth day of September following the date on which they attain the age of sixty-five years; provided that the Council may if it thinks fit extend the term of office of the Vice-Chancellor for a further period ending not later than the thirtieth day of September following the date on which the age of seventy years is attained.

25. 2. The holder of any post or office referred to in paragraph 1 of this Statute shall be at liberty to resign his /her appointment and terminate his/her engagement with the Council on giving the Council in writing at least three months' notice to expire at the end of one of the University terms.

26. SERVING OF NOTICES AND DOCUMENTS

26. 1. Any notice or document required by or for the purposes of these Statutes to be given or sent to a person may be given or sent personally or be sent by post to that person's last address registered by the University.

26. 2. Where a notice or other document is sent by post, service thereof shall be deemed to have been properly effected by properly addressing and posting a letter containing the notice or other document, and shall be deemed to have been effected at the time at which the letter would in the ordinary course be delivered.

27. ACTS DURING VACANCIES

No act or resolution of the Court, Council, Senate, or any of the Boards of Studies, or Committees, or other bodies constituted in accordance with the Statutes shall be invalid by reason only of any vacancy in the body doing or passing it, or by reason of any want of qualification by, or invalidity in the election or appointment of, any de facto member of the body, whether present or absent.

附录三

Organizational Structure Regulations(POSTECH)

Chapter 1 General Provisions

Article 1 (Purpose) These regulations establish the basic organizations and their rights and responsibilities at Pohang University of Science and Technology (hereinafter referred to as "University").

Article 2 (Scope) The organizational structure of the University shall be based on these regulations except for matters provided for in relevant laws such as the Higher Education Act, the Private School Act, and the Bylaws of the POSTECH Foundation.

Chapter 2 Basic Organizational Structure

Article 3 (Organization) The organizational structure and organizational bodies of the University shall be as shown in in Table 1 (attached).

Article 4 (Undergraduate College and Graduate School) ① The Undergraduate College shall have the Department of Mathematics, Department of Physics, Department of Chemistry, Department of Life Sciences, Department of Materials Science and Engineering, Department of Mechanical Engineering, Department of Industrial and Management Engineering,

Department of Electrical Engineering, Department of Computer Science and Engineering, Department of Chemical Engineering, and Department of Creative IT Engineering. The Graduate School shall have the Department of Mathematics, Department of Physics, Department of Chemistry, Department of Life Sciences, Department of Materials Science and Engineering, Department of Mechanical Engineering, Department of Industrial and Management Engineering, Department of Electrical Engineering, Department of Computer Science and Engineering, Department of Chemical Engineering, Department of Creative IT Engineering, Division of Advanced Materials Science, Division of Integrative Bioscience and Biotechnology, Division of IT Convergence Engineering, Division of Advanced Nuclear Engineering, and Division of Environmental Science & Engineering as well as interdisciplinary programs, namely, School of Interdisciplinary Bioscience and Bioengineering, Graduate Program for Technology and Innovation Management, and Graduate School of Wind Energy.

② The University shall have the Division of Humanities and Social Sciences to efficiently carry out its teaching and research duties in humanities and social sciences fields.

Article 5 (Professional Graduate Schools and Specialized Graduate Schools) The University shall have the Graduate Institute of Ferrous Technology, and the Graduate School of Engineering Mastership as professional graduate schools and the Graduate School for Information Technology as a specialized graduate school. (Amended April 21, 2016)

Article 6 (Administrative Organizations) ① The University shall have as its administrative organizations the Office of Planning, Office of Academic Affairs, Office of Admissions and Student Affairs, Office of Business Affairs, Office of Academic Information Affairs, and POSTECH Research and Business Development Foundation; the Office of Research Affairs and Office of Industry-Academic Affairs shall be established under the

POSTECH Research and Business Development Foundation. (Amended March 9, 2016)

② The University shall have Audit and Inspection. (Established October 24, 2016)

Article 7 (Affiliated Centers and Research Centers) ① The following affiliated centers shall be established under an Office of the University, with the exception of The POSTECH Times:

1. Innovation Center for Education

2. POSTECH Language Education Center

3. POSTECH Counseling Center

4. Sports Support Center

5. Technical Support Center

6. The POSTECH Times

② The University shall have the following affiliated research centers:

1. Pohang Accelerator Laboratory

2. Basic Science Research Institute

3. Biotechnology Research Center

4. POSTECH Information Research Laboratories

5. Automotive Mechatronics Center

6. Center for Advanced Aerospace Materials

7. Steel Processing Automation Research Center

8. Institute of Environmental and Energy Technology

9. Polymer Research Institute

10. POSTECH Brain Research Center

11. POSTECH Biotech Center

12. National Institute for Nanomaterials Technology (NINT)

13. POSTECH-CATHOLIC Biomedical Engineering Institute

14. Iron & Steel Research Institute

15. Specialized Center for Integrated MEMS for National Defense

16. Future IT Innovation Laboratory

17. Tae-Joon Park Institute

Article 8 (Basic Units) ① The Office of Planning shall be comprised of Planning and Budget, External Relations and Communications, International Relations, and University Advancement. (Amended March 14, 2014)(Amended December 16, 2014)(Amended March 9, 2016)(Amended October 24, 2016)

② The Office of Academic Affairs shall be comprised of Faculty Affairs Team and Educational Affairs and Records.

③ The Office of Admissions and Student Affairs shall be comprised of Admissions, Student Affairs, and Housing Services. (Amended March 9, 2016)

④ The Office of Business Affairs shall be comprised of General Affairs and Safety, Human Resources, Finance and Accounting, Purchasing and Property, and Facilities Management. (Amended March 9, 2016)

⑤ The POSTECH Research and Business Development Foundation shall be comprised of the Office of Research Affairs and Office of Industry-Academic Affairs. The Office of Research Affairs shall be comprised of Research Planning and Sponsored Research, and the Office of Industry-Academic Affairs shall be comprised of Industry-Academic Relations and Business Development. (Amended March 9, 2016)

⑥ The Office of Academic Information Affairs shall be comprised of Academic Information Resources, Strategic Information Management, and Information and Communication Services. (Amended March 9, 2016)

⑦ (Established April 27, 2016)(Deleted March 1, 2017)

Chapter 3 Major Positions

Article 9 (President) The President shall oversee all affairs of the University and represent the University.

Article 10 (Provost & Executive Vice President) The Provost & Executive Vice President shall assist the President, oversee the delegation of work in the University, and act on behalf of the President in case of the absence or disability of the President.

Article 11 (Dean of Graduate School and Deans of Professional/Specialized Graduate Schools) The Dean of each graduate school shall oversee all affairs of the relevant graduate school, direct and supervise its faculty and staff, and guide the students.

Article 12 (Heads of Administrative Organizations) ① The Office of Planning, Office of Academic Affairs, Office of Admissions and Student Affairs, Office of Business Affairs, and Office of Academic Information Affairs shall each have a Vice President who shall oversee the affairs delegated to each Office. (Amended March 9, 2016)

② The POSTECH Research and Business Development Foundation shall have the Executive Director, and the lower-level Office of Research Affairs and Office of Industry-Academic Affairs shall each have a Vice President who shall oversee the affairs delegated to each Office. (Amended March 9, 2016)

③ Audit and Inspection shall have an Associate Vice President of Audit and Inspection who shall oversee the affairs. (Established October 24, 2016)

④ Each Office shall have an Associate Vice President who shall assist the Vice President. (Amended March 9, 2016)

Article 13 (Heads of Affiliated Centers and Affiliated Research Centers) The affiliated centers and research centers shall each have a Director who shall oversee the delegated affairs.

Article 14 (Heads of Administrative Units) ① Administrative units in central administration, academic departments, and other units that require self-sufficient administrative support may have a Director/Head who shall oversee the faculty and staff belonging to his/her unit.

② Aside from the Directors/Heads specified in Clause 1, there may be an "administrator in charge" who shall oversee administrative duties that require independent management responsibility. Detailed operational standards for the "administrator in charge" shall be set forth separately.

Chapter 4 Appointments of Administrative Executives and Terms of Office

Article 15 (Appointment and Term of Office) ① The Provost & Executive Vice President and the Dean of Graduate School (excluding deans of professional/specialized graduate schools) shall be appointed by the Chairman of the Board of Trustees from among tenure-track faculty members at the rank of Associate Professor or higher, following the deliberations of the Faculty Personnel Committee and the recommendation of the President.

② Executive Director of POSTECH Research and Business Development Foundation, Vice Presidents, Director of the Pohang Accelerator Laboratory, and Deans of Professional and Specialized Graduate Schools shall be appointed by the President from among tenure-track faculty members at the rank of Associate Professor or higher, and the results of appointment shall be reported to the Chairman of the Board of Trustees. The rest of the administrative executive positions shall be appointed by the President. However, the Vice President of Academic Information Affairs and the Director of the Pohang Accelerator Laboratory may be appointed from among those who are not faculty members. (Amended October 24, 2016)

③ The Vice President of Business Affairs shall be appointed by the Chairman of the Board of Trustees with the recommendation of the President, as a Level 2 or part-time post. (Amended March 9, 2016)

④ The Associate Vice President of Audit and Inspection shall be appointed by the Chairman of the Board of Trustees with the recommendation of the President, as a Level 2 post. (Established October 24, 2016)

⑤ The Associate Vice President of each office shall be appointed by the President. (Amended March 9, 2016)

⑥ The head of the Division of Humanities and Social Sciences and the head of each academic department shall be appointed by the President from among tenure-track faculty members.

⑦ Directors of affiliated centers and affiliated research centers excluding the Pohang Acceleratory Laboratory shall be appointed by the President.

⑧ The terms of offices for the positions set forth in Clauses 1 through 4 and Clause 6 shall be two years with the possibility of reappointment; a term of office that is shorter than two years, however, may be set if necessary.

⑨ The President may appoint an aid if needed in order to perform special duties.

⑩ Details about the aid position shall be set forth separately.

Chapter 5 Undergraduate College and Graduate School

Article 16 (Academic Department) ① Each division or department shall have a Head, who shall oversee the overall academic affairs of the division/department.

② Within each division or department, the Head may appoint a professor in charge of a major field, who shall assist the Head and oversee the affairs within the relevant major field.

③ Within each division or department, an administrative team shall be established to perform administrative duties. Academic units without an administrative team may have staff to carry out administrative duties.

Chapter 6 Affiliated Centers and Affiliated Research Centers

Article 17 (Affiliated Centers and Research Centers) ① The University may establish affiliated centers and research centers.

② Affiliated research centers shall be divided into Foundation-approved research centers, which are established with the approval of the Chairman of the Board of Trustees, and internally-approved research centers, which are established upon the approval of the President.

③ Details regarding the operation of the affiliated centers and research centers shall be determined separately when needed.

Chapter 7 Committees

Article 18 (Committees) ① The University may establish and operate committees to deliberate on major matters necessary for the University's operation.

② Details pertaining to the formation, functions and operation of the committees shall be separately determined.

Chapter 8 Capacity and Division of Duties and Responsibilities

Article 19 (Capacity) ① The total number of faculty and staff shall be determined by the Board of Trustees upon the recommendation of the President.

② The number of the regular staff for each rank based on Article 94 of the Bylaws of POSTECH Foundation shall be provided in Table 3 (attached).

Article 20 (Duties and Responsibilities) ① The delegation of duties for each basic unit shall be as set forth in Table 2 (attached).

② The division of duties and responsibilities between basic units shall be stipulated based on the organizational structure and organizational bodies set forth in these regulations.

③ When a disagreement arises with respect to the division of duties and responsibilities between different basic units, the interpretation and mediation offered by the department in charge of rules and regulations shall be respected.

Chapter 9 Supplementary Provisions

Article 21 (Amendment Authority on Organization and Major Policies) The amendments on the organizations and major policies shall be conducted in accordance with Table 4. (Established October 24, 2016)

Article 22 (Sub-organization) The President of University shall have a sub-organization except for matters specified in this regulation to efficiently carry out affairs related to administrative and research organizations pursuant to the amendment authority on organization in Article 21. (Established March 1, 2017)

(Table 1) Organizational Chart

Audit and Inspection

(Table 2) Division of Duties and Responsibilities

○ Basic planning on audits

○ Conducting internal audits and assisting with external audits (conducted by the Ministry of Education, etc.)

○ Matters related to the establishment of workplace morality/ethics/transparency (improvement of relevant systems and establishment of policies)

○ Operation of and support for the Ombudsman system

○ Conducting continuous monitoring

○ Other general audit-related matters

- Overall audits regarding budget execution, etc.

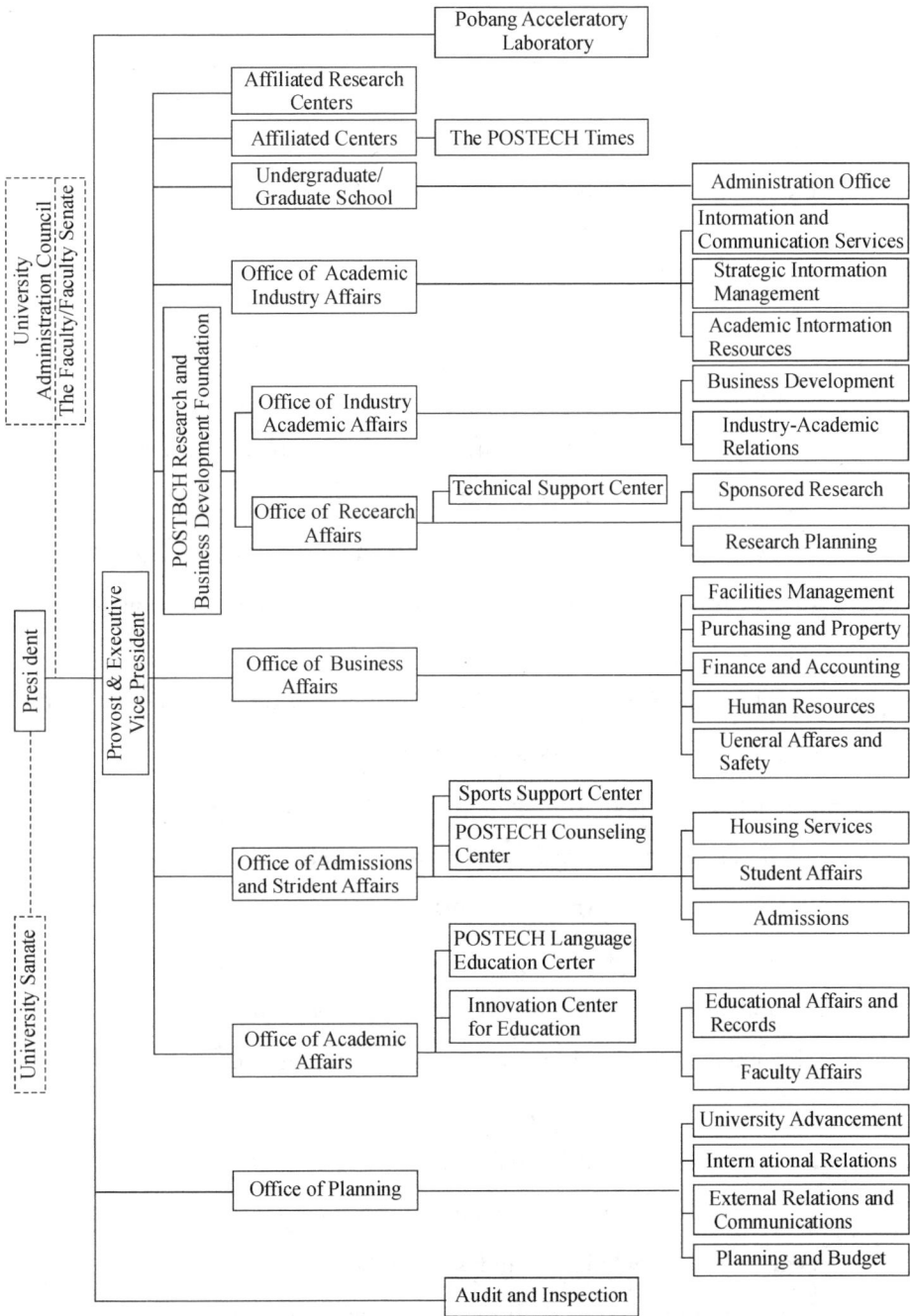

- University Administration Council / The Faculty/Faculty Senate
- President
- University Sanate
- Provost & Executive Vice President
- POSTBCH Research and Business Development Foundation

- Pobang Acceleratory Laboratory
- Affiliated Research Centers
- Affiliated Centers — The POSTECH Times
- Undergraduate/ Graduate School — Administration Office
- Office of Academic Industry Affairs
  - Intormation and Communication Services
  - Strategic Intormation Management
  - Academic Intormation Resources
- Office of Industry Academic Affairs
  - Business Development
  - Industry-Academic Relations
- Office of Recearch Affairs — Technical Support Center
  - Sponsored Research
  - Research Planning
- Office of Business Affairs
  - Facilities Management
  - Purchasing and Property
  - Finance and Accounting
  - Human Resources
  - Ueneral Affares and Safety
- Office of Admissions and Strident Affairs
  - Sports Support Center
  - POSTECH Counseling Center
  - Housing Services
  - Student Affairs
  - Admissions
- Office of Academic Affairs
  - POSTECH Language Education Certer
  - Innovation Center for Education
  - Educational Affairs and Records
  - Faculty Affairs
- Office of Planning
  - University Advancement
  - Intern ational Relations
  - External Relations and Communications
  - Planning and Budget
- Audit and Inspection

Finance, accounting, and management-related audits and instruction

Office of Planning

■ Planning and Budget

○ Planning

- Establishment and implementation of long-term development strategies

- Establishment and implementation of short-term business plans

- Establishment and adjustment of major plans and policies for University operation

- Making changes to the organizational structure (academic/research/administrative units)

- Establishing personnel capacity and plans on manpower operation

- Management of rules and regulations (establishment, amendment, abolishment, etc.)

- Handling matters related to the Board of Trustees and acting as the window in dealing with affairs related to the Board of Trustees

- Provision of support for the operation of the University Senate, University Administration Council, and Planning and Budget Committee

- Publication of the Annual Report

○ Budget

- Establishment and implementation of the basic budget plans

- Establishment and implementation of the guidelines and detailed standards for budget administration

- Allocation and execution of budgets

- Analysis and evaluation of budget execution results

- Determination of tuitions and scholarships

- Determination of the faculty/staff salary increase rate

- Other matters related to the University's budget operation

○ Facilities and Space

- Establishment and implementation of the University's space policies

- Matters concerning the allocation and adjustment of the University space

- Formulation and implementation of the mid- and long-term facilities master plan

- Establishment and implementation of facilities construction plans

○ Information disclosure and statistics management

○ Legal Counsel and Legal Affairs Management

■ External Relations and Communications

○ Cooperation with external institutions

- Affairs related to the government, the National Assembly, local governments, and various organizations

- Oversight of cooperation with POSCO, local community, and other relevant agencies

○ PR and communication services

- Media relations and University advertising

- Planning for and production of University promotional materials

- Internal and external communication-related work

- Establishment and management of UI (University Identity)

- Management of the University website

- Online PR (managing SNS accounts and producing webzines)

- Reception of domestic visitors

○ Academic cooperation agreements with domestic institutions

○ Affairs related to university evaluation by external agencies

■ International Relations

○ Cooperation with international (partner) universities and institutions

- International cooperation agreements with international universities and institutions

- Providing assistance for overseas activities of the President

- Cooperation with international councils and associations

- Reception of international visitors

- International events

○ Exchange Program

- Operation of the student outbound program

- Attracting/inviting international exchange students

○ Campus Internationalization

- Support for international faculty, researchers, and exchange students

- Bilingual Campus

○ PR activities to attract international graduate students

○ Support for international graduate students

- Matters related to health insurances for international graduate students

- Managing international students according to the government's policy (international students hosting and management capability certification system, etc.)

○ Immigration-related assistance for all international members of the University (e. g. , visas, matters involving the immigration offices, etc.)

○ Matters related to the University Advisory Council

○ Other matters pertaining to the University's international cooperation affairs

■ University Advancement

○ Establishing plans for the raising of the University Advancement Fund

- Planning and conducting fundraising campaigns

○ Fundraising activities

- Developing fundraising items and conducting PR activities

- Finding donors and building up and managing donor networks

- Donation-related agreements

○ Honoring donors

- Managing donor information

- Activities for honoring donors

○ Managing donations

- Management and analysis of donation records and statistics

- Maintenance and improvement of the computerized system

○ POSTECH Alumni Association-related work

- Management of alumni information and strengthening of the alumni network

- Supporting the operation of the POSTECH Alumni Association

○ Other affairs for the raising of the University Advancement Fund

■ Faculty Affairs

○ Faculty personnel

- Establishment of faculty personnel operation plans

- Management of faculty personnel and salaries/allowances (including special pensions for Leading Professors)

- Faculty recruitment/hiring management

- Faculty performance evaluation

- Assistance with faculty business trips and business trip system management

- Support for new faculty members

- Faculty-related events (e. g. department head meetings, new faculty workshops, various inaugurations)

- Management of faculty awards and disciplinary action (recommendation for external awards, etc.)

    - Invitation of foreign faculty and assistance with their stay in Korea

    - Faculty status and data management

    ○ Determination of the faculty size and related policy matters

    ○ Other general academic affairs

    - Establishment and closing of undergraduate/graduate departments (including application for approval by the Ministry of Education)

    - Support and assistance for the Faculty and the Faculty Senate

    - Responding to inquiries/requests from external institutions with respect to faculty matters (recommendation to committees, submission of faculty status data, verification of professional experience, etc.)

    - Issuance of certificates (to faculty)

    - Other matters relating to faculty and academic affairs

    ■ Educational Affairs and Records

    ○ Planning of academic affairs

    ○ Operation and management of academic affairs

    - Organization and operation of curricula

    - Managing student enrollment

    - Managing course registration and grade records

    - Processing changes in academic status (leave of absence, returning from leave, withdrawal, dismissal, readmission, change of major, academic warning, etc.)

    - Managing undergraduate and graduate degrees

    - Cross registration and mutual recognition of credits based on academic cooperation agreements between POSTECH and other domestic/foreign universities

    - Course/lecture evaluation

    - Awards/honors and disciplinary action based on students '

academic performance

    - Managing grade records for qualification examinations（e. g. English Certificate Program，etc. ）

    ○ Other general educational affairs

    - Operation of the University's common classrooms

    - Publication of the University Catalog

    - Publication of the Academic Statistics Reports and management of academic statistics

    - Issuance of certificates（to students）

    - Responding to inquiries/requests from external institutions（e. g. verification of academic records，submissions of status data，etc. ）

    - Graduate Studies Committee，Education Committee and Education Policy Committee-related work

    - Other affairs related to the management of educational affairs

    ■ Innovation Center for Education

    ○ Faculty lecture support

    ○ Student learning support

    ○ Development and operation of MOOC

    ○ Research on university education

    ○ Development of students' leadership and competence

    - Operation of liberal arts courses

    - Operation of undergraduate research programs

    - Operation and assistance with student volunteer activities

    ○ Affairs related to gifted student education

    - Development and operation of education programs for elementary/middle/high school students

    - Operation of science camp for teenagers

■ POSTECH Language Education Center

○ Establishment and operation of language course plan

- Operation and management of courses for students and staff members

- Operation and management of Korean classes for international students

○ English support

- Management of POSTECH English Certificate Test (institutional and public certification)

- English clinic, proofreading, and translation services

- Other administrative affairs related to languages

■ Admissions

○ Establishment and enforcement of the undergraduate admission plans

- Research and development of the undergraduate admission system

- Establishment and implementation of the comprehensive undergraduate admission plans

- Participation in the assessment of undergraduate admission process

○ Establishment and enforcement of the graduate admission plans

- Establishment and implementation of the comprehensive graduate admission plans for prospective domestic/international students

- Scholarship management for international students

○ Advertising/PR for admissions

- Establishment and implementation of a comprehensive public relations plan for undergraduate admission

- Establishment and implementation of a public relations plan for graduate admission for domestic students

- Operation of PR activities for undergraduate admission and related programs (promotional visits to high schools, regional admissions information sessions, seminars for high school teachers etc.)

    - Advertisement of graduate admission for domestic students

    - Publication and distribution of promotional materials and conduct on-
line PR activities

    - Conduct campus tours and guides to admission-related visitors

    - Supervision of POSTECH Alimi activities

    ○ Analysis and management of admission results

    - Analysis of admission results

    - Development and management admission and PR-related IT systems
and databases

    ○ Other general matters

    - Support of the operation of the related Committees

    - Work relating to government-subsidies business

    - Other services related to undergraduate and graduate admissions

    ■ Student Affairs

    ○ Supervision of undergraduate student activities and provision
of support

    - Supervising and assisting student governments including the Under-
graduate Student Association and Student Clubs

    - Holding Freshmen Orientation

    - Holding and Supporting student events or activities such as
student festivals

    - Management of student awards/honors and disciplinary action-related
work

    - Students with disabilities support

    ○ Operation of character refinement programs

    - Running the Cultural Program

    - Running Bang Dosie World Heritage Exploration Program

- Running an internship program

○ Scholarship policies (financial support)

- Establishment and implementation of scholarship (financial support) policies

- Management of the selection of internal/external scholarships (financial support) recipients and payment of scholarships

- Affairs related to national scholarships

- Payment of wages for graduate student assistance

- Affairs related to student loans

○ Military duties

- General affairs concerning military duties

- Management of expert research personnel in graduate school

- Management of the selection and management of Professional Officers in Science and Technology for National Defense program

○ Other general student services

- Career services and management of career statistics on alumni support

- Evaluation of the payment of campus insurance compensation (executive liability insurance)

- Running and assisting the operation of the Student Affairs Committee and Cultural Programs Committee

- Other comprehensive support for work relating to student supervision and welfare

■ Housing Services

○ Establishment of plans for residential facility management and operation

○ Residential facility management

- Move-in and move-out

- Determination, collection and management of dormitory fees

- Utility payments

- Residential area cleaning and inspection of facilities, etc.

○ Providing guidance to students within residential facilities

- Offering guidance about dormitory life

- Providing support for the Dormitory Council

- Running the Residential College Program

○ Other matters related to residential facilities management and operation

■ POSTECH Counseling Center

○ Counseling

- Psychological consultations and tests at individual or group levels

- Consultations for students with study problems

○ Sexual violence and harassment

- Consultations on sexual violence and harassment

- Handling sexual violence and harassment cases and its prevention activities

- Establishment of prevention education policies from Ministry of Gender Equality and Family and overall management of the education

○ Risk management and suicide prevention

- Risk management and psychological consultations

- Education and promotion of suicide prevention

- Emergency rescue service support

○ Other related affairs

- Research on psychological adaptation to university life and human's mental health

- Support for related on-campus special lectures and events

■ Sports Support Center

○ Development and implementation of sports programs

○ Management and support of student clubs related to sports

○ Supervision and operation of the POSTECH Rowing team and its administrative support

○ Management and support of sports activities and students' health

- Examination of students' physical fitness and monitoring students' daily exercise routine

- Consultations on sports activities and fitness management

○ Management of gymnasium usage for student association and other sports-related student clubs

○ Operation of the ski camp

■ General Affairs and Safety

○ General affairs

- General management of University events (matriculation ceremony, commencement ceremony, athletic meet, etc.)

- Custom-making and management of national and school flags

- Managing seals and documents (electronic documents/approval, sending and receiving documents, document retention/disposal, etc.)

- Production and management of audiovisual material and media for educational and research usage

- Common printed materials (designated-use products) and various signboards

- Employee benefits/welfare-related work (accident insurances, support for club activities, etc.)

- Management of the Faculty/Staff Mutual Aid Society and POSTECH Volunteer Society-related work

- Health services (physical examinations, medical examination/consultation, management of various diseases, smoking ban/smoking management, etc.)

    - Management of common facilities

    • Support for AV equipment operation and management of the Auditorium, conference rooms, Hogil Kim Memorial Hall, etc.

    • Memorial halls and statues management

    • Managing University sports facilities, including the gym, swimming pool, etc.

    • Managing the Training Center and the President's Residence

    • Managing and operating the POSCO International Center

    - Vehicle operation and management

    - Other matters related to general affairs

    ○ Safety affairs

    - Establishing and managing general plans for the University's safety affairs (except facilities safety and LMO areas)

    - Laboratory safety management

    - Waste disposal (disposed reagents, medical wastes, etc.)

    - Radiation safety management

    - Firefighting management and fire prevention

    - Natural disaster prevention and management (storm, flood, and snow damage, etc.)

    - Emergency services (army reservists, civil defense, etc.)

    - Operation of the university clinic

    - Environment management (cleaning, disinfection, deratization, etc.)

    - QSS management (education and research environment)

    - Other safety-related matters

■ Human Resources

○ Staff personnel management

- Establishing staff personnel management plans

- Staff personnel and compensation management

- Staff recruitment management

- Staff evaluation and promotion management

- Staff capacity development and training management

- Management of staff's attendance and absence

- Staff payroll management

- Management of the four employee insurances, and payments to Teachers' Pension and the Korean Teachers' Credit Union

- Management of the intramural employee welfare fund and employees' children's school expenses subsidies

- Faculty and staff business trip assistance and business trip system management

- Employee awards and disciplinary action management

- Staff Union and Workplace Development Council-related affairs

○ Researcher Personnel Management

- Researcher appointment/employment management

- Researcher payroll

○ Other general personnel-related matters

- Issuance of certificates

■ Finance and Accounting

○ Fund management

- Conducting research on financial institutions and market, fund administration (d)aily/weekly/monthly

- Receiving and disbursing money/collecting tuitions

- Managing marketable securities

○ Financial accounting

- Establishing and improving the accounting system

- Verification of evidentiary documents for deposit/withdrawal slips and accounting

- Daily, monthly, and yearly settlement of accounts

- Managing accounting books

○ Management accounting

- Cost calculation/accounting analysis

○ Tax accounting

- Tax-related reports and year-end tax settlements

- Issuance of tax-related certificates

■ Purchasing and Property

○ Purchasing in local currency

- Contracts for the purchase of general goods

- Contracts for the purchase of books

- Construction, service, and blanket order contracts

- Repairs (maintenance) contracts

○ Purchasing in foreign currency

- Contracts in foreign currency

- Customs clearance and post-contract management

- Foreign currency purchase

- Managing an inventory of duty-free goods and dealing with matters related to the Korea Customs Service

○ Asset management

- Asset inventory management

- Asset evaluation, depreciation, change/replacement

- Disposal of idle assets and calculation of the balance

- Signing of facility lease agreements

- Insurance management and settlement of accounts

- Repair or receipt/disbursement of equipment and inventory management

　　○ Central inspection work

　　○ Operation and management of the purchase and asset management system

　　○ Other work on purchasing contracts and asset management

■ Facilities Management

○ Facilities construction plans

- Review of the master plan

- Approval from the authorities (changes in urban planning, etc.)

- Implementation of construction plans

○ Building construction

- Design and supervision of construction works

- Construction-related administrative tasks

- Completion of buildings, settlement of accounts, and defect management

○ Facility maintenance

- Establishing annual maintenance and inspection plans

- Civil engineering, equipment, electrical, and landscaping management

- Receiving small repair requests and managing the repair works

○ Managing and updating facilities information

- Managing facilities floor plans and data

- Managing building maintenance records

- Managing and updating information on facilities condition

○ Operation of the Power Plant

- Managing Power Plant operations

- Supplying and managing utilities

- Operation and management of equipment, including emergency power generators

○ Overseeing the greenhouse gas/energy goal management project

○ Other affairs related to the University's facilities maintenance/management

Office of Research Affairs

■ Research Planning

○ Planning for research

- Establishment of short- and long-term research promotion plans and policies

- Planning and winning high impact or large research projects

- Promotion of research groups and operation of research conferences

○ Research cooperation

- National and local governments

- International research cooperation

- Local R&D institutes, and research centers

○ Operation of POSTECH Research and Business Development Foundation

- Budgeting and settlement of accounts for POSTECH Research and Business Development Foundation

- POSTECH Research and Business Development Foundation Steering Committee, Research & Industry Relations Committee

- Establishment of management and business plans

- Website management for POSTECH Research and Business Development Foundation

○ Management of research centers

- Establishment and evaluation of affiliated research centers and provision of support

- Operation of Basic Science Research Institute

- Affairs related to Korea Basic Science Institute (IBS)

○ Research Ethics

- Operation of Committee related to research ethics

- Operation of education for research ethics and management of thesis plagiarism prevention program

- Overall management of affairs related to Living Modified Organisms (LMO)

○ Research culture / PR / status

- Proliferation of integrated research cultures

- Management and promotion of research achievements

○ Other research in general

- Self-funding and budget management

- Management of research security and settlement of accounts for research projects

- Dissertation and thesis language service(English)

- Affairs related to Research Fellow

■ Sponsored Research

○ Operation and improvement of research management systems

- Calculation of the University's overhead costs related to national research and development projects

- Improving research project management systems

○ Sponsored research projects administration (contracts/agreements, research fund billing/payment management, commissioned management)

- Sponsored by national and local governments

- Sponsored by industry including POSCO

○ Research Administrative Support

- Training for research project management

- Provision of research information services and publication of the Webzine

- Administration of research fund expenditures (research card management, RIST test analysis fees, consultation/consulting/consortium project management)

- Fund management for internally commissioned research

○ Post-research management

- Settlement of accounts for research projects

- Management of research status data

○ Other matters related to research support

■ Technical Support Center

○ Operation and management of the University's shared research equipment

- Establishing equipment operation plans

- Test analysis services

- Maintenance and management of testing and analysis equipment

○ Operation and management of test analysis fees

- Collecting and accumulating test analysis fees and setting up projects

○ Affairs related to Research Equipment Officers (based on National Research Facilities and Equipment Management Guidelines)

○ Operating an intramural research equipment portal

○ Operating a machine shop

- Producing and machining research experiment devices

- Providing support for students' machining practice

○ Providing support for the operation of the Equipment Review Committee

○ Other affairs related to the operation of the Technical Support Center

Office of Industry-Academic Affairs

■ Industry-Academic Relations

○ Planning and development of industry-academic business

- Finding and running industry-academic projects

○ Promotion of cooperative business with industrial entities

- POSCO and its affiliates

- Association of POSTECH Grown Companies (APGC)

- Other domestic and international corporations

○ POSCO Liaison Center management support

○ Cooperation with external institutions

- Affairs related to Hidden Champion incubation in Pohang, etc

■ Business Development

○ Patent

- Application/registration/management of intellectual property

- Inventor support

○ Technology transfer

- Technology transfer contract support

- Claim and management of royalties for technology licensing

○ Investor management

- Management of POSTECH Holdings

- Management of corporations with shares owned by POSTECH Research and Business Development Foundation

○ Business development support

- Creation of entrepreneurship ecosystem

- Business creation support program such as entrepreneurship contest

- Support for the operation of Venture Incubation Center

○ Affairs related to cooperation with external institutions

- Pohang city hall, Center for Creative Economy & Innovation, etc.

Office of Academic Information Affairs

■ University Library

○ Information services

- Library user education and provision of academic information

- Loan and return of library collections, copying of originals

- Managing library users

○ Book purchase and collection management

- Collecting and managing academic and general education materials

- Classifying library collections and building a list database

- Building a full text thesis/dissertation database

○ Academic publication analysis

- Building a faculty academic publication records database

- Analysis of academic publication records

○ Managing library use & environment

- Establishing library use policies

- Managing library spaces

○ Maintaining and managing the integrated academic information system

- Maintaining and managing the book management system

- Managing the library website

○ Managing University records

- Establishing a University records management system and infrastructure, collecting University records and building an archive

■ Strategic Information Management

○ Planning for information service operation

○ Development and operation of the integrated information system

- Developing and establishing academic affairs/research/administrative systems

- Maintenance and management of the academic affairs/research/administrative systems

    - Maintenance and management of the groupware/EDMS systems

    - Maintenance and management of the admissions system

    - Maintenance and management of the ERP software

    - Maintenance and management of the Legacy system

    ○ Developing and operating the Management Information Systems

    - Maintenance and management of the Management Information System

    - Maintenance and management for data compatibility

    ○ Operation of the process systematization system

    - Business process implementation and history management

    - Maintenance and management of the process systematization software

    ■ Information and Communication Services

    ○ Management and operation of IT Infrastructures

    - Operating servers for the integrated information system (POVIS) and other IT services

    - Back-up and restoration of relevant data

    - Wired/wireless network management

    - Management of computing equipment (PCs, printers) for education/ business purposes

    - Multimedia equipment management

    ○ Provision of IT services

    - E-mail services

    - Web services (provision of standard web templates and storage)

    - Authentication and integrated account management service

    - Webhard and file-sharing disk services

    - Intramural fixed/dynamic IP and domain services

    - IT portal (HEMOS) service

- Adoption and distribution of shared education/business software and technical support

○ Information Security

- Establishing information protection policies

- Technical security and infringement response for personal information

- Information security level diagnosis

- Examining security vulnerabilities

- Overseeing matters related to information protection, including information asset management

○ Telecommunications

- Managing switchboards and telecommunication lines

- Managing installation, transfer, and removal of telephone lines

- Managing cable TV, wireless devices, and mobile devices

Academic departments

A. General planning

(1) Department-level planning /PR

- Departmental business planning, budgeting, department evaluation, departmental main focus items and other various department-level planning-related matters

- Planning and supervision of department-sponsored events

- Departmental annual reports and statistics management

- Other major tasks that occur as occasion arises

(2) Faculty personnel-related tasks

- Departmental Faculty Personnel Committee

- New appointment, promotion, and advance in rank

- Recruiting non-tenure-track faculty

- Overseas training, sabbatical, secondment, etc.

(3) Department faculty meeting and steering committee-related work

B. Academic affairs administration

(1) Master's/Doctoral degree management

- Preliminary assessment for degree conferment

- Doctoral Qualifying Examination management

- Thesis/Dissertation-related work

(2) Bachelor's degree management

- Thesis and degree conferment assessment

- Curriculum operation

(3) Courses/academic records

- Course registration/change/drop, etc.

- Grading

- Changes in academic record (leave of absence/returning from leave, etc.)

- Application for early graduation/cancellation of early graduation application

- Major and minor/double major

(4) Scholarships and student-related work

(5) Graduate admission-related PR activities and management of graduate program entrance exam

C. Research Administration

(1) Research support

- Research project management

- Research fund budget management

- Administration of research funds and settlement of accounts

- Support for faculty's academic activities

- Research achievement management

(2) Researcher and teaching assistant management

- Appointment and management of commissioned researchers

- Appointment of graduate student assistants and management of scholarships

(3) Academic-industry joint open lectures and consortia-related work

(4) Supporting research centers

D. General administration

(1) Purchasing and asset management

- Departmental asset management

- Facilities management

- Purchasing and inspection

- Space management

(2) Administrative affairs

- Business trip management

- Various reporting/application paperwork

- Other general administrative work

(3) Departmental budget administration and management (experiments and department activity expenses, etc.)

E. Technical administration

(1) Laboratory management and support for lectures/practice classes

(2) Equipment inspection and management

(3) Collecting departmental equipment fees

(4) Computing equipment management

(5) Other technical service-related matters

F. Cooperation with the administrative departments in central administration

Table 4　Amendment authority on the organization and major policies

Category	The Board of Trustees	Chairman of the Board of Trustees	President
Change on the organization	Establishment and abolishment of the academic units Establishment and abolishment of special education courses Operational plans on capacity of faculty, staff members, and students	Establishment and abolishment in administrative structure of Office-level or higher and affiliated centers Establishment and abolishment of foundation approved research centers	Establishment and abolishment in administrative structure below Office-level (report to the POSTECH Foundation) Establishment and abolishment of substructure of foundation approved research centers (report to the POSTECH Foundation) Amendments on the name and affiliation of the organization (report to the POSTECH Foundation)
Change on the major policies	Amendments on major policies related to faculty personnel and establishment of annual faculty personnel operation plans Other matters deemed necessary by the Chairman of the Board of Trustees ※ Amendments on Bylaws of POSTECH Foundation, Guidelines for the Operation of and Cooperation with the Board of Trustees, and President Appointment Regulation	Amendments on personnel and remuneration management on staff members and researchers, and major policies related to organizational structures	Amendments on other policies and application of the amendments to university regulations ※ Application of amendments on the major policies of university regulations approved by the Chairman of the Board of Trustees (report to the POSTECH Foundation)